D1831132

लोकतंत्र के तलबगार?

भारतीय भाषा कार्यक्रम

CSDS

विकासशील
समाज अध्ययन
पीठ

वाणी प्रकाशन

लोकतंत्र के तलबगार?

जावीद आलम

अनुवाद
अभय कुमार दुबे

सामयिक विमर्श

वाणी प्रकाशन

4695, 21-ए, दरियागंज, नयी दिल्ली 110 002

फ़ोन : +911123273167 फ़ैक्स : +911123275710

शाखाएँ

अशोक राजपथ, पटना 800 004, बिहार

कॉफ़ी हाउस कैम्पस, महात्मा गांधी मार्ग, इलाहाबाद 211 001, उत्तर प्रदेश

महात्मा गांधी अन्तरराष्ट्रीय हिन्दी विश्वविद्यालय, वर्धा 442 001, महाराष्ट्र

सुल्तानिया रोड, मोतिया पार्क, भोपाल 462 001, मध्य प्रदेश

www.vaniprakashan.in

marketing@vaniprakashan.in

sales@vaniprakashan.in

LOKTANTRA KE TALABGAR?

by Javeed Alam

Translated by Abhay Kumar Dubey

ISBN : 978-93-87024-88-5

Social Science

© जावीद आलम

प्रथम संस्करण 2007

आवृत्ति 2020

मूल्य : ₹ 175

इस पुस्तक के किसी भी अंश को किसी भी माध्यम में प्रयोग
करने के लिए प्रकाशक से लिखित अनुमति लेना अनिवार्य है।

जयंत प्रिंटरी, एलएलपी, मुम्बई-02 में मुद्रित

वाणी प्रकाशन का लोगो मक़बूल फ़िदा हुसेन की कूची से

मेरी माँ ख़दीजा बानू को समर्पित
जो पहली औरत थीं जिन्हें मैंने
मुक्त होने के लिए लड़ते देखा!

अनुक्रम

भूमिका

भारत में लोकतंत्र का विकास कुछ खास तरह से हुआ है। अपनी इस किताब में जावीद आलम ने यही समझने की कोशिश की है। उन्होंने संधान किया है कि लोकतंत्र के मायने क्या हैं और लोकतांत्रिक व्यवस्था का व्यावहारिक कामकाज कैसे चलता है। आलम की शैली नाटकीय है : वे सवाल उठाते हैं कि भारत में 'लोकतंत्र की जरूरत किसे है?' इस प्रश्न का उत्तर और भी नाटकीय निकलता है जब वे कहते हैं कि भारत में लोकतंत्र का टिकाऊपन शासितों की राजनीति के ऊपर निर्भर हो गया है। जिन लोगों के हाथ में सत्ता है, जो जनता का प्रतिनिधित्व करते हैं और मुल्क पर हुकूमत करते हैं, वे लोकतंत्र के अभिभावक नहीं रह गए हैं। व्यवस्था उनकी नाकामियों और उनकी वायदा खिलाफी के बावजूद चल रही है।

आलम ने सर्वेक्षणों से मिले जिन आँकड़ों का विश्लेषण किया है, उनके कारण भारतीय लोकतंत्र के कामकाज के बारे में कई प्रचलित धारणाएँ गड़बड़ा गई हैं। ये आँकड़े बताते हैं कि अधिकतर मतदाता न तो नेताओं के वायदों से प्रभावित हैं, और न ही उन पार्टियों में उनका यकीन है जिन्हें वे चुनते हैं। ताज्जुब की बात यह है कि इसके बावजूद वे वोट डालने जाते हैं। आलम का तर्क है कि मताधिकार के तात्पर्यों के बारे में चेतना बढ़ रही है। लोगों का वोट की उपयोगिता पर भरोसा बढ़ रहा है, भले ही नेताओं के प्रति उनके मन में गुस्सा उबल रहा हो। सर्वेक्षण एक और बात कहता है जो बेहद अहम है कि लोकतांत्रिक प्रक्रिया पर यकीन का संपन्नता, हैसियत और ताकत के साथ प्रतिलोम संबंध है। गरीबों की चुनाव प्रक्रिया में

भागीदारी बढ़ती जा रही और वे लोकतंत्र में अपने यकीन को बलपूर्वक पेश करते हैं। इसके उलट उच्च वर्गों का लोकतंत्र से मोहभंग होता जा रहा है। आलम का विचार है कि भारत में लोकतंत्र आम जनता की चेतना का आंतरिक हिस्सा बन गया है। लोगों ने समाज के लोकतांत्रिक मॉडल पर अनुमोदन की मुहर लगा दी है। भले ही यह मॉडल गरीबों की समस्याएँ हल न कर पाया हो, और जनसाधारण को रोटी, कपड़ा और मकान नसीब न हुआ हो, पर इस लोकतंत्र ने उन्हें अपने सम्मान, अधिकारों और जायज हकों के लिए लड़ने की गुंजाइश जरूर दी है। एक अर्थ में तो मताधिकार ने ऊँच-नीच की श्रेणियों को समतल करके लोगों को बराबर कर ही दिया है। उसके जरिए वंचित वर्ग अपनी सामाजिक स्थानिकता के परे चला गया और उसे ताकत का एक ऐसा एहसास मिला जो सामाजिक जीवन में उसे पहले कभी नहीं हुआ था।

भारतीय लोकतंत्र की प्रकृति समझने के लिए जरूरी है कि पहले हम उसकी लाक्षणिक विशेषताओं, उसके विधेयक गुणों और पश्चिम के साथ उसके फर्क को समझें। पश्चिम में समान नागरिकता और समान अधिकारों का विचार आधुनिकता के विकास के साथ जुड़ा रहा। वहाँ समता का विचार एक ऐसे स्वाधीन व्यक्ति के वजूद पर आधारित था जो अपने संकल्प और मर्जी के आधार पर कदम उठाता था, जिसकी इयत्ता स्वायत्त थी, जो आत्म-चिंतन कर सकता था और तात्पर्य-वाचक योग्यताओं से संपन्न था। आधुनिक लोकतंत्र की बुनियाद उस प्राचीन समाज के खँडहरों पर रखी गई थी जिसमें व्यक्तियों के अधिकार और भूमिकाओं का पूर्व-निर्धारण हमेशा सामाजिक श्रेणीक्रम में उनकी स्थिति के आधार पर होता था। लोकतंत्र तब तक विकसित नहीं हो सकता था जब तक समुदाय की जंजीरों से इंसान आजाद नहीं हो जाता। आलम दिखाते हैं कि भारत में परिस्थिति इसके उलट है। यहाँ लोकतंत्र का विकास समुदाय के विघटन के साथ जुड़ा हुआ नहीं है। जातियाँ पूँजीवाद के दबाव में रूपांतरित हुई हैं, सरकारी कार्यक्रमों ने उन्हें पुनः परिभाषित किया है, उनका कर्मकांडीय आधार बहुत कमजोर हो गया है, और इस प्रकार उनका पुनर्जन्म समुदायों के रूप में हो गया है। ऐसे समुदायों के रूप में जो सक्रिय और जीवंत हैं और जिनकी हमारी राजनीतिक संस्कृति में ताकतवर उपस्थिति है। भारत में लोकतंत्र की लड़ाई निजी अधिकारों के झंडे तले नहीं लड़ी जा रही है, बल्कि उसकी चालक शक्ति उत्पीड़ित समुदायों का संघर्ष है। अपने विश्लेषण में आलम ने दिखाया है कि किस तरह दलितों, पिछड़ी जातियों, मुसलमानों और स्त्रियों के संघर्षों ने भारतीय लोकतंत्र की प्रकृति को एक खास रूप

दे दिया है। इन्हीं संघर्षों ने लोकतंत्र का तात्पर्य फिर से परिभाषित किया है और उसके कामकाज के लिए खास तरह की राजनीतिक संस्कृति बनाई है। इन समुदायों की सामूहिक माँगों के कारण हिंसक सामाजिक द्वंद्व फूट पड़े हैं और राजनीतिक समीकरणों में नाटकीय तब्दीलियाँ आई हैं। इन द्वंद्वों पर एक सावधान निगाह डालते हुए आलम दिखाते हैं कि किस तरह प्रत्येक लोकतंत्र की पारिवेशिकता अंततः उसके जन्म की राजनीति से ही आकार प्राप्त करती है।

भारत में लोकतंत्र का आगमन राष्ट्र की एक खास तरह की समझ के साथ हुआ। राष्ट्रीय आंदोलन के गर्भ से निकला उत्तर-औपनिवेशिक राज्य क्षेत्रीय आवाजों को मान्यता देते हुए एक ताकतवर केंद्र की जरूरत पर भी बल देता था। उसे विघटन का डर था जिसके कारण राष्ट्र की संकल्पना एकात्मक की गई थी। लोकतंत्र की ताकत उसके केंद्र की स्थिरता की रोशनी में ही देखी जाती थी। लेकिन, राष्ट्र का यह एकात्मक विचार हमेशा क्षेत्रीय उथल-पुथल से गड़बड़ाता रहा। व्यवस्था के ढह जाने की तलवार हमेशा उसके सिर पर लटकती रही। क्षेत्रीय आकांक्षाओं की दावेदारी का मतलब राष्ट्र के विचार के खिलाफ बगावत और लोकतंत्र के आधार को गड़बड़ाना मान लिया गया। मान्यता यह बना ली गई कि केंद्र को स्थिरता देने के लिए क्षेत्रों को अनुशासित करना और खामोश करना जरूरी है। आलम दिखाते हैं कि राष्ट्र का एकात्मक विचार किस तरह नब्बे के दशक में धीरे-धीरे टूट गया और किस तरह इसका असर लोकतांत्रिक प्रक्रिया के कामकाज पर पड़ा। इस समय तक क्षेत्रीय दलों की केंद्र में कोई प्रभावी उपस्थिति नहीं थी। वे तो स्थानीय मंच के ही अभिनेता थे। राष्ट्रीय दल मतदान का ७५ फीसदी हिस्सा ले जाते थे। १९९६ के चुनाव से यह साफ हो गया कि अब राजनीतिक मंच पर क्षेत्रीय अभिनेताओं का महत्त्व बढ़ेगा और उनकी आवाज सुनी जाएगी। गठजोड़ की राजनीति अस्थायी किस्म का उपाय नहीं रह गई। उसे अस्थिरता के दौर की शुरुआत की तरह यानी लोकतंत्र के लिए संकट के तौर पर देखना बंद कर दिया गया है। आलम साफ तौर पर कहते हैं कि यह लोकतांत्रिक प्रक्रिया की गहनता का सूचक था। राष्ट्र व लोकतंत्र संबंधी हमारे विचार एक नया रूप ग्रहण कर रहे थे। राष्ट्रीय एकता को देखने का नजरिया अब कहीं पेचीदा हो चुका था। अब उसे विभिन्न केंद्रों और विभिन्न आवाजों के रूप में देखा जाने लगा था। लोकतंत्र के लिए लाजमी था कि वह अपने नाश की चिंता किए बिना इन आवाजों की अभिव्यक्ति के लिए गुंजाइश निकाले।

भारतीय लोकतंत्र के ऐतिहासिक विकास पर नजर डालते हुए आलम ने

प्रमुख पार्टियों में आए परिवर्तनों को रेखांकित किया है। पचास और साठ के दशक में कांग्रेस पार्टी एक छाते के समान थी जिसके नीचे तरह-तरह की प्रवृत्तियाँ राजनीति करती थीं और उसके नेतृत्व में वर्गों और हितों का एक शक्ति-समूह बन जाता था। साठ के दशक के मध्य से इस शक्ति-समूह में दरारें दिखने लगीं। विभिन्न वर्गों की पार्टियाँ उभरीं, क्षेत्रीय पार्टियाँ बननी शुरू हुईं। अस्सी के दशक से भाजपा ने प्रमुख राष्ट्रीय पार्टी बनने का प्रयास प्रारंभ किया। कांग्रेस की जगह लेने के लिए उसने लोकतंत्र, राष्ट्रत्व और सेकुलरवाद की नेहरूवादी अवधारणाओं को खारिज करते हुए अपना सामाजिक आधार बढ़ाया। नब्बे में भाजपा के सत्तारूढ़ होने से एक नया शक्ति-समूह उभरा जो अभिजनों, पूँजीपतियों और हिंदुत्व की ताकतों से मिल उत्तर-मंडल जमाने के जन-उभारों के विरोध में बना था। लेकिन, आलम का कहना है कि राजनीति का यह नया मोड़ बहुत टिकने वाला नहीं है। यह बेरोकटोक चल रहे भूमंडलीकरण के खिलाफ व्यक्त होने वाले जनता के गुस्से को नहीं झेल सकता। लोकतांत्रिक दल तब तक आगे नहीं बढ़ सकते जब तक वे इस असंतोष की बुनियाद को न समझ लें। २००४ के ऐतिहासिक चुनाव से पहले लिखी गई यह पुस्तक अपनी भविष्य-दृष्टि के कारण अचरज में डाल देती है।

यह किताब बड़े प्रभावशाली तरीके से एक बात तो साबित कर ही देती है। भारतीय लोकतंत्र अब अभिजनों के अभिभाकवत्व का मोहताज नहीं रह गया है। लोकतांत्रिक प्रक्रिया गहन हो कर अपनी निजी स्वायत्तता से संपन्न हो गई है। उसकी तमाम समस्याएँ अपनी जगह हैं, पर उसने समाज के भीतर कदम जमा लिए हैं। आज जनता लोकतंत्र कमजोर करने की मंशा रखने वालों से उसे बचाने के लिए कमर कस चुकी है। आपात्काल के बाद भी जनता ने यही करके दिखाया था, और हाल का घटनाक्रम बताता है कि २००४ के चुनावों में भी उन्होंने यही करके दिखाया है। लोकतंत्र की मृत्यु की भविष्यवाणी करते रहने वालों को अब उसकी चिंता करना छोड़ देनी चाहिए।

— नीलाद्रि भट्टाचार्य

आभार

अगर मैं हिमाचल प्रदेश विश्वविद्यालय से विकासशील समाज अध्ययन पीठ (सीएसडीएस) में विजिटिंग सीनियर फेलो की तरह न आया होता तो यह पुस्तक नहीं लिखी जा सकती थी। इसलिए, यह फेलोशिप देने के लिए मैं अध्ययन पीठ का कृतज्ञ हूँ। फेलोशिप पूरी होने के बाद भी मैं भारतीय समाज विज्ञान अनुसंधान परिषद् (आईसीएसएसआर) के सीनियर फेलो के रूप में दिल्ली में ही बना रहा। आँकड़े जमा करने और अपने विश्लेषण की प्रक्रिया पूरी करने के लिए समय और साधनों की दरकार थी। अगर परिषद् ने इन्हें न मुहैया कराया होता तो यह काम नहीं हो सकता था, इसलिए मैं परिषद् का भी शुक्रगुजार हूँ। विकासशील समाज अध्ययन पीठ में भी अगर मुझे धीरूभाई (प्रोफेसर डी.एल. शेठ) की बौद्धिक मित्रता का सौभाग्य न मिलता तो मेरी यह रचना मौजूदा रूप न ले पाती। धीरूभाई के साथ मैंने हर मुद्दे पर विचार-विमर्श किया और स्पष्टता हासिल की। धीरूभाई से मुझे कई अंतर्दृष्टियाँ मिलीं। इस पुस्तक में जो कुछ लिखा है उसका ज्यादातर हिस्सा धीरूभाई के साथ लंबी सोहबत का ही परिणाम है। मैं उनका कृतज्ञ हूँ कि भारतीय राजनीति की व्यष्टिगत जटिलताओं को समझने में उन्होंने मेरी मदद की और बड़े निःस्वार्थ भाव से अपने ज्ञान में मुझे साझीदार बनाया।

इस किताब में कई जगहों पर लोकतंत्र, सेकुलरवाद और सांप्रदायिकता के बारे में राजीव भार्गव के साथ हुए मेरे लंबे संवाद की झलक भी मिलेगी। विजय बहादुर सिंह, रघुराम राजू, शषीज हेगड़े, रामाश्रय राय, कुमारेश चक्रवर्ती, आलोक

भल्ला, शेफाली झा और मार्टिन फुश ने पूरी पांडुलिपि का अध्ययन किया और उनकी टिप्पणियों से मेरा तर्क और समृद्ध हुआ। सुष्मिता दासगुप्ता ने लिखित रूप से विस्तृत टिप्पणी की, जिसने मुझे एहसास दिलाया कि किसी तर्क में कैसी बारीकियाँ भी हो सकती हैं। अपने निष्कर्षों के लिए मैं सुष्मिता की टिप्पणियों पर काफी निर्भर रहा। नीलाद्रि भट्टाचार्य एक बेहतरीन पाठक हैं, और उनकी टिप्पणियों से मुझे महत्त्वपूर्ण अंतर्दृष्टियाँ मिलीं और अपनी बात हिम्मत से कहने का साहस भी प्राप्त हुआ। मैं ज्ञान पांडेय का भी शुक्रगुजार हूँ कि उन्होंने रचना के मसविदे पर विस्तृत टिप्पणियाँ कीं जिनमें कुछ तो काफी आलोचनात्मक थीं। इस किताब की रचना प्रक्रिया पर चर्चा करते समय अमिय बागची ने इसका शीर्षक सुझाया जिसकी खोज में मैं काफी परेशान था। उनके साथ हुई चर्चाओं का इस्तेमाल मैंने इस रचना समेत और भी कई रचनाओं में किया है।

सीएसडीएस के कम्प्यूटर सेंटर में गणनाएँ और तालिकाएँ फटाफट मुहैया कराने में हिमांशु ने मेरी बड़ी मदद की। हिलाल, कंचन और भुवन ने भी काफी सहायता की। मैं इन सभी का शुक्रिया अदा करता हूँ।

अनिकेत और मंजरी को भले ही यह एहसास न हो, पर उनसे मैंने हमेशा कई अंतर्दृष्टियाँ प्राप्त की हैं। अंत में मैं यह भी कहूँगा कि अगर मेरी पोती सारा मेरा ध्यान न बँटाती तो मेरी शायद यह रचना थोड़ा जल्दी पूरी हो जाती। बहरहाल, अगर जयंती ने मुझे मौन प्रोत्साहन न दिया होता तो मैं यह किताब कभी खत्म न कर पाता। अपने आँकड़ों का विश्लेषण करने के लिए, पुस्तक के मसविदे की कंपोजिंग के लिए और पांडुलिपि के संपादन के लिए मैंने अक्सर जयंती के कलकत्ता स्थित फ्लेट को आरामगाह की तरह भी इस्तेमाल किया। इन्हीं सब वजहों से आखिर में मैं उनका तहे दिल से शुक्रिया अदा करता हूँ।

– जावीद आलम

प्राक्कथन

अपनी पिछली किताब *इंडिया : लिविंग विद मॉडर्निटी* लिखने की थकान के बाद इस पुस्तक पर मैंने आराम और इत्मीनान से काम शुरू किया। उस समय मैं विकासशील समाज अध्ययन पीठ (सीएसडीएस) में विजिटिंग सीनियर फैलो था। १९९७ के शुरुआती दिनों में अध्ययन पीठ की फैकल्टी पिछले साल हुए संसदीय चुनावों के फौरन बाद किए गये अखिल भारतीय सर्वेक्षण के आँकड़ों को लेकर विचारोत्तेजना के दौर से गुजर रही थी। फैकल्टी के सदस्य वी.बी. सिंह, डी.एल. शेठ और योगेंद्र यादव इस सर्वेक्षण की प्रक्रिया में शामिल थे, पर मेरी इसमें भागीदारी नहीं थी। इसलिए, विचार-विमर्श के लिए होने वाली बैठकों में मेरी भूमिका महज एक श्रोता की होती थी, और मैं यदा-कदा कुछ पूछताछ कर लिया करता था।

समय के साथ इस प्रोजेक्ट में मेरी दिलचस्पी बढ़ती चली गई। जब मेरे पास कुछ करने के लिए न होता तो मैं सांख्यकीय तालिकाओं के साथ वक्त गुजारने लगता। जल्दी ही भावहीन आँकड़ों के नीचे छिपी 'भारतीय लोकतंत्र' की एक नयी तस्वीर मेरे सामने उभरने लगी। मैंने लोकतंत्र के बारे में जो सुना था, या जो पढ़ा था या पाठ्यक्रम के तहत जो कुछ पढ़ाया था, उससे यह तस्वीर एकदम अलग तरह की थी। मेरे दिमाग में जो चित्र बन रहा था, वह बेचैन करने के साथ-साथ लुभाता भी था। बेचैनी का कारण वह सामाजिक तबका था जिसे लोकतंत्र का चैंपियन होना चाहिए था, पर जो लोकतांत्रिक प्रक्रियाओं से अलग-थलग पड़ता दिखाई दे रहा था।

और, जिन लोगों के लिए माना जाता था कि वे लोकतंत्र का मतलब समझने लायक भी नहीं हैं, वे उसकी हिफाजत करने के लिए आगे आ रहे थे। लंबे अरसे से कम्युनिस्ट रहे मेरे जैसे व्यक्ति को यह चीज अपनी ओर खींच रही थी।

इन बातों से मुझे काफी रोशनी मिली, और मैंने अपने प्रेक्षण नोट करने शुरू कर दिए। इस बीच में मैं स्वैच्छिक सेवानिवृत्ति लेने शिमला वापस गया, जहाँ मैं पहले हिमाचल प्रदेश विश्वविद्यालय में पढ़ाया करता था। शिमला में मुझे अपने दोस्त ज्ञान पांडेय के साथ समय गुजारने का मौका मिला। उस समय तक मैंने जो भी लिखा था, उसे उन्होंने पढ़ा और उसमें 'सबाल्टर्न' या निम्न वर्ग की उपस्थिति से आकर्षित हुए। उन्होंने सुझाव दिया कि मैं इस सामग्री के आधार पर सामान्य व्यक्तियों के लिए शिक्षाप्रद हो सकने वाली एक किताब लिखूँ। इस तरह एक बेतरतीब और अधकचरी पांडुलिपि इस पुस्तक का प्रस्थान बिंदु बन गई।

लेकिन, लिखने का काम कुछ दिन के लिए मुल्तवी कर देना पड़ा। वजह यह थी कि भारत में लोकतंत्र की स्थिति काफी तरल हो गई थी। सरकारें एक के बात एक गिर रही थीं। चुनाव कुछ ज्यादा ही हो रहे थे। पहले १९९८ में और फिर १९९९ में वोट पड़े। मैं चाहता था कि पहले यह धूल कुछ बैठ जाए ताकि मुझे कुछ साफ-साफ दिखना शुरू हो। २००० खत्म होते-होते मुझे लगने लगा कि मैं दोबारा काम शुरू कर सकता हूँ। उस समय मैं एक नयी जगह काम कर रहा था, और अध्यापन की व्यस्तताएँ अलग तरह की थीं, इसलिए मैं पांडुलिपि पर लंबे समय बाद ही काम शुरू कर पाया।

लोकतंत्र के प्रति रवैये और प्रतिबद्धताओं को लेकर अभिजनों और शासितों के बीच पड़ी दरार ही वह केंद्रीय विषयवस्तु है जो इस पुस्तक में विश्लेषित आँकड़ों से उभरती है। उसके मुख्य तर्क का मर्म यही है। मेरे सामने सवाल यह था कि आखिर कमजोर, जिंदगी की बुनियादी जरूरतों से वंचित और नीची निगाह से देखे जाने वाले शासित भारत में लोकतंत्र के लिए मजबूती का स्रोत कैसे बन सकते थे? खास तौर से तब जब एक के बाद एक हुकूमतों ने गरीबी, निरक्षरता, खराब स्वास्थ्य और गृहविहीनता और अवसरों की कमी से उन्हें निजात दिलाने का प्रयास तकरीबन न के बराबर ही किया हो, और जिसके कारण वे वंचितों की तरह बने रहने के लिए मजबूर हो गए हों।

ये मुद्दे मुझे लगातार चिंतित करते रहे। इस पुस्तक में जो कुछ है, वह इसी विरोधाभास के हल की कोशिशों का नतीजा है। भारतीय लोकतंत्र को समझने के रास्ते में यही उलझनें आती हैं। इन्हीं में मेरी दिलचस्पी भी है, न कि अस्थिरता,

खराब सरकार, भ्रष्टाचार और लोकतांत्रिक क्रियाविधि की उपेक्षा जैसी प्रचलित समस्याओ में। भारतीय लोकतंत्र की असली समस्या उस विषमता की विलक्षण प्रकृति के साथ जुड़ी हुई है जो धार्मिक संस्तुतियों की देन है और उन्हीं से मजबूत होती है। सभी वर्ग-समाजों में निहित तात्त्विक विषमताओं से वहाँ के राजनीतिक शासन की सामाजिक बुनियाद बनती है। लेकिन, इन विषमताओं के आधार में तरल किस्म के श्रेणीक्रम होते हैं। पर, जाति आधारित भारतीय विषमताएँ गैर-लचीली श्रेणियों पर टिकी हैं। यहाँ केवल आर्थिक विभेदों का ही सवाल नहीं है। ये विषमताएँ तो जन्मना हैं। इनके तहत अवसरों की प्राप्ति ऊँच-नीच के हिसाब से होती है। इनके मुताबिक शासितों को नसीब होने वाला भोजन तक उत्पादन प्रक्रिया में उनकी भूमिका के हिसाब से तय होता है। इसी से कर्मकांडीय शुद्धता की वे श्रेणियाँ निकलती हैं जिनके तहत शारीरिक श्रम करने वालों की हैसियत तय होती है। विषमता की ये संरचनाएँ महज सामंती प्रथाओं की ही देन नहीं हैं, बल्कि इन्हें शास्त्रों की स्वीकृति मिली हुई है।

श्रेणियों और विषमताओं की यह सामाजिक विरासत लोकतांत्रिक न्याय के प्रत्येक मानक की, यहाँ तक कि सामान्य भद्रता की भी अवज्ञा करती है। इसीलिए भारत के लिए लोकतंत्र केवल सत्ता के प्रसार, बँटवारे या उसके उपभोग का मामला ही नहीं है। यह सामाजिक और सांस्कृतिक मान्यता का प्रश्न भी है। यह इस मान्यता के रास्ते में आने वाली बाधाओं के खिलाफ संघर्ष का प्रश्न भी है। मुझे यह विरोधाभास समझने में काफी मुश्किल हुई कि उत्पीड़ित वर्ग लोकतंत्र और उसकी प्रक्रियाओं के पक्ष में क्यों खड़ा हुआ है। पुस्तक में इन वर्गों द्वारा किए जाने वाले सबलीकरण के एहसास और लोकतांत्रिक प्रक्रियाओं से उसके संबंध का सार ग्रहण करने का प्रयास किया गया है। मैंने नागरिकता की निर्मिति पर लोकतंत्र के व्यावहारिक रूपों के असर पर भी एक निगाह डाली है। मैंने अल्पसंख्यकों के बदलते हुए नजरिए और राष्ट्र की विकसित होती हुई संरचना समझने की कोशिश भी की है। आखिर में मैंने ध्यान दिया है कि उत्पीड़ितों के लोकतांत्रिक उभार को सीमित करने की कोशिश किस तरह की जा रही है, और इस कोशिश के व्यापक समाज के लिए क्या नतीजे होंगे।

इस पुस्तक के ज्यादातर नतीजे राष्ट्रीय चुनाव अध्ययन (एनईएस, १९९६) नामक अखिल भारतीय सर्वेक्षण के मुख्य आँकड़ों की देन हैं। इस्तेमालशुदा आँकड़े चुनाव

बाद के सर्वेक्षण के हैं। सर्वेक्षण के नमूने में १५,०१५ उत्तरदाता थे। इसके लिए जम्मू और काश्मीर को छोड़ कर ५३७ संसदीय निर्वाचन क्षेत्रों में से १०८ क्षेत्र चुने गए। फिर इनमें से प्रत्येक से दो-दो विधानसभा निर्वाचन क्षेत्र चुने गए। कुल २१६ विधानसभा क्षेत्रों में से हर एक से दो-दो मतदान केंद्र छाँटे गए जिससे कुल मतदान केंद्रों की संख्या ४३२ हो गई। फिर हर राज्य का आनुपातिक कोटा निर्धारित करते हुए केंद्रों की ताजा मतदाता सूची से उत्तरदाताओं की तयशुदा संख्या छाँटी गई। इस नमूने में से कुल ९,६१४ लोगों से साक्षात्कार लिया जा सका। सभी आँकड़े इन्हीं साक्षात्कारों से लिए गए हैं। (नमूना बनाने और विभिन्न सूचकांकों की प्रक्रियाओं और पद्धतियों के बारे में विस्तार से जानने के लिए देखें वी.बी. सिंह और सुब्रत के. मित्र, *डेमोक्रेसी एंड सोशल चेंज इन इंडिया*, सेज, नयी दिल्ली, १९९९)। १९७१ के जिस सर्वेक्षण के साथ इन आँकड़ों की तुलना की गई है, उसके ब्योरे भी इसी ग्रंथ में उपलब्ध हैं।

१९९८ और १९९९ के संसदीय चुनावों और विभिन्न विधानसभा चुनावों के लिए भी इसी नमूने का इस्तेमाल किया गया। मैंने अपने अध्ययन के लिए १९९६ के मूल सर्वेक्षण का ही प्रयोग किया है, बाद के सर्वेक्षणों का नहीं। ऐसा करने के दो कारण थे। पहला, इस सर्वेक्षण से जो तस्वीर उभरती थी, उसमें बाद के सर्वेक्षणों के आँकड़ों से कोई बुनियादी तब्दीली नहीं हुई। केवल कुछ ऐसी तब्दीलियाँ आईं जो खास अहम नहीं थीं। दूसरा, १९९६ के सर्वेक्षण का इस्तेमाल करने से भाजपा के समर्थन आधार की कांग्रेस जैसी दूसरी अन्य पार्टियों के समर्थन आधार से बेहतर तुलना की जा सकती थी। यह सर्वेक्षण इसलिए भी महत्त्वपूर्ण था कि भाजपा ने यह चुनाव महाराष्ट्र में शिव सेना को छोड़ कर किसी सहयोगी दल के साथ गठजोड़ या सीटों के तालमेल के बिना अपने दम पर लड़ा था। लेकिन, १९९८ और १९९९ में भाजपा का कई पार्टियों से चुनाव-पूर्व समझौता हो गया और दोनों चुनावों के बीच पार्टियों की यह संख्या १३ से बढ़ कर २४ हो गई। हालाँकि इन आँकड़ों से भाजपा से संबंधित आँकड़े अलग से निकाले जा सकते थे, पर राजनीतिक रूप से कोई बेहतर तरीका नहीं था। मेरी राजनीतिक समझ कहती है कि किसी पार्टी के गठजोड़ की प्रकृति निकटवर्त्ती समर्थक समूहों के मतदाताओं की पसंद-नापसंद को प्रभावित करती है।

इन आँकड़ों की विश्वसनीयता और निरंतरता की जाँच करने के लिए मैंने उन्हें गैर-सांख्यकीय किस्म की कुछ कसौटियों पर कस कर देखा। मसलन, गरीबों द्वारा राजनीतिक दलों को दिए जाने वाले समर्थन से एक खास तस्वीर उभरती है।

इन आँकड़ों को जब निरक्षरों से संबंधित आँकड़ों से मिला कर देखा तो जबरदस्त समानता दिखी। दूसरी तरफ, जब हमने भारतीय जनता पार्टी और मार्क्सवादी कम्युनिस्ट पार्टी के समर्थन आधारों की विभिन्न सामाजिक वर्गों के संदर्भ में जाँच की तो पाया कि दो बिल्कुल अलग-अलग तस्वीरें उभर रही हैं। मेरा ख्याल है कि आँकड़ों की विश्वसनीयता नापने का यह अच्छा राजनीतिक तरीका था, क्योंकि गरीब और निरक्षरों के आँकड़े एक से होने ही चाहिए थे, और भाजपा व माकपा का समर्थन आधार प्रतिकूल वर्गीय मुद्राओं के कारण एक-दूसरे से उलट होना ही चाहिए था।

चूँकि मैं इस किताब को सामान्य पाठकों के लिए लिखना चाहता था, इसलिए मैंने एक-दो जगहों को छोड़ कर पाद टिप्पणियों और हवालों से बचने की भरसक कोशिश की है।

– जावीद आलम

१

लोकतंत्र और लोग

भारतीय लोकतंत्र की शुरुआत एक प्रतिज्ञा-पत्र के आधार पर हुई थी, जिसे खास और आम ने मिल कर तैयार किया था। इसमें एक तरफ सुसंस्कृत और खुशहाल मध्यवर्गीय और बुद्धिजीवी तबकों से बना अभिजन था। दूसरा पक्ष नाना प्रकार की विविधताओं के साथ जिंदगी गुजार रहे जनसाधारण का था जो तरह-तरह की समस्याओं और कमजोरियों के शिकार थे। दोनों पक्षों का संसार अलग-अलग था। अगर एक की दुनिया आधुनिक और उदारतावादी थी, तो दूसरे की दुनिया न तो इन विचारों से वाकिफ थी, न ही उसके पास बदलते जमाने से निबट पाने लायक कौशल था। इसके बावजूद दोनों पक्षों के बीच एक समझौता हुआ, जिसके तहत अभिजनों ने आम लोगों को भविष्य के बारे में आश्वासन दिया। आजादी की पूर्वसंध्या पर 'नियति से मुलाकात' वाला विख्यात भाषण देते समय नेहरू ने कहा था कि 'अब अपनी कसम पूरी करने का वक्त आ गया है।' दरअसल, उनका यह भाषण आम लोगों के साथ किए गए उस वायदे का ही मूर्त रूप था। उपनिवेशवाद विरोधी संघर्ष में ये अभिजन जनसाधारण के साथ कंधे से कंधा मिला कर लड़े थे। आजादी के बाद उन्हीं को सत्ता की बागडोर मिली।

ये अभिजन भले ही समाज के किसी भी तबके से निकले हों, पर उनकी

दुनिया आम आदमी के साथ कहीं न कहीं साझी जरूर थी। ज्यादातर अभिजन ऊँची जातियों के मध्यवर्ग से आये थे। कहीं-कहीं उनमें नीची जातियों के सदस्य भी देखे जा सकते थे। कुल मिला कर यह साझी दुनिया संघर्षों के दौर से बनी थी। लेकिन, दो आवाजें ऐसी भी थीं जो अलग से सुनी जा सकती थीं। इनमें से एक थी मार्क्सवादियों की जिनके नेतृत्व में कम्युनिस्ट पार्टियाँ क्रांति की जद्दोजहद में लगी हुई थीं। दूसरी आवाज हिंदू दक्षिणपंथ की थी जो 'भारतीय' अतीत की शान के नाम पर गुजरे जमाने की समाज व्यवस्था वापस लाना चाहता था। जिस समय आजादी मिली उस समय कम्युनिस्ट पार्टी एक जन उभार का नेतृत्व कर रही थी। यह एक ऐसा जन उभार था जो इस देश में फिर कभी नहीं हुआ। उस वक्त हिंदू दक्षिणपंथ सांगठनिक दृष्टि से बहुत कमजोर था।

अक्सर कहा जाता है कि यह प्रतिज्ञा-पत्र परस्पर विश्वास के आधार पर रचा गया था। पर बात केवल इतनी ही नहीं थी। इसके पीछे एक इतिहास भी था जिसमें हर किसी को अपनी भूमिका निभानी पड़ी थी, चाहे वे अभिजन रहे हों, या फिर जनसाधारण। इस इतिहास के दो पहलू जिक्र करने काबिल हैं। पहला है संवैधानिक घटनाक्रम, जो शायद हमारी इस चर्चा के लिए इतना अहम नहीं है। पर लंबे अरसे तक चले इसी घटनाक्रम के कारण वह राजनीतिक बंदोबस्त खड़ा हो सका जिसके पास आधुनिक संवैधानिक सस्थाओं के संचालन का कौशल था। दूसरा उल्लेखनीय पहलू यह है कि भारत ने अपनी आजादी के लिए जो लड़ाई लड़ी वह दुनिया के इतिहास का सबसे लंबा स्वतंत्रता आंदोलन था। हालाँकि इसकी सीमाएँ पूँजीवादी नजरिये और आंदोलन के मुख्य नेतृत्व की प्राथमिकताओं ने निर्धारित की थीं, लेकिन इसमें भागीदारी करने वाले जनसाधारण की रेडिकल कामनाओं के दबाव की भूमिका भी कम महत्त्वपूर्ण नहीं थी। इस रेडिकल आवेग का सबसे अहम घटक था किसानों का सामंतवाद विरोधी संघर्ष। दूसरी तरफ इस देश के सबसे ज्यादा वंचित तबके यानी दलितों की जद्दोजहद थी। दलित छुआछूत मिटाने और उससे जुड़ी उन दुर्बलताओं को खत्म करने के लिए लड़ रहे थे जिनके कारण इस देश की शख्सियत में विकृतियाँ पैदा हो गई थीं। भारत की आध्यात्मिक और दार्शनिक महानता का प्रभामंडल भी छुआछूत की इस बुराई के कारण फीका हो जाता है। आमतौर से किसानों के और खासतौर से दलितों के संघर्षों की रोशनी में भारतीय राजनीति के राष्ट्रवादी दौर से पहले हुए किसान विद्रोहों और खेतिहर अशांति की घटनाओं को समझा जा सकता है। हालाँकि इन विद्रोहों को कुचल दिया गया और हमारे उदीयमान अभिजनों ने भी इनके साथ कोई खास हमदर्दी नहीं दिखाई, लेकिन

इस हकीकत से इनकार नहीं किया जा सकता कि पबना और दक्खिनी विद्रोहों से लेकर फकीर-संन्यासी विद्रोहों तक सैकड़ों साल चली इन बगावतों में शोषण, भेदभाव, लूट-खसोट और क्रूरता के खिलाफ जुझारू आवाजें गूँजती रही थीं।

इतिहास के इस पहलू को राष्ट्रीय आंदोलन के भीतर समाजवादी विचार के सूत्रीकरण द्वारा वाणी मिली। यह विचार कम्युनिस्ट पार्टी, नेहरू, कांग्रेस-सोशलिस्ट पार्टी और कई छोटे-छोटे रेडिकल रुझानों ने अलग-अलग तरीके से व्यक्त किया। हालाँकि इन समाजवादी रुझानों को प्रमुख ताकत बनने का मौका कभी नहीं मिला, पर वे आजादी के आंदोलन पर छायी हुई पूँजीवादी प्रवृत्तियों के खिलाफ भीतर ही भीतर एक प्रति-धारा की भूमिका जरूर निभाते रहे। परिणामस्वरूप उपनिवेशवाद विरोधी आंदोलन संघर्ष के एक संवाद से निरंतर दो-चार होता रहा। भारतीय सामाजिक और राजनीतिक जीवन में असहमति की इस परंपरा की नुमाइंदगी आज भी इसी रुझान के जरिए होती है। आधुनिक भारत की रचना-प्रक्रिया में अभिजनों की आवाज हमेशा से एक चुनौती का सामना करने पर मजबूर रही है, और यही कारण है कि कोई अगर लिखना चाहे तो राष्ट्रीय आंदोलन की एकतरफा आत्मकथा नहीं लिख सकता। असहमति के स्वर हमेशा उसकी संगति भंग करते रहेंगे। तरह-तरह की वैचारिक या राजनीतिक धाराओं की जीवन-कथाएँ ही मिल कर इस कथा को प्रामाणिक बना सकती हैं। इन सबसे मिल कर ही वह कहानी बनती है जिसे हम राष्ट्रीय आंदोलन या आजादी का आंदोलन या फिर उपनिवेशवाद विरोधी लड़ाई कहते हैं।

आजादी के आंदोलन की इसी विशेषता ने अभिजनों को मजबूर किया कि वे अपने कान लगातार जमीन पर लगाए रहें, लोगों की आकांक्षाओं का ध्यान रखें और उनके प्रति संवेदनशील बने रहें। इस प्रक्रिया में हुआ यह कि नेतृत्व का एक हिस्सा भी जन-आकांक्षाओं से प्रेरित हो उठा, जिससे प्रतिज्ञा-पत्र की बुनियाद पड़ी। चूँकि अभिजनों और आम आदमी की दुनिया एकदम अलग-अलग थी, इसलिए संवाद के दौरान फासले और मतभेद बरकरार रहे। मतभेदों के प्रति संवेदनशीलता ने नयी विषयवस्तुओं की जरूरत पेश की, उनका संधान हुआ और प्रतिज्ञा-पत्र को ठोस शक्ल मिलनी शुरू हुई। भारतीय संविधान की रचना इसी संवाद के नैरंतर्य के रूप में देखी जानी चाहिए। साथ ही संविधान की प्रस्तावना और निर्देशक सिद्धांतों में दर्ज ज्यादातर बातें संघर्ष के इसी संवाद की देन समझी जानी चाहिए।

दिक्कत यह है कि इस प्रतिज्ञा-पत्र की वैधता ही उसकी सीमा है। अभिजनों का वर्गीय दृष्टिकोण और उनकी पूँजीवादी प्राथमिकताएँ जबरन किसानों, मजदूर

वर्ग, मेहनतकश लोगों और उत्पीड़ित जातियों के रेडिकल आवेगों के साथ समझौता करने पर मजबूर हुई। गरीबी, निरक्षरता, संस्कृतिहीनता, खराब स्वास्थ्य और गृहविहीनता के शिकार लोगों से वायदा किया गया कि उन्हें तुरंत राहत मिलेगी और अंततः ऐसे हालात से छुटकारा मिलेगा। मुझे लगता है कि नेहरू का यह कथन इन्हीं अर्थों में समझा जाना चाहिए कि 'अब अपनी कसम पूरी करने का वक्त आ गया है'। यही थी वह जनता जिसमें 'आस्था' व्यक्त की गई थी। यही थी वह जनता जिसे वयस्क मताधिकार और अन्य सभी बुनियादी अधिकार दिए गए थे। शासन करने की वैधता इसी का परिणाम थी। चूँकि लोगों से वायदा किया गया था कि उनकी 'नियति से मुलाकात' कराई जाएगी, इसलिए उन्होंने अभिजनों को शासन करने का अधिकार प्रदान किया था।

आजादी मिलने के बाद संघर्ष के इस संवाद के भीतर वर्गीय आग्रह काबिज हो गए। पूँजीपति वर्ग ने अपनी आर्थिक क्षमता के अनुपात में कहीं ज्यादा अहमियत हासिल कर ली। यह वर्ग एक बड़ी ताकत बन गया। सत्ता में कदम जमाने में लगे हुए राजनीतिक नेतृत्व ने पूँजीपतियों के नजरिये को ही भारत के भविष्य के रूप में मान्यता देनी शुरू कर दी। संरचनागत रूप से कमजोर और समाज के रेडिकल आवेगों से डरा हुआ यह वर्ग भू-स्वामी सामंतों से गठजोड़ करके नेतृत्वकारी शक्ति बनने में कामयाब रहा। उल्लेखनीय है कि बड़े-बड़े भू-स्वामियों की दुनिया भारतीय राजनीति के सर्वाधिक अनुदार रुझानों का गढ़ रही है। उनकी गुंडावाहिनियाँ अक्सर जनता के आंदोलनों को कुचलने के लिए इस्तेमाल की जाती रही हैं। जाहिर है कि पूँजीवादियों की अगुआई में काम करने वाला नेतृत्व मुक्तिकारी रूपांतरण के बजाय सीमित किस्म का पश्चिम प्रेरित आधुनिकीकरण करना चाहता था। इसी कारण से उसे पश्चिमी पूँजीवाद पर निर्भर होना पड़ा। आज यही पश्चिमी पूँजीवाद भूमंडलीकरण की आक्रामक मुहिम चला रहा है। नेहरू की 'नियति से मुलाकात' वाले भाषण में यह पूर्व-चेतावनी साफ तौर से झलक रही थी। यह कहने के फौरन बाद कि 'अब हमारे लिए अपनी कसम पूरी करने का वक्त आ गया है', उन्होंने यह भी कहा था कि यह कसम 'न केवल पूर्णतः या पूरे परिमाण में, बल्कि बहुत कुछ तात्त्विक रूप से' पूरी की जानी है। आजादी मिलते समय जो वर्गीय आग्रह राजनीति के ऊपर छाते जा रहे थे, उन्हीं से लगने लगा था कि यह कसम केवल परिमाण में ही पूरी होगी। आज की तारीख में यह साफ हो चुका है कि वह वायदा 'बहुत कुछ तात्त्विक रूप से' पूरा नहीं हुआ है।

भारतीय लोकतंत्र की यह समस्या आज भी कायम है। चाहे गरीबी हो,

जातिगत उत्पीड़न हो, या फिर लिंग आधारित भेदभाव हो, विषमताएँ कम नहीं हुई हैं। यही कारण है कि भारतीय लोकतंत्र के दायरों में होने वाला संघर्ष बुनियादी तौर पर *समता* के लिए किया जाने वाला संघर्ष ही है। लोकतंत्र की जो कहानी इन पृष्ठों पर बयान की जाएगी, उसकी केंद्रीय विषयवस्तु यही होगी।

शुरू में हमने जिस प्रतिज्ञा-पत्र की चर्चा की है, उसे कई टिप्पणीकारों ने संदेह की निगाह से देखा है। आखिर लोकतंत्र की शुरुआत पर ही संशय करने की वजह क्या हो सकती है? दरअसल, इस संदेह की जड़ भारतीय लोकतंत्र के उद्घाटन की असामान्य प्रकृति में निहित थी। इन लोगों के सामने प्रश्न यह था कि क्या गरीबी, निरक्षरता और सांस्कृतिक पिछड़ेपन के दलदल में फँसी हुई जनता लोकतंत्र की गारंटी कर सकती है, उसकी संचालक और अभिनेता बन सकती है? यहाँ यह याद रखना जरूरी है कि स्वतंत्र भारत की शुरुआत ही सार्विक वयस्क मताधिकार से हुई थी, जबकि लोकतंत्र की जन्मभूमि ब्रिटेन समेत अन्य देशों में वयस्क मताधिकार धीरे-धीरे छोटी-छोटी खुराकों में हासिल किया गया था। लेकिन, भारत में उपनिवेशवादी जनांदोलन के कारण कोई दूसरा रास्ता नहीं रह गया था। अगर कोई भी और तरीका अपनाया जाता तो वह आम जनता को अपने अधिकारवंचन की तरह लगता, क्योंकि वह जनांदोलनों की ताकत से वाकिफ हो चुकी थी।

फिर बात कुछ और भी थी। भारतीय लोकतंत्र की शुरुआत जिस प्रतिज्ञा-पत्र के आधार पर हुई थी, वह किसी भी अन्य प्रतिज्ञा-पत्र से बुनियादी तौर पर भिन्न था। अगर हॉब्स के प्रतिज्ञा-पत्र का मकसद जीवन और देह की सुरक्षा था, अगर लॉक के प्रतिज्ञा-पत्र का मतलब स्वाधीनता और संपत्ति की सुरक्षा करना था, तो भारतीय प्रतिज्ञा-पत्र को रूसो की पेशकश का रेडिकल संस्करण कहा जा सकता था। रूसो उस समतामूलक सिद्धांत की फिर से स्थापना करना चाहते थे, जो संपत्ति के संस्थानीकरण की भेंट चढ़ गया था। वे चाहते थे कि अवसरों की समानता और वाणी की स्वतंत्रता साथ-साथ चले। अपने इन्हीं विचारों के कारण यूरोपीय ज्ञानोदय के रेडिकल माहौल में भी रूसो की असहमतियों को कठोर आलोचना का सामना करना पड़ा था। आज भी भारत में समता के लिए संघर्ष का मतलब है समावेशन के लिए संघर्ष, क्योंकि यहाँ बहिष्करण के स्रोत कई हैं, और उनके भी विभिन्न स्तर हैं। आलोचकों के सामने प्रश्न था कि क्या ऐसे देश में लोकतंत्र के जरिए समता हासिल की जा सकती है? इसी वजह से समता की स्थापना भारतीय लोकतंत्र का बुनियादी उसूल बन गया। इसी सिद्धांत को तरह-तरह से जमीन पर उतारने की कोशिश आज भी की जा रही है। यही प्रयास हमारे लोकतंत्र की जीवनी-शक्ति बना हुआ है।

इसमें कोई शक नहीं कि भारतीय लोकतंत्र अपने प्रतिज्ञा-पत्र में किए गए वायदे पूरा नहीं कर पाया है। फिर सवाल यह उठता है कि इसके बावजूद पिछले पचास साल से लोकतंत्र क्यों टिका हुआ है? इसकी जीवन-कथाएँ लिखते समय अक्सर निंदात्मक स्वर में भविष्यवाणियाँ कर चुके हैं कि इस लोकतंत्र का अंत निकट है। लेकिन, न केवल यह लोकतंत्र बचा रहा, बल्कि उसने संपूर्ण और समान वैधानिक नागरिकता का उसूल भी हमेशा कायम रखा। सबसे पहले सेलिग हैरिसन ने भारतीय लोकतंत्र की मृत्यु की भविष्यवाणी की थी। पचास की दहाई के उन आखिरी सालों के बाद से हमारा लोकतंत्र कई बार ऐसी भविष्यवाणियाँ झुठला चुका है।[१] टिके रहने के साथ-साथ उसने आपात्काल का सदमा भी अपने राजनीतिक जीवन पर एक-दो खराशों को छोड़ कर बर्दाश्त कर दिखाया। बचे रहने की इस अद्‌भुत क्षमता के कारण अब लोकतंत्र की मृत्यु की भविष्यवाणियाँ बंद हो गई हैं, पर एक नये किस्म की आलोचना सामने आने लगी है। कहा जाने लगा है कि जनमानस में लोकतंत्र के प्रति आदर घटता जा रहा है। चाहे जन-संचार माध्यम हों, या बैठकों में होने वाली बहसें हों, यहाँ तक कि अकादमिक चर्चाओं में भी यह आलोचना दिखने लगी है। मसलन, अतुल कोहली जैसे रेडिकल वामपंथी विद्वान ने कहा है कि अपने हाल के दौर में 'भारत में 'गलत' किस्म के लोकतंत्र की मात्रा बहुत ही ज्यादा रही है, और 'सही' किस्म का लोकतंत्र पर्याप्त नहीं रहा है।'[२] कोहली का तर्क है कि भारत में सरकार और पार्टियाँ अति-राजनीतिकरण और फौरी किस्म के चुनावी दबावों के सामने झुकने के रवैए की शिकार हैं, जिसका नतीजा राज्य की संस्थाओं के क्षरण में निकलता है। कोहली ने यह इल्जाम हैरिसन की भविष्यवाणी के तीस साल बाद अस्सी के दशक में लगाया था।

मैं यह कतई नहीं कहना चाहता कि भारतीय लोकतंत्र में सब कुछ ठीक-ठाक है। अगर लोकतंत्र का मतलब एक ऐसा मूल्य है जिसे एक संस्थागत ढाँचे के तहत कुछ मानकों और क्रियाविधियों के अनुसार कुछ परंपराओं और प्रथाओं के जरिए जमीन पर उतारा जाता है, तो सवाल यह उठता है कि भारतीय परिस्थितियों में यह कार्यान्वयन कैसे हो सकता है? अगर गरीबी के कारण लोग शिक्षित नहीं हो पाते, और उसी वजह से संस्कृति के धरातल पर पर्याप्त संस्कार हासिल नहीं कर पाते, तो उससे लोकतांत्रिक क्रियाविधि पर क्या असर पड़ता है? यह सवाल अहम है क्योंकि भारत में लोकतंत्र का विस्तार बहुत ज्यादा हो गया है, और चुनावी राजनीति गहरे उतर कर उन लोगों तक भी पहुँच गयी है जो अपने आचरण में लोकतंत्र का मानकीय रूप उतार पाने में अक्षम हैं। नब्बे के दशक ने भी लोकतंत्र के बारे में

चिंताओं और आपत्तियों को बल प्रदान किया है। १९९२ में बाबरी मस्जिद का ध्वंस, उससे पहले चलाई गई सांप्रदायिक-उग्रराष्ट्रवादी मुहिम, १९८९ में मंडल आयोग की सिफारिशों का लागू होना और उसके खिलाफ ऊँची जातियों का उत्पात ऐसी घटनाएँ हैं जो भारतीय राजनीतिक-सामाजिक मानस में स्थायी रूप से दर्ज हो चुकी हैं। इन दो घटनाक्रमों के परस्पर विपरीत नतीजे निकले हैं। मंदिर-मस्जिद विवाद पर हम बाद में चर्चा करेंगे, फिलहाल यह देखा जा सकता है कि लोकतंत्र के लिए मंडल के मायने क्या थे।

मंडल सिफारिशों पर उनकी खूबियों के लिहाज से विचार न करके जरूरी यह है कि उन पर पाँच तरह की पूर्वधारणाओं की रोशनी में गौर किया जाए। ये सभी पूर्वधारणाएँ आपस में संबंधित तो हैं ही, जन-संचार माध्यमों पर काबिज मुखर लोग न केवल इन्हें मानते हैं, बल्कि लगातार दोहराते भी हैं। खुद को 'जनता' मानने वाले इन लोगों में पहली पूर्वधारणा यह प्रचलित है कि भारतीय लोकतंत्र की संस्थाओं के प्रति लोगों का मोहभंग हो चुका है और उसके जरिए कुछ अच्छा हो ही नहीं सकता। दूसरी पूर्वधारणा यह है कि इन संस्थाओं के शीर्ष पर बैठे हुए नेता सिद्धांतविहीन हैं, अवसरवादी हैं और वफादारियाँ व गठजोड़ बदलने में लगे रहते हैं। तीसरी मान्यता यह है कि लोकजीवन नैतिक गिरावट का शिकार हो गया है, भ्रष्टाचार का बोलबाला है और राजनीतिक माहौल साफ-सुथरा नहीं रह गया है। चौथी मान्यता यह है कि सामाजिक अशांति में तेज बढ़ोतरी हुई है। नतीजे के तौर पर जातिगत झगड़े और जातिवाद राजनीति का अभिशाप बन गए हैं जिसके कारण लालू यादव, मुलायम सिंह यादव और मायावती जैसे नेताओं की बन आयी है। पाँचवीं और अंतिम मान्यता यह है कि पहली और चौथी पूर्वधारणाओं में बताए गए कारणों से सामाजिक जीवन दूषित और दुर्बल हो गया है।

किसी भी लोकतंत्र के लिए 'लोक-विश्वास' शक्ति का स्रोत होता है। अगर भारतीय लोकतंत्र के बारे में अखबारों, पत्रिकाओं, और टीवी की राय पर भरोसा किया जाए तो साफ हो जाता है कि यह लोक-विश्वास इस हद तक गिर चुका है कि तकरीबन खात्मे पर ही है। यह हालत कैसे बनी? इसका जवाब देने के लिए हमें बीसवीं सदी के आखिरी बीस सालों पर एक संक्षिप्त निगाह डालनी होगी।

१९८४ में इंदिरा गाँधी की हत्या की पृष्ठभूमि में राजीव गाँधी ने जबरदस्त चुनावी जीत हासिल की। जो अभिजन आज लोकतंत्र से मोहभंग का अनुभव कर रहे हैं, उन दिनों इन्हीं अभिजनों को राजीव की विजय में उम्मीद की किरणें नजर आ रही थीं। राजीव गाँधी इन लोगों को आशाओं के प्रतीक लग रहे थे, एक ऐसा

प्रतीक जिसके पास समझा जा रहा था कि भारत को इक्कीसवीं सदी में ले जाने की दृष्टि है। लेकिन, ये उम्मीदें ज्यादा नहीं टिकीं। जल्दी ही राजीव गाँधी भ्रष्टाचार के आरोपों में धँसे नजर आए और १९८९ में कांग्रेस बुरी तरह चुनाव हार गई। राजीव की जगह आए वी.पी. सिंह ने भ्रष्टाचार मिटाने के वायदे के साथ चुनाव लड़ा। वी.पी. सिंह को भी इन्हीं अभिजनों ने हाथों-हाथ लिया। राजीव गाँधी को इन लोगों ने अगर 'मिस्टर उम्मीद' के रूप में देखा था तो वी.पी. सिंह को 'मिस्टर स्वच्छ' के रूप में। लेकिन, अगस्त १९८९ के आस-पास वी.पी. सिंह अचानक नायक से खलनायक में बदल गए। उन्होंने मंडल आयोग की सिफारिशें लागू करने का ऐलान किया जिनके अनुसार अन्य पिछड़े वर्गों के लिए २७ फीसदी सरकारी नौकरियाँ आरक्षित हो गईं। वी.पी. सिंह के प्रति अभिजनों का आत्मगत रवैया बदलने के पीछे उनकी यही घोषणा थी।

इस घोषणा ने भावनाओं और प्राथमिकताओं का समीकरण बदलने की शुरुआत कर दी। आलोचनात्मक नजरिया रखने वाले अकादमीशियनों और राजनीतिक कार्यकर्ताओं को छोड़ कर अभिजन प्रवृत्तियों के धनी मुखर तबकों का सामान्य नजरिया बदलने लगा। मंडल सिफारिशों के कार्यान्वयन ने समाज में जाति युद्ध की शुरुआत कर दी। ऊँची जातियों के युवक बड़े पैमाने पर सार्वजनिक संपत्ति नष्ट करने के लिए निकल पड़े। सार्वजनिक जीवन में अव्यवस्था आम बात हो गई। अभिजनों और मध्यवर्ग के खुशहाल तबकों ने सवर्ण युवकों के इस उत्पात के प्रति खासी हमदर्दी महसूस की। भारत के इतिहास में ऐसा कभी नहीं हुआ था कि रोजमर्रा की जिंदगी में मच रही उथल-पुथल और सार्वजनिक संपत्ति की बरबादी को संचार माध्यमों द्वारा और ड्राइंग रूम में होने वाली भद्रतापूर्ण बातचीत में इस कदर हमदर्दी की निगाह से देखा गया हो। भारतीय राजनीतिक संस्कृति के व्यवस्थागत हलकों में किसी भी तरह के लोकप्रिय संघर्षों के प्रति हमदर्दी तो छोड़ ही दीजिए, सामान्य समझदारी की निगाह से भी देखने का चलन नहीं था। फिर चाहे वे संघर्ष मजदूर वर्ग के हों, किसानों के हों, या अन्य मेहनतकशों के हों। इन आंदोलनों को हमेशा यही टिप्पणी नसीब होती थी : 'ये गरीब लोग अगर विरोध नहीं करेंगे तो और क्या करेंगे?' मंडल विरोधी आंदोलन पहला मौका था जब भद्र वर्ग ने ट्रेनों के समय पर न चलने का या ट्रैफिक जाम होने का बुरा नहीं माना। पिछड़े वर्गों के प्रति शत्रुता की यह भावना बहुत दिनों तक महसूस की जाती रही, जबकि गरीबों के आंदोलनों का भावनात्मक असर इतने दिन तक कभी नहीं रहता था।

अगर अखबारों और टीवी की खबरों का मतलब निकाला जाए तो कहा जा

सकता है कि पश्चिमी शिक्षा प्राप्त और ऊँची जातियों की संतानों (इन दोनों तबकों की सीमाएँ आपस में काफी मिली-जुली हैं) द्वारा किए गए इस उत्पात ने समाज के भीतर भी अपने प्रति हमदर्द विमर्श पैदा किया। मेरिट यानी योग्यता, क्षमता और दक्षता जैसी शब्दावली पर गरमागरम बहस शुरू हो गई। जल्दी ही न केवल बहस के आधारों में परिवर्तन दिखायी देने लगा, बल्कि दो परस्पर असंगत बिमर्श उभरने लगे। दलित और अन्य पिछड़े वर्ग जिन अर्थों में इस शब्दावली का इस्तेमाल करते थे, वे ऊँचे तबके के लोगों की समझ से बाहर थे। ये हालात आज भी बदले नहीं हैं। भारतीय सार्वजनिक जीवन बुरी तरह खंडित पड़ा हुआ है। एक न्यूनतम किस्म की अंतर्वैयक्तिक समझदारी के प्रश्न पर किसी तरह की सार्वजनिक सहमति नहीं रह गई है।

यह 'जातिवाद' के दौर की शुरुआत थी, और इस जातिवाद का मतलब था उत्पीड़ित जातियों की राजनीति। जहाँ तक ऊँची जातियों की संगठित प्रतिक्रिया का सवाल था, उसके लिए इसके मायने अलग थे। अभी तक जाति का प्रच्छन्न इस्तेमाल होता रहा था। चाहे उम्मीदवारों की नामजदगी का मामला हो, नौकरियों में प्राथमिकता का प्रश्न हो, या सरकारी संरक्षण देने का सवाल हो, जाति को आधार बनाया जरूर जाता था, पर साथ ही इस तरह के आचरण को नीची निगाह से भी देखा जाता था, और जब ऐसा करने वाले की पोल खुलती थी तो उसे अपराध बोध भी महसूस होता था। लेकिन, मंडल के बाद, खासतौर से उत्पीड़ितों के बीच, जातिगत आधार पर समान हैसियत और सामाजिक दर्जा प्राप्त करने का संघर्ष आदर की निगाह से देखा जाने लगा। अब जातिगत गोलबंदी सबलीकरण का प्रतीक बन चुकी थी। यानी जिसके जरिए समाज में अधिकारों से वंचित लोग अपनी स्थिति मजबूत कर सकते थे।

अगर हम मीडिया में होने वाली बहसों को खंगालें तो साफ हो जाएगा कि लोकतंत्र को पतनशील मानने की शुरुआत यहीं से हुई। यह मान लिया गया कि लोकतंत्र का यह जातिवादी रूप हमारे समाज का कैंसर बन चुका है। दिक्कत यह भी थी कि अपनी तमाम विकृतियों के बावजूद इस लोकतंत्र की स्थिरता इस अभिजन को भयावह लग रही थी। यही कारण था कि 'जनता' के बीच ऐसे लोकतंत्र के प्रति गहरा संदेह पैदा होता चला गया, और इसके काम करने की शैली से मोहभंग जोर पकड़ने लगा। लेकिन, यह 'जनता' किन तबकों से मिल कर बनी थी? इस 'जनता' को बनाने वाले वे लोग थे जो अभिव्यक्ति-कुशल थे, फायदे वाली जगहों पर बैठ कर घोषणाएँ कर सकते थे, ऐलान कर सकते थे कि विमर्श के आधार

कौन-कौन से होने चाहिए, और यह तय कर सकते थे कि सामूहिक आम सहमति किसे समझा जाना चाहिए। इस 'जनता' के नीचे वे अधकचरे जन-जाँगर मौजूद थे जो सिर्फ भीड़ की तरह कोलाहल मचा सकते थे। चूँकि ये अधकचरे जन-जाँगर स्वयं को राजनीतिक रूप से गोलबंद करने का तरीका जान गए थे, इसलिए 'जनता' लोकतंत्र से कटी-कटी महसूस करने लगी थी। यानी अभिजन और जनता का रिश्ता टूट गया था। इस चर्चा को आगे बढ़ाने के लिए जरूरी है कि हम एक और सवाल पूछें कि क्या इस रिश्ते के टूटने से भारतीय लोकतंत्र वास्तव में कमजोर हुआ?

अभिजनों की आम समझदारी के विपरीत मेरे विचार से यह साबित किया जा सकता है कि भारत में लोकतंत्र की जड़ें पिछले पचास साल में पहले से और ज्यादा गहरी हुई हैं। बार-बार सरका बदलने और राजनीतिक अस्थिरता के बावजूद लोग आज लोकतंत्र को अधिक सकारात्मक तरीके से देखते हैं। लोकतंत्र के प्रति उनकी यह भावना उत्तर-नेहरू दौर में लोकलुभावनवाद की हवाओं पर सवार हो कर प्रधानमंत्री बनने वाली इंदिरा गाँधी के दौर से भी ज्यादा गहरी है। ये निष्कर्ष कितने ही उलझन भरे क्यों न लगें, पर भारतीय राजनीति के विभिन्न पहलुओं से संबंधित हमारे आँकड़े दिखाते हैं कि हमें ताज्जुब में पड़ने के लिए तैयार रहना चाहिए।

लेकिन, यहाँ एक विरोधाभास भी है। बुद्धिजीवी वर्ग की कम से कम एक बात तो ठीक है ही। उसने अखबारों, टेलीविजन, किताबों और पत्रिकाओं में तरह-तरह से लिखते-बोलते हुए निष्कर्ष निकाला है कि जनता आधुनिक वर्गों के रूप में या सक्रिय किस्म के जातिगत या धर्मगत समुदायों के रूप में सरकार के कामकाज के प्रति संदिग्ध हो गई है। इससे भी आगे बढ़ कर देखें तो यह नतीजा भी ठीक ही है कि राजनीतिक पार्टियों और राजनेताओं की साख इस जनता की निगाह में गिर गई है। लेकिन, इन बातों के आधार पर इस हद तक चले जाना अवांछित होगा कि एक शासन व्यवस्था के रूप में लोगों ने लोकतंत्र पर शक करना शुरू कर दिया है। थोड़ा-सा विश्लेषण करते ही हमें दिख जाएगा कि एक के बाद एक नकार को मिला कर संपूर्ण नकार बना लेने का रवैया अपनाने से हमें उन लोकतांत्रिक जटिलताओं और अंतर्विरोधों की सही समझ हासिल नहीं हो सकती जिनके कारण भारत में लोकतंत्र आंशिक रूप से चल रहा है। इससे यह भी साबित हो जाएगा कि लोगों की चेतना आंतरिक और अंतर्निहित रूप से अंतर्विरोधी है।[3] ये अंतर्विरोधी तत्त्व बहुत लंबे अरसे तक टिके रह सकते हैं, और जरूरी नहीं कि इनका लोकतंत्र के प्रति लोकप्रिय अनुमोदन पर कोई नकारात्मक असर ही पड़े।

भारतीय जनता का बहुत बड़ा हिस्सा बेहद मुश्किल हालात में जिंदगी गुजार रहा है। अपनी पूरी क्षमताओं का दोहन करना तो दूर रहा, हद दर्जे की गरीबी और कई तरह के भेदभाव के शिकार लोग अपनी मामूली इच्छाएँ पूरा करने के लिए भी सुविधाओं का अभाव झेल रहे हैं। इसलिए यह मान लेना तर्कसंगत लगता है कि वे इन समस्याओं के संतोषजनक हल पर ज्यादा जोर देंगे। अक्सर कहा जाता है कि गरीबों के लिए आजादी एक विलासिता है और चुनाव में वोट डालने का अधिकार किसी धोखे से कम नहीं है। इससे नतीजा निकाला जा सकता है कि ये दोनों बातें जनसाधारण के लिए ज्यादा मायने नहीं रखती होंगी। लेकिन, जो बात तार्किक रूप से एकदम सही लगती है, वह वास्तव में सही नहीं है। आँकड़े बताते हैं कि गरीब लोगों की प्राथमिकता लोकतंत्र ही है। उनके खराब हालात बताते हैं कि समस्याओं का हल भी उनके लिए बहुत महत्त्वपूर्ण है, पर लोकतंत्र की कीमत पर नहीं। इस बात को यूँ भी कहा जा सकता है कि जहाँ तक पार्टियों और नेताओं की क्षमता और मान्यता का सवाल है, जहाँ तक लोकतांत्रिक शासन में भरोसे का सवाल है, और जहाँ तक लोकतांत्रिक संस्थाओं की वैधता और उनसे जुड़ी क्रियाविधियों का सवाल है; हमारे नतीजों में काफी असंगति मिलती है। सवाल केवल यही नहीं है कि इस तरह की विचित्र परिस्थिति कैसे बनी, बल्कि यह भी है कि इसे कायम रखने वाले कारण कौन-कौन से हैं।

आइए, लोकतंत्र की इस कहानी की शुरुआत कुछ ऐसे आँकड़ों पर नजर डालने से करें जो बताते हैं कि आम लोग लोकतंत्र और उसके कारकुनों का आकलन कैसे करते हैं।

भारतीय लोकतंत्र पर लोगों की राय के तथ्यों को खँगालने पर एक ऐसी तस्वीर उभरती है जो बेहद पेचीदा होने के साथ-साथ बहुत-सी नयी बातों का उद्‌घाटन भी करती है। लोकतंत्र एक प्रणाली भी होती है, और एक बंदोबस्त भी। प्रणाली के रूप में उसके पास मानक होते हैं, क्रियाविधियाँ होती हैं और संस्थाओं का एक समुच्चय होता है। बंदोबस्त के रूप में उसके पास शासन चलाने वाले लोग और कारकुन होते हैं जो इन क्रियाविधियों और संस्थाओं का संचालन करते हैं। साथ ही आम लोगों के लिए लोकतंत्र अनुभूतियों की एक दुनिया भी है। लोकतंत्र के दोनों पहलुओं का लोगों को जो अनुभव हुआ है, उसमें काफी फर्क दिखाई पड़ता है। एक तरफ उसका अमूर्त पक्ष है, जैसे मानक, मूल्य और क्रियाविधियाँ। दूसरी

तरफ उसका ठोस कार्यान्वयन वाला पक्ष है जिसका मूर्त अनुभव किया जा सकता है। लोगों के मानस पर इन दोनों पहलुओं की परस्पर विपरीत छवि है। इस पेचीदा हालत के जिम्मेदार एक-दूसरे के खिलाफ खड़े हुए वे आकलन हैं जो प्रणाली और क्रियाविधियों एवं उनके संचालन की प्रकृति के बारे में जनता ने किए हैं। किसी भी समाज में इन दोनों पहलुओं के बीच असंगति होना स्वाभाविक ही है। लेकिन, भारतीय परिस्थितियों में यह असंगति कुछ ज्यादा ही बड़ी लगती है। इन परस्पर विपरीत आकलनों के कारण स्पष्ट करने की प्रक्रिया में हम उन परिवर्तनों को समझने में कामयाब हो जाएँगे जो पिछले पच्चीस वर्ष में लोगों ने लोकतंत्र के प्रति अपनी अनुभूतियों में महसूस किए हैं। इसके लिए हम १९९६ के हालात की तुलना १९७१ के हालात से करेंगे। यही हैं वे दो मुकाम जिन पर खड़े हो कर वह अखिल भारतीय सर्वेक्षण किया गया था जिसके आँकड़ों का विश्लेषण यहाँ किया जा रहा है। यह सर्वेक्षण लोकतंत्र के बारे में आम लोगों की समझ का पता लगाना चाहता था कि किस तरह सामाजिक-आर्थिक और राजनीतिक दायरों में उनकी राय लोकतंत्र के बारे में बदलती रही है। आइए, इस सर्वेक्षण द्वारा मुहैया कराए गए कुछ आँकड़ों पर एक सरसरी नजर डालें। सारे आँकड़ों को एक साथ रखने और लोकतंत्र पर समग्र निगाह डालने से पहले शुरुआत लोकतंत्र के संस्थागत तंत्र से जुड़े तथ्यों से की जा सकती है। ये तथ्य वोट, प्रतिनिधित्व, राजनीतिक पार्टियों और नेताओं से ताल्लुक रखते हैं।

सर्वेक्षण में जितने लोगों से बात की गई, उनका बहुलांश यानी ६० फीसदी लोग १९९६ में[४] यकीन करते थे कि उनका वोट देश का शासन चलाने की प्रक्रिया प्रभावित करने की क्षमता रखता है। पच्चीस साल पहले १९७१ में केवल ४८ फीसदी लोगों को ही ऐसा यकीन था। जहाँ तक अपने वोट की ताकत और संभावनाओं में लोगों के भरोसे का सवाल है, इसे बहुत बड़ी बढ़ोतरी समझा जाना चाहिए। इससे यह सच्चाई भी निकल कर आती है कि आम लोगों के लिए वोट डालना अपने-आप में लोकतंत्र का समारोह बन चुका है। वोट डाल कर लोग अपनी ताकत का उत्सव मनाते हैं। ऐसी बात नहीं कि यहाँ लोग आकलन करने में गलती कर रहे हों, क्योंकि इससे जुड़े हुए अन्य संस्थानों के प्रति उनकी प्रतिक्रिया देखी जाए तो हमें उनके आकलन में उल्लेखनीय संगति नजर आती है। प्रतिनिधित्व की प्रणाली पर लोगों की राय लेने से भी ऐसा ही नतीजा निकला। करीब साठ फीसदी लोग इस निर्णय पर पहुँचते दिखाई दिए कि प्रतिनिधियों का निर्वाचन व्यवस्था के संचालन के लिए महत्त्वपूर्ण है। इसी तरह कुछ ज्यादा यानी ६१ फीसदी

लोगों ने माना कि राजनीतिक दलों की भूमिका लोकतंत्र के संचालन के लिए अहम है। अगर देश के ज्यादातर लोगों की गरीबी और बदहाल जीवन-दशाओं पर गौर किया जाए तो इस पृष्ठभूमि में लोकतंत्र की प्रमुख संस्थाओं में यकीन और उनके प्रति सहमति बुहत ऊँचे स्तर की लगने लगती है। अगले अध्याय में हम देखेंगे कि अगर हम लोगों के इस अनुमोदन पर वर्गों और समुदायों के संदर्भ में नजर डालें तो अलग नजारा सामने आता है। गरीब और कमजोर लोग लोकतंत्र को बहुत बड़ी मान्यता देते नजर आते हैं, जबकि खुशहाल या फायदे की जगहों पर बैठे लोगों के साथ यह बात नहीं है।

लोकतंत्र की कुछ संस्थाओं और तंत्र के कुछ हिस्सों के बारे में लोगों ने जिस दृढ़ता के साथ भरोसा व्यक्त किया, वह ताज्जुब में डालने वाली थी। यह बात इसलिए आश्चर्यजनक थी कि करीब ६३ फीसदी लोगों के अनुसार उनके निर्वाचित प्रतिनिधि मतदाताओं की जरूरतों और सोच की परवाह नहीं करते। केवल कुछ यानी करीब २२ फीसदी लोगों का ख्याल था कि उनके प्रतिनिधियों को उनकी परवाह रहती है। यह देख कर उलझन होना स्वाभाविक ही है कि एक तरफ तो निर्वाचित प्रतिनिधियों की उपयोगिता में बहुत कम लोगों को भरोसा है, और दूसरी तरफ इसके विपरीत प्रतिनिधित्व की प्रणाली की साख लोगों के बीच बहुत ऊँची है। १९७१ में शासन के लोकतांत्रिक रूप में यकीन जताने वाले लोगों की संख्या इससे कम यानी केवल ५८ फीसदी ही थी। उल्लेखनीय है कि १९७१ में अपने नुमाइंदों के कारगर होने पर ज्यादा यानी १९९६ के २३ फीसदी के मुकाबले करीब २७ फीसदी लोगों को यकीन था। इससे साफ हो जाता है कि प्रतिनिधित्व की प्रणाली का मूल्य समझने वाले लोग भी उसके तहत चुने गए प्रतिनिधियों को उसी तरह काबिल नहीं मानते। इसी तरह लोगों की राय सरकारी अधिकारियों के बारे में भी अच्छी नहीं है। प्रशासन का संचालन करने वाले अधिकारी जनता की रोजमर्रा की जिंदगी के लिए अहम होते हैं। यह मानना होगा कि लोकतंत्र बड़े महत्त्वपूर्ण तरीके से रोजमर्रा की जिंदगी से ताल्लुक रखता है। उसका अनिवार्य संबंध उन मामूली किस्म के कामों से है जो हम व्यवस्था के कारण रोजाना कर पाते हैं या फिर व्यवस्था के कारण ही जिन्हें करने में दिक्कत आती है। काफी कम लोग यानी ३१ फीसदी लोग मानते थे कि सरकारी अधिकारियों और जनता के बीच सौहार्दपूर्ण संबंध हैं। उससे भी कम अर्थात २८ फीसदी लोगों की राय थी कि पुलिस का साधारण लोगों के प्रति रवैया मानवीय है। जहाँ तक नौकरशाही के बारे में आम राय का सवाल है, ४२ फीसदी लोगों को उसमें कोई भरोसा नहीं था। ५७ फीसदी लोग पुलिस पर किसी तरह का

विश्वास करने के लिए तैयार नहीं थे। (इन आँकड़ों के बाद किसी को इस तथ्य से आश्चर्य नहीं होना चाहिए कि ८० फीसदी से ज्यादा लोगों ने न तो किसी राजनेता से कभी संपर्क किया था और न ही किसी सरकारी अधिकारी के पास अपनी किसी जरूरत या समस्या के लिए गए थे।) बातचीत से निकले नतीजे आसानी से दिखा सकते हैं कि लोगों के ये विचार असंगत नहीं थे, क्योंकि कुछ अन्य संस्थाओं के बारे में उनका आकलन काफी अच्छा था। मसलन, ७५ फीसदी से ज्यादा लोग सोचते थे कि न्यायपालिका और चुनाव आयोग का काम करने का तरीका सराहनीय है। कुछ आँकड़ों से परस्पर विपरीत नतीजे भी निकले : ४३ फीसदी लोगों का ख्याल था कि राजनीतिक दलों के कारण सरकार जनता का थोड़ा-बहुत ध्यान रखती है, पर ३० फीसदी की मान्यता थी कि राजनीतिक दलों के होने या न होने से कोई फर्क नहीं पड़ता।

लोकतंत्र में लोगों और राजनीति के बीच रिश्तों के दो पहलू होते हैं और दोनों के बीच एक विच्छिन्नता पाई जाती है जो महत्त्वपूर्ण है। ये पहलू हैं लोगों की समझ और राजनीति के बारे में उनका ख्याल। उनकी अनुभूतियाँ इस मामले में काफी जटिल साबित हुई हैं, लेकिन इस जटिलता को अब तक भारतीय लोकतंत्र के अकादमीय या पत्रकारीय ब्योरों द्वारा व्यक्त नहीं किया जा सका है। अपने अनुभवों के आधार पर लोग जिस पेचीदा तरीके से राजनीति के बारे में निचोड़ निकालते हैं, उसे समझने के लिए तर्काराधित निगमनात्मक रवैया काम नहीं कर सकता। लोकतंत्र एक ऐसी चीज है जिसे भारत का आम आदमी कुल मिला कर बहुमूल्य मानता है और जिसकी तरफदारी करता है। भले ही लोकतंत्र के बारे में उनके विचार रोजी-रोटी और परिवार से परे न जाते हों, पर लोग इन मुद्दों से जुड़ी हुई लाइलाज समस्याओं और लोकतंत्र की जरूरत के बीच अंतर्विरोध नहीं देखते। नेताओं, पार्टियों और कुछ संस्थाओं के प्रति उनके असंतोष और परायेपन के एहसास का यह मतलब नहीं निकाल लेना चाहिए कि वे लोकतंत्र को एक यथोचित और भरोसेमंद शासन प्रणाली मानने के लिए तैयार नहीं होंगे। जब उनसे पूछा गया कि अगर न पार्टियाँ हों और न ही चुनाव, तो क्या उनकी निगाह में सरकार ठीक से काम करेगी, तो उन्होंने इस सुझाव को फौरन खारिज कर दिया। करीब ७० फीसदी लोगों ने इनकार में जवाब दिया और केवल ११ फीसदी का विचार था कि उन हालात में सरकार बेहतर काम करेगी। जाहिर है कि राजनीतिक दलों और उनकी सहयोगी संस्थाओं की साख अस्सी और नब्बे के दशकों में काफी गिरी है, पर इसका असर लोगों के लोकतंत्र में यकीन पर नहीं पड़ा है, क्योंकि लोकतंत्र से उन्हें संघर्ष करने

की गुंजाइश मिलती है। १९७१ में अपेक्षाकृत कम, अर्थात करीब ४३ फीसदी लोगों ने लोकतंत्र में इस स्तर का विश्वास व्यक्त किया था। करीब ४२ फीसदी लोग इस बारे में कोई निर्णय कर पाने में असमर्थ थे। जबकि १९९६ में केवल १९ फीसदी लोगों की राय ही इस मामले में अस्पष्ट थी और केवल १४ फीसदी का ख्याल था कि पार्टियों और चुनाव के बिना देश का कामकाज बेहतर चलाया जा सकता है। वोट की क्षमता में लोगों द्वारा ऊँचे स्तर का यकीन जताना और लोकतंत्र को एक वांछनीय प्रणाली के रूप में स्वीकार करने के पहलू यह साबित करते हैं कि हमारे आँकड़े कितने विश्वसनीय थे। आइए, अब उस अवधि पर संक्षेप में विचार करें जिसे लोकतंत्र को मिलने वाले इस व्यापक अनुमोदन का जिम्मेदार समझा जाना चाहिए।

१९७१ का साल रेडिकल लोकलुभावनवाद के लिए शिखर-वर्ष था। इसी वर्ष भारतीय राष्ट्रवाद की विजय दुंदुभि भी खूब जोर से बजती सुनाई दी। १९७१ का सर्वेक्षण उस समय किया गया था जब इंदिरा गाँधी के हाथों कांग्रेस के अनुदार गुट की बुरी तरह हार हो चुकी थी। वे उसे किनारे करने के लिए एक के बाद एक रेडिकल घोषणाएँ करती जा रही थीं। इसी प्रक्रिया में उन्होंने भारतीय राजनीति का आज तक का सबसे लोकप्रिय नारा **गरीबी हटाओ** दिया था। युद्ध में पाकिस्तान की हार और पूर्वी पाकिस्तान की रचना से इन हालात को एक जबरदस्त उछाल मिला। लेकिन, विचित्र बात यह रही कि इस चुनावी जीत के बाद ही भारतीय राज्य को कई जोरदार चुनौतियों का सामना करना पड़ा। बजाय इसके कि भारतीय राज्य अपनी जीत के लाभ सुदृढ़ कर पाता, उसे तरह-तरह के लोकप्रिय आक्रमणों का सामना करना पड़ा। गुजरात में एक तरह की लोकप्रिय बगावत ही हो गई। बिहार में एक लंबा जनांदोलन चल निकला जिसने भारत के अधिकांश भागों को प्रभावित करने वाले आंदोलन की शक्ल लेने में देर नहीं लगाई। इस आंदोलन के नेता जयप्रकाश नारायण थे। यही वह दौर था जब संघर्ष के पुराने रूपों ने भी जोर पकड़ा। मजदूर वर्ग का संघर्ष रेल हड़ताल के रूप में शिखर पर पहुँचा।

१९६९ में जब से इंदिरा गाँधी ने कांग्रेस में विभाजन किया था, तभी से राज्य की संस्था तेजी से सत्ता के केंद्रीकरण की तरफ बढ़ रही थी। उसने इन सभी चुनौतियों का जवाब उत्तरोत्तर अधिनायकवादी कदमों से दिया। भारत छोड़ो आंदोलन के दौरान हुई गिरफ्तारियों से भी ज्यादा लोग इस दौर में पकड़े गए और पुलिस की गोली से मारे गए। यह घटनाक्रम आजाद भारत के इतिहास के सबसे काले अध्याय के रूप में चरम पर पहुँचा। लोकतंत्र को धता बता कर भारत पर

आंतरिक आपात्काल थोप दिया गया। उस समय तक भारतीय राजनीति में तानाशाही प्रवृत्तियाँ महज छिटपुट और अस्थायी किस्म की ही थीं। उन्हें पहली बार इसी समय संस्थागत रूप मिला। सौभाग्य से यह तानाशाही केवल १९ महीने ही चल पायी।

इस मोड़ पर हमें भारतीय राजनीति का वह पहलू याद करना होगा जो अस्सी के दशक में भी जारी रहा। १९७१ में मतदाताओं ने इंदिरा गाँधी को भारी जनादेश दिया था। कम्युनिस्ट पार्टियों को छोड़ कर संयुक्त विपक्ष द्वारा बनाया गया महागठजोड़ बुरी तरह पराजित हुआ था। इसके बाद से ले कर १९८४ में हुए चुनावों तक भारतीय राजनीति का मूड कई बार जल्दी-जल्दी बदला। १९८४ के चुनाव इंदिरा गाँधी की हत्या की पृष्ठभूमि में हुए (इस हत्या को सिख विरोधी कत्लेआम का निमंत्रण मान लिया गया था), जिनके परिणामस्वरूप राजीव गाँधी को भारतीय इतिहास का सबसे बड़ा बहुमत मिला। एक बार फिर सत्तर के दशक वाला नजारा सामने आया। चुनावी प्रक्रिया और उसके नतीजों के बीच का संबंध वह नहीं निकला जो सामान्यतः निकलना चाहिए था। जिस सरकार को लोगों ने जबरदस्त जनादेश के साथ सत्ता में बैठाया था, वे उसी के खिलाफ हो गए। भारतीय राज्य के खिलाफ लोकप्रिय आंदोलनों की बाढ़ आ गई। इसी तरह आपात्काल की पराजय के बाद बनी और लोकतंत्र को फिर से कायम करने वाली जनता पार्टी की सरकार ने भी ऐसी ही परिस्थितियों का सामना किया था। १९८० और १९८४ का नजारा भी ऐसा ही था। इसे एक सूचकांक के रूप में देखा जा सकता है कि शासक वर्ग लोगों की समस्याओं के प्रति कितना लापरवाह है, और सरकार जवाबदेही से कितनी भागती है। राजनीति के मूड में आने वाली इन तब्दीलियों का अंत १९८९ के चुनाव के बाद हुआ, जब राजनीति गठजोड़ों या अल्पमतीय सरकारों के दौर में प्रवेश कर गई।

इससे नतीजा निकाला जा सकता है कि राजनीति के इस चरण में ही नेता, राजनीतिक दल और कुछ लोकतांत्रिक संस्थाएँ अवमूल्यित हुए। ये संस्थाएँ अपनी स्वायत्तता खो कर महज सत्ता का औजार बन कर रह गई थीं। आपात्काल द्वारा थोपी गई यह बुराई उसके साथ खत्म नहीं हुई थी। इस रोशनी में समझा जा सकता था कि लोगों का उनमें विश्वास क्यों घटा। प्रधानमंत्री से लेकर हर स्तर के नेता एक के बाद एक भीषण भ्रष्टाचार और सरकारी पैसे की लूट के आरोपों में घिरते चले गए। अगर राजीव गाँधी बोफर्स घोटाले में फँसे तो पी.वी. नरसिंह राव पर भी तरह-तरह के इलजाम लगे। ऐसे हालात में राजनेताओं पर लोगों का यकीन दुरुस्त होने के आसार फिलहाल नजर नहीं आ रहे थे। इस दौरान वामपंथी दलों को छोड़ कर

राजनीतिक दलों की साख भी बेहतर नहीं रही। इस बीमारी ने मध्यवर्ती पार्टियों को ज्यादा सताया। मध्यवर्ती पार्टियाँ ही अकेले या गठजोड़ बना कर केंद्र में सत्तासीन थीं। कांग्रेस की सरकारों की असलियत लोग समझ चुके थे। जनता पार्टी या जनता दल की सरकारों ने नेक इरादों से काम करना चाहा, पर वे टिक नहीं सकीं। लगता था कि टूट और खुद को बरबाद करने की इच्छा इन सरकारों में कूट-कूट कर भरी है। समझा जा सकता है कि इन मध्यवर्ती पार्टियों के बेहूदे रवैये के कारण भी जनता की राय राजनीतिक दलों के बारे में नकारात्मक होती चली गई थी।

लोकतंत्र से जुड़ी हुई हर चीज को संदिग्ध मानने के बावजूद एक शासन प्रणाली के रूप में लोकतंत्र के व्यापक और जोरदार अनुमोदन का कारण पता लगाने से पहले एक महत्त्वपूर्ण तथ्य की शिनाख्त करना जरूरी है। यह तथ्य इसी अनुमोदन के परिणाम के रूप में देखा जाना चाहिए। हम देखते हैं कि तमाम दिक्कतों और परेशानियों से गुजरने के बाद लोकतंत्र एक शासन प्रणाली के रूप में, सत्ता को संगठित करने की एक विधि के रूप में और संघर्ष की एक गुंजाइश के रूप में जनता की निगाह में एक स्वायत्त हैसियत प्राप्त करता चला गया है। जनता उसका मूल्य उसकी खातिर ही आँकती है। अब लोकतंत्र अपने सकारात्मक आकलन के लिए किन्हीं ताकतवर नेताओं की प्रतिष्ठा का मोहताज नहीं रह गया है। एक जमाने में कुछ नेताओं को लोकतंत्र का संरक्षक और जन-विश्वास का प्रतीक समझा जाता था। नेहरू की लोकतांत्रिक प्रतिबद्धताओं और इंदिरा गाँधी के लोकलुभावनवाद ने उस जमाने में लोकतंत्र को टिकाए रखने में मदद की थी, जब हालात उसके अनुकूल नहीं थे। दरअसल, लोगों के सोच में आई इस तब्दीली की शुरुआत आपात्काल से समझी जानी चाहिए। आपात्काल की ज्यादतियों से लोगों को पता चला कि आजादी खोने का मतलब क्या होता है। आपात्काल खत्म होने के बाद उसके अनुभव ने उन्हें एहसास दिलाया कि स्वाधीनता के लिए संघर्ष किया जा सकता है। उन्हें यह भी लगा कि भले ही गरीबी के कारण उनका जीना दूभर हो गया हो, पर आजादी कितनी बेशकीमती चीज है। किसी भी वर्गीय समाज की तरह भारतीय समाज में भी मामूली आदमी को संस्थागत हिंसा, उत्पीड़न और आतंक का सामना करना पड़ता है। शोषण को छोड़ कर बाकी सभी उत्पीड़नकारी हालात पहले अस्थायी और छिटपुट किस्म के थे, पर आपात्काल ने उन्हें इस हद तक योजनाबद्ध और व्यापक बना दिया कि इनसान को जो थोड़ी-बहुत निजता नसीब थी, वह भी सत्तारूढ़ दल के लंपट तत्त्वों और सरकारी एजेंटों द्वारा रोजमर्रा के पैमाने पर भंग की जाने लगी थी।[५] जिसे आज राजनीति का अपराधीकरण कहते हैं, वह पहले भी

कभी-कभार अपनी उपस्थिति दर्ज कराता रहता था, पर आपात्काल के कारण वह भारतीय राजनीति का स्थायी पहलू बन गया।

आज हालत यह है कि नेताओं और निर्वाचित प्रतिनिधियों की गिरी हुई साख के बावजूद जनता की राय के कारण लोकतंत्र के फलने-फूलने का माहौल बना हुआ है। चूँकि प्रतिनिधित्व की प्रणाली के बिना लोकतंत्र काम नहीं कर सकता, और चुनाव पार्टियों और नेताओं के बिना नहीं लड़े जा सकते, इसलिए इन पहलुओं का कुछ महत्त्व अभी बचा हुआ है। बड़े-बड़े लोकतंत्रों में, खासकर भारत जैसे विशाल लोकतंत्र में नेताओं, उनसे जुड़ी हुई संरचनाओं और पार्टियों के जरिए ही प्रतिनिधित्व की प्रणाली चल पाती है। इस बात को यूँ भी कहा जा सकता है कि राजनीतिक दल, उनके नेता और अन्य नुमाइंदे जनता द्वारा बर्दाश्त किए जा रहे हैं क्योंकि जनता लोकतंत्र चाहती है।

शुरुआती चरणों के मुकाबले आयी यह तब्दीली अपने-आप में अहम है। इससे लोकतांत्रिक संस्थाओं को एक बेहतर आधार मिलता है। उनके ऊपर लोकतंत्र के लिए आवश्यक मानकों के मुताबिक न्यूनतम आचरण करने का दबाव पड़ता है। यह एक ऐसा परिवर्तन है जिसमें हम देख रहे हैं कि लोकतंत्र की वैधता का अधिकार उसके अधिकारियों से शासन प्रणाली की तरफ या राजनेताओं से उसकी संस्थाओं की तरफ खिसक रहा है। राजनीतिक दायरे में पिछले पचास साल के लोकतांत्रिक तजरुबे की यह सबसे बड़ी उपलब्धि है। लोकतांत्रिक राजनीति अंततः लोगों की राजनीतिक चेतना में जज्ब हो ही गई है। अब लोकतंत्र ऊपर से थमाई गई आस्था का प्रश्न नहीं रह गया है, बल्कि वह लोगों के अपने चयन के रूप में उभरा है। जबकि, दूसरी तरफ अभिजन लोकतांत्रिक संस्थाओं और आचरण से कटते जा रहे हैं।

इसी जगह मुझे थोड़ी सावधानी की जरूरत लगती है। बावजूद इसके कि जनता ने लोकतंत्र की मूल्यवत्ता में गहरी आस्था प्रदर्शित की है, लोकतांत्रिक लफ्फाजी उसे अपनी ओर आकर्षित करने में कामयाब हो सकती है। आम जनता के सोच-विचार का एक पहलू ऐसा है जो लोकतंत्र के संस्थागत और क्रियाविधिमूलक रूप के लिए खतरा बन सकता है। भारत में सत्ता संघर्ष को आज भी संदेह की निगाहों से देखा जाता है। करीब ६० फीसदी लोग महसूस करते हैं कि राजनीतिक दलों द्वारा सत्ता के लिए किया जाने वाला संघर्ष समाज के लिए नुकसानदेह है। वे यह नहीं समझते कि लोकतंत्र में बहुमत के लिए स्पर्द्धा करना एक जायज बात है। वे यह देखने के लिए तैयार नहीं हैं कि सत्ता के लिए संघर्ष करके ही

कोई राजनीति में बनता या बिगड़ता है।

लोकतंत्र में बहुमत हमेशा ही अस्थायी प्रकृति का होता है। वह धार्मिक बहुसंख्या की तरह नहीं होता जिसकी सामाजिक जीवन में प्रकृति स्थायी होती है। अगर हम नहीं समझेंगे कि बहुमत के लिए संघर्ष लोकतंत्र के लिए अंतर्जात है तो बुहमत की रचना या उनके अल्पमत में बदलने की प्रक्रिया कैसे चलेगी? यही कारण है कि ७३ फीसदी लोग मानते हुए दिखायी दिए कि जब तक कोई मजबूत और दृढ़ इच्छाशक्ति का नेता नहीं उभरेगा तब तक राजनीतिक अव्यवस्था से छुटकारा नहीं मिल सकता। केवल ८ फीदसी लोग ही इस बात से असहमत निकले। लफ्फाजों से भरे हुए देश में लोकतंत्र के लिए यह रवैया अपने आप में गंभीर चेतावनी का सूचक होना चाहिए।

राजनीतिक चेतना की इस अंतर्विरोधी प्रकृति के बावजूद यह कहना पड़ेगा कि लोकतंत्र ने वैधता प्राप्त कर ली है, और इसका कारण यह है कि समाज में उसकी जड़ें मजबूत हो गई हैं।[६] यानी लोकतंत्र का संचालन केवल वैधानिक और संवैधानिक ही नहीं है, बल्कि लोकप्रिय मानस का समर्थन इसका मुख्य आधार बन चुका है। इससे संकेत मिलता है कि भारतीय समाज में जनता ने लोकतंत्र के मॉडल का नैतिक अनुमोदन कर दिया है। अब लोकतंत्र के संरक्षकों या ट्रस्टियों द्वारा उसकी हिफाजत की जरूरत नहीं रह गई है। अब आजादी के आंदोलन की विरासत के नुमाइंदे के रूप में नेहरू जैसे ऊँचे स्तर के नेता लोकतंत्र के बचे रहने के आधार नहीं रह गए हैं।

लेकिन, ऐसे हालात आखिर बने कैसे? भारत की सरकार तो आम लोगों की जीविका संबंधी कोई समस्या हल नहीं कर पायी। उसने न रोजी की समस्या हल की, न ही रोटी की, न घर की, न ही स्वास्थ्य की। इस बात से कोई फर्क नहीं पड़ने वाला है कि आँकड़ों के लिहाज से आज ये समस्याएँ उतनी गंभीर नहीं रह गई हैं या आज पहले से कम लोग इनके शिकार हैं। यह तर्क भी हमें कहीं नहीं पहुँचा सकता कि भारत में राजनीतिक अर्थव्यवस्था का विकास बहुत कम हुआ है। हकीकत यह है कि भारत में विकास की गंगा रोजी-रोटी जैसे बुनियादी मुद्दों को स्पर्श करने में अपेक्षाकृत नाकाम रही है। आर्थिक और प्रौद्योगिकीय विकास सामाजिक समस्याएँ हल करने में विफल रहा है। चूँकि लोकतंत्र समस्याएँ हल नहीं कर पाया है, इसलिए भी लोकतंत्र का बढ़ता हुआ अनुमोदन भारतीय तजरुबे को और भी विलक्षण बना देता है। लेकिन, अगर ऐसा है तो फिर हमें क्या करना चाहिए? एक वांछनीय शासन प्रणाली के रूप में लोकतंत्र का अनुमोदन करने की इस व्यापक परिघटना को

समझने के लिए हमें किस पहलू पर अपनी निगाह डालनी चाहिए?

मेरे ख्याल से हमें इसका सुराग भारत की सामाजिक संरचना और उस पर पड़ने वाले लोकतंत्र के असर में मिल सकता है। अगर हम पूँजीवादी संबंधों के विकास की रोशनी में देखें तो पाएँगे कि भारतीय समाज में रूढ़िवाद की न जाने कबसे पकी हुई जमीन अपनी जगह से हिल गई है। सभी परंपरागत समाज रूढ़िवाद को काफी कड़ाई से लागू करते हैं। रीति-रिवाजों के स्तर पर और नैतिक स्तर पर आचार संहिताएँ पैरोकारी के जरिए लागू नहीं की जातीं, बल्कि थोपी जाती हैं। बजाय इसके कि समझाने-बुझाने का तरीका अपनाया जाये, ताकत का इस्तेमाल किया जाता है। कहना न होगा कि पैरोकारी अगर समझाने-बुझाने का रास्ता इस्तेमाल करती है, तो थोपने की प्रक्रिया में दमन की भूमिका होती है। लेकिन, भारत के संदर्भ में बात केवल इतनी ही नहीं है। जाति प्रथा के कारण भारत का मामला किसी भी दूसरे समाज के मुकाबले अलग बन गया है। इस समाज में एक ऐसा ताकतवर भीतरी तंत्र काम करता है जिसके दबाव में इनसान की हैसियत ऊँच-नीच के एक क्रम के आधार पर परिभाषित होती चली जाती है। यह एक प्रणालीगत प्रक्रिया है जो निचले स्तरों पर पड़े हुए लोगों को किसी भी किस्म के आदर-सम्मान से वंचित कर देती है। चूँकि जाति प्रथा को धर्मशास्त्रीय संस्तुति भी मिली हुई है इसलिए उसके प्राधिकार और उससे जुड़ी हुई परंपराओं को अपने-आप वैधता मिलती रहती है। शुरू में प्राधिकार की यह प्रणाली धीरे-धीरे कुछ टूटी, पर वक्त गुजरने के साथ इसकी जड़ें हिलाने वाली प्रक्रियाओं को मजबूती मिलती चली गई। उद्योगीकरण हुआ, शहरीकरण होता चला गया, देहातों में बेशी आमदनी संचित करने के पूँजीवादी तौर-तरीके पहुँचते गए, पूँजीवाद श्रम को अपने आगोश में समेटता चला गया और पूँजीवादी विकास के दूसरे पहलुओं के कदम जमते चले गए। विशेष बात यह थी कि पूँजीवादी विकास के ये सभी पहलू लोकतंत्र के कमोबेश निरंतर चलते हुए सिलसिले के तहत विकसित हो रहे थे। इस बात ने भारतीय आधुनिकता की रचना में एक खास बात पैदा कर दी।

कहा जाता है कि आधुनिकता में समरूपीकरण आरोपित करने की क्षमता होती है। समरूपीकरण का मतलब होता है कि उसके तहत हर किसी की जिंदगी समान मानकों के मुताबिक ही गुजरेगी। लेकिन, आधुनिकता समरूपीकरण की इस प्रक्रिया का किसी भी तरह से स्थायीकरण नहीं करती। वह इनसान की स्वायत्तता को बहुत बड़ी हद तक इजाजत देती है। ऐसा करने के लिए वह पहले तो वैयक्तीयन की वस्तुगत और ऐतिहासिक प्रक्रिया चलाती है, जिसके कारण समुदाय की

सीमाओं में बँधे हुए लोग अपनी इयत्ता से संपन्न होते चले जाते हैं। आधुनिकता इस बात को बहुत अहम दर्जा देती है कि इनसान को अपनी जीवन-शैली चुनने और अपनी इयत्ता के पुनर्निर्माण की आजादी होनी चाहिए। वह इनसान को अपने माहौल से भिन्न होने के लिए आजाद कर देती है। एक आधुनिक व्यक्ति जिस समुदाय से निकला है, उससे एक तरह की दूरी बना कर रह सकता है। इस तरह आधुनिकता इनसान की आजादी कमजोर करने वाले हालात कमजोर करती है। बदलाव की इस प्रक्रिया में तरह-तरह के अतिरेक होते हैं, और इसी जगह लोकतंत्र की भूमिका सामने आती है। वह इन अतिरेकों को या तो बढ़ावा देता है या फिर उनका शमन करता है। अगर लोकतंत्र को बिना किसी रोक-टोक के इस तरह की भूमिका निभाने का मौका मिले तो वह विरासत में मिली सामाजिक संरचनाओं की जकड़ ढीली कर सकता है। उन संरचनाओं की जमीन भी हिल जाती है जो श्रेणीक्रम के मुताबिक शुद्धता और छुआछूत की बेहद उत्पीड़नकारी धारणाओं पर आधारित हैं। कई दशकों के लोकतांत्रिक तजरुबे ने भारतीय समाज पर इसी प्रकार का असर डाला है। अपनी तमाम सीमाओं के बावजूद बहुमत के शासन ने व्यक्तिगत स्तर पर वोट की समता तो स्थापित कर ही दी है, भले ही समता के अन्य पहलुओं को व्यवहार में नकारने का सिलसिला अभी भी जारी हो।

भारतीय समाज में अस्वीकार और अनुमोदन का एक विचित्र मिश्रण देखने को मिलता है। हो सकता है कि एक दलित को गाँव के कुएँ या ऊँची जाति के किसी घर से पानी नसीब न हो और नाई उसके बाल काटने से इनकार कर दे। हो सकता है कि किसी स्त्री को उसकी सुविधानुसार काम करने या अपना समय नियोजित करने की इजाजत न मिले। लेकिन, उस दलित या स्त्री का वोट अपनी कीमत में किसी ब्राह्मण या भू-स्वामी के वोट से कम नहीं होगा। इसमें कोई शक नहीं कि ये स्थितियाँ नागरिकता और सामाजिक वजूद के बीच का सूत्र भंग कर देती हैं, और इसका विपरीत असर उत्पीड़ित नागरिकों की जिंदगी पर पड़ता है, पर उसका अस्तित्व पूरी तरह से खारिज नहीं हो पाता। दरअसल, इससे संघर्ष की गुंजाइश खुलती है। भले ही संघर्ष का दायरा कितना भी तंग क्यों न हो, हम जानते हैं कि उसके जरिए इनसान एक नागरिक के रूप में सक्रिय रहने की अपनी क्षमताओं को बढ़ा सकता है।[७] जैसे ही लोग अपनी संख्यात्मक ताकत के प्रति सचेत होते हैं, उन्हें एहसास होने लगता है कि अब वे हालात को अपने हक में ज्यादा झुका सकते हैं।

नतीजे के तौर पर हम कह सकते हैं कि भारत में लोकतंत्र अधिक आत्म-सम्मान हासिल करने और खुद को बेहतर बनाने की दावेदारियों का नाम है। इस

दावेदारी में समाज की सेकुलर ताकत व्यक्त होती है और धर्मशास्त्रीय वैधता पर पनपने वाली संरचनाओं का क्षरण होता है। आजादी की लड़ाई के दौरान चले जोरदार जनांदोलनों के रेडिकल आवेग को लोकतंत्र का यह पहलू और तेजी से आगे ले गया है, हालाँकि शासक वर्ग ने इस प्रक्रिया को थामने की पूरी कोशिश की है। आइए, इस प्रक्रिया पर एक नजदीकी निगाह डालें।

युगों-युगों से भारतीय समाज में द्विज जातियों के एक छोटे से तबके का ही बोलबाला रहा है। अगर देखा जाए तो यह तबका आधुनिकता से पहले के अन्य वर्ग समाजों के मुकाबले कुछ कम उत्पीड़नकारी लग सकता है। लेकिन, किसी भी अन्य समाज के मुकाबले यह तबका अपनी सत्ता का दृढ़ीकरण करने के लिए जिस विचारधारा का सहारा लेता है वह धर्मशास्त्रीय प्रतिबंधों के माध्यम से समाज के मानस में पैठ गई है। इस तबके के शीर्ष पर ब्राह्मण हैं और उन्होंने इसके अलावा हर व्यक्ति की आवाज छीन ली है। कहने का मतलब यह कतई नहीं है कि प्राक्-आधुनिक भारतीय समाज में अन्य पहलू कभी नहीं थे। द्विजों के बोलबाले की हकीकत पर जोर देने का मकसद केवल एक स्पष्ट तुलनात्मक नजारा पेश करना है। ब्राह्मणों के वर्चस्व को अक्सर चुनौतियाँ मिलती रही हैं। सबसे पहले बौद्ध धर्म ने उसे चुनौती दी, फिर भक्ति आंदोलन, सूफी मत, खालसा पंथ और ऐसी ही कुछ छोटी-छोटी धाराओं की चुनौतियाँ उभरीं। लेकिन, इनके बावजूद ब्राह्मणों के वर्चस्व को तोड़ने की कोई टिकाऊ कोशिश नहीं हो पायी। ये चुनौतियाँ पराजित हो गईं। बौद्ध धर्म सदियों तक लड़ाई चलाने के बावजूद हार गया। भक्ति आंदोलन की कई धाराओं की तरह कुछ चुनौतियाँ छोटा-मोटा असर डाल कर कोने में सिमट कर रह गईं।

लोकतंत्र अपने साथ तरह-तरह के संघर्ष, आंदोलन, गोलबंदियाँ और चुनावी भागीदारी ले कर आया। उसने सामाजिक संरचनाओं की जकड़बंदी को तोड़ डाला। उसके कारण बने माहौल में वर्ण-क्रम में सबसे नीचे पड़े हुए सर्वाधिक उत्पीड़ित व्यक्ति को लगा कि अब उसका दम कुछ कम घुट रहा है। न्यूनतम ही सही, पर उत्पीड़ितों को एहसास होने लगा कि आजादी की हवा में साँस लेने का मतलब क्या होता है। यहाँ एक बात साफ कर देना जरूरी है। जाति प्रथा की सामाजिक जकड़बंदी कमजोर होने का मतलब यह नहीं निकाल लेना चाहिए कि भारत में सामाजिक संस्थाओं का आधुनिकीकरण हो गया है, या फिर जाति प्रथा या अन्य पारंपरिक संस्थाओं की जगह आधुनिक संस्थाएँ आ गई हैं।

हमें इस परिस्थिति से बहुत बड़े-बड़े नतीजे निकालने के चक्कर में भी नहीं

फँसना चाहिए। अपनी सामाजिक परिस्थितियों के तहत आम आदमी को जो हासिल हुआ है, वह दरअसल बहुत कम है। इस आजादी की सीमाओं के प्रति सचेत रहना जरूरी है। ये आजादियाँ एक बहुत तंग दायरे में ही काम कर पा रही हैं। एक ऐसे दायरे में जो *परंपरा की ताकत ढीली हो कर विरल हो जाने के कारण* प्राप्त हुआ है। पारंपरिक संस्थाओं की ताकत पूरी तरह टूटी नहीं है। चयन की आजादी बेहतर बनाने की क्षमता सीमित करने वाली ताकतें आज भी मौजूद हैं। इसे यूँ भी कहा जा सकता है कि परंपरा के खिलाफ बगावत के खिलाफ प्रतिक्रिया की प्रकृति अस्थायी जरूर हो गई है, और साधारण गरीब लोग विरासत में थमाए गए मानकों के खिलाफ आचरण कर सकते हैं, पर ऐसे अनायास मौके भी आते रहते हैं जब उन्हें परंपरा की ताकत के निर्मम प्रहारों का सामना करना पड़ता है। साथ ही यह भी सही है कि अब उनके पास पुलिस में रपट दर्ज कराने का अधिकार है और उससे भी ज्यादा अहम बात यह है कि वे अपने जैसे ही लोगों को गोलबंद करके अपने ऊपर हुए हमले का जवाब दे सकते हैं। मैं मान कर चलता हूँ कि यही है वह गुंजाइश जो अपनी गुरबत और अधिकारवंचन के बावजूद उन्हें बहुत प्यारी है। भले ही कितनी भी सीमित क्यों न हो, लोगों ने कोशिश करके सामाजिक कार्य-व्यापार की दुनिया में दाखिला पा लिया है। जब वे लोकतांत्रिक शासन प्रणाली का समर्थन करते हैं, तो यही लगता है कि वे इस उपलब्धि को छोड़ने के लिए तैयार नहीं हैं।

हमारी इस व्याख्या से एक महत्त्वपूर्ण तात्पर्य निकलता है। सामाजिक अस्तित्व की परिस्थितियाँ बदल चुकी हैं। समाज के भीतर विषमताओं की कठोरता कम नहीं हुई है, पर उनकी प्रकृति पहले जैसी नहीं रह गई है। पहले की विषमताएँ व्यक्ति के कर्मकांडीय दर्जे से संबंधित थीं जिनके तहत लोगों को जबरन चुप करा दिया जाता था। अब आर्थिक विषमताओं की अहमियत बढ़ गई है। सेकुलर दायरे में सत्ता से संबंधित विषमताएँ उभर आई हैं। कर्मकांडों की दुनिया के विपरीत सेकुलर दुनिया की विषमताएँ नागरिक और राजनीतिक अधिकारों की दावेदारी में बाधाएँ नहीं डालतीं। दरअसल, वे अधिकारों की दावेदारी प्रोत्साहित करती हैं। इन विषमताओं के कारण समतावादी मूल्यों की एकता स्थापित करने में मदद मिलती है। सारी दुनिया में ऐसा ही हुआ है। हर जगह इस तरह की विषमताओं ने समतावादी मूल्यों को लोकतांत्रिक संघर्ष और बहस का अभिन्न अंग बना दिया है। आर्थिक और अन्य सेकुलर विषमताओं की आंतरिक संरचना होती ही इस किस्म की है कि उनके कारण लोग प्रतिक्रिया करते हैं, जवाब देते हैं। इन विषमताओं के खिलाफ उत्पीड़ितों का प्रतिकार रेडिकल चेतना के सभी रूपों का आधार होता है।

इस अध्याय का उपसंहार एक अनुमान से किया जा सकता है। और वह अनुमान यह है कि शायद भारतीय लोकतंत्र में एक ऐसी केंद्रीय घटना हो गई है जिसके कारण लोकतांत्रिक प्रक्रिया पर उसकी संस्थागत विकृतियों का कोई असर नहीं पड़ता। फिर वे विकृतियाँ चाहे पार्टियों से जुड़ी हों, प्रतिनिधित्व से ताल्लुक रखती हों या नेताओं से। विकृतियों से संबंध विच्छेद के कारण हुआ यह है कि लोकतांत्रिक प्रक्रिया ने अपने किस्म की एक स्वायत्तता हासिल कर ली है। लोकतांत्रिक राज्य-व्यवस्था की वैधता की जड़ें गहरी होती चली गई हैं। इसके साथ ही लोकतांत्रिक प्रक्रिया के साथ तरह-तरह के संघर्ष जुड़ गए हैं जिनमें चुनावी संघर्ष और अन्य संगठित या असंगठित क्षेत्र के संघर्ष भी शामिल हैं। लोकतांत्रिक प्रक्रिया का दायरा कभी सिकुड़ता है तो कभी फैलता है। पर, वह लोगों को नाना प्रकार के प्रतिरोधों के लिए गुंजाइशें मुहैया कराता है। जद्दोजहद के दौरान और उसके कारण प्राप्त थोड़ी-बहुत अग्रगति और व्यवस्था द्वारा दी गई रियायतें इसी दायरे में दर्ज होती हैं। संगठित राजनीति की मौजूदा शक्ल-सूरत के बावजूद इस दायरे में यह सब घटित हो रहा है। इस आधार पर कहा जा सकता है कि वैधता के सिद्धांतों में आमूल-चूल परिवर्तन की जरूरत है। इन सिद्धांतों को पश्चिमी अकादमीय अध्ययनों की सीमाओं से निकाल कर अन्य लोकतंत्रों के अनुभव के आधार पर फिर से जाँचा-परखा जाना चाहिए कि आखिर वैधता कैसे बनती है और कहाँ रहती है। इसमें कोई शक नहीं कि भारत में लोकतंत्र के पक्ष में बढ़ती हुई प्रतिबद्धता का मतलब यह नहीं निकल सकता कि लोकतंत्र के मानक व्यापक रूप से स्वीकार कर लिए गए हैं। न ही यह कहा जा सकता है कि लोकतांत्रिक क्रियाविधि के प्रति आदर का भाव बढ़ा है। लेकिन इसके बावजूद हमारा अध्ययन बताता है कि भारत में एक नये तरह की लोकतांत्रिक प्रगति हुई है, हालाँकि उस पर पूँजीवाद के वर्चस्व और कर्मकांडीय दुनिया के अवशेषों ने सीमाएँ भी आरोपित कर रखी हैं।

संदर्भ और टिप्पणियाँ

१. सेलिग हैरिसन, *इंडिया : दि मोस्ट डेंजरस डिकेड,* ऑक्सफोर्ड यूनिवर्सिटी प्रेस, नयी दिल्ली, १९६०

२. अतुल कोहली, *डेमोक्रेसी एंड डिसकंटेंट : इंडियाज ग्रोइंग क्राइसिस ऑव गवर्नेबिलिटी,* केम्ब्रिज यूनिवर्सिटी प्रेस, नयी दिल्ली, १९९२

कोहली ने इस रचना में संबंधित विषय का विस्तृत अध्ययन पेश किया है और मेरा मकसद उसे खारिज करना कतई नहीं है। मैं तो कोहली के कुछ एकांगी अवलोकनों की तरफ ध्यान खींचना चाहता हूँ।

३ व्यक्ति की चेतना उसके अपने अनुभव-जगत और स्थिर विचारधारात्मक रुझानों से निकलती

है। इनसान उसे बिना किसी चिंतन के यूँ ही प्राप्त करता है। जबकि विचारधारा उस दुनिया के अलग-अलग निरूपणों का योगफल है जिसमें हम रहते हैं। जरूरी नहीं कि यह निरूपण हर समय सही ही हो। यही कारण है कि चेतना यथार्थ के प्रमाणित किए जा सकने वाले ज्ञान की तरह नहीं होती। परिणामस्वरूप चेतना का एक पहलू हमेशा अपनी जगह बदलता रहता है, क्योंकि लोग जिन अनुभवों से गुजरते हैं उनमें अंतर्विरोधी विविधता रहती है। लेकिन, चेतना के दूसरे पहलुओं की प्रकृति अधिक स्थायी होती है, क्योंकि वे विचारधारा पर आधारित होते हैं। उस विचारधारा पर जिसके अनुसार इनसान अपनी जिंदगी चलाता है। पाठकों को चेतना की यह परिभाषा ध्यान में रखनी चाहिए, क्योंकि इस विश्लेषण के दौरान हम अक्सर इस शब्द का इस्तेमाल बिना यह स्पष्ट किए हुए करेंगे कि हमारा मतलब चेतना के किस पहलू से है।

४. जो पाठक आँकड़ों के विस्तार में जाना चाहते हैं, उन्हें वी.बी. सिंह और सुब्रत के. मित्र की रचना *डेमोक्रेसी एंड सोशल चेंज इन इंडिया : ए क्रॉस-सेक्शनल एनालैसिस ऑव दि नेशनल इलेक्ट्रोरेट*, सेज, नयी दिल्ली, १९९९ देखनी चाहिए। इसका पद्धतिमूलक सारांश संक्षिप्त रूप से पुस्तक की भूमिका में दिया गया है।

५. आपात्काल की अपनी समझ और उसके निहितार्थों का जिक्र मैंने अपनी पुस्तक *डॉमिनेशन एंड डिसेंट : पीजेंट एंड पॉलिटिक्स*, मंदिरा, कोलकाता, १९८५ में किया है।

६. वैधता और वैधानिकता में फर्क है। वैधता समाज के भीतर जमीन से उठने वाली भावनाओं के प्रवाह से बनती है। ये भावनाएँ लोकतंत्र की विभिन्न प्रथाओं, प्राधिकार या संस्थाओं से ताल्लुक रखती हैं। जबकि वैधानिकता ऊपर से दिए गए आदेशों से बनती है। अधिकारियों द्वारा जारी किए गए ये आदेश समाज में नीचे की तरफ जाते हैं। भले ही आदेशों का समाज द्वारा अनुमोदन न किया जा रहा हो, फिर भी उनका पालन करना पड़ता है। यानी वैधानिकता में हमेशा ही मजबूरी का एक पहलू रहता है। इसके विपरीत वैधता वांछनीय स्वैच्छिक अनुमोदन पर आधारित होती है। मसलन, छुआछूत या दहेज की प्रथाएँ वैधानिक नहीं हैं, फिर भी वर्गों और समुदायों में इनका प्रचलन है। किसी वैधानिक आदेश को अगर वैधता प्राप्त करनी है तो उसे समाज द्वारा वांछनीय अथवा नैतिक बाध्यता के रूप में स्वेच्छा से स्वीकार किया जाना जरूरी है। किसी भी समाज में वैधता और वैधानिकता के बीच संबंध विच्छेद हमेशा हो सकता है। लेकिन, भारत जैसे समाज में यह विच्छेद अधिक मुखर दिखायी पड़ता है, क्योंकि यह समाज जनता के मूल्यों और दृष्टिकोण में परिवर्तन के दौर से गुजर रहा है।

७. एक नागरिक के रूप में सक्रियता जैसी अभिव्यक्ति का इस्तेमाल मैंने यहाँ फंक्शनिंग के संदर्भ में उसी तरह किया है जिस तरह ए.के. सेन द्वारा किया गया है। क्षमता यानी केपेबिलिटी और सक्रियता यानी फंक्शनिंग की बेहतर व्याख्या के लिए देखें *कमोडिटीज एंड केपेबिलिटीज*, ऑक्सफोर्ड यूनिवर्सिटी प्रेस, नयी दिल्ली, १९९९

२

उत्पीड़ित और कमजोर तबके

भारतीय समाज में साधारण लोग, खासकर निचली जातियाँ, प्रणालीगत रूप से उत्पीड़नकारी सामाजिक प्रथाओं के शिकार रहे हैं। उन्हें लोकतंत्र एक ऐसी व्यवस्था के तौर पर लगता है जिसके तहत बेहतर जीवन के लिए संघर्ष किया जा सकता है। सामाजिक संरचनाओं की जकड़ ढीली पड़ने और उसके परिणामस्वरूप मिलने वाली गुंजाइशों के कारण अपनी गरिमा, अधिकारों और जायज दावों के लिए जद्दोजहद करना आम लोगों के लिए मुमकिन हुआ है। अपनी सामाजिक और आर्थिक विरासत की तुलना में उन्हें लगता है कि संघर्ष कर सकने की यह छूट शायद एक बहुत बड़ी रियायत है। कुछ आँकड़ों से यह साबित किया जा सकता है कि जनता के इस एहसास में कितनी हकीकत है, और अपने आप में यह कितना ठोस है। समाज में लोकतंत्र और उसकी संस्थाओं के बढ़ते हुए अनुमोदन की जाँच अगर हम अपेक्षाकृत सुविधासंपन्न तबकों के मुकाबले कमजोर वर्गों के संदर्भ में करें तो हमें जातियों और समुदायों के बारे में कुछ नयी प्राथमिकताएँ देखने को मिलेंगी। भारत में कमजोर वर्गों की हालत न केवल सामाजिक दायरे में उत्पीड़ित है, बल्कि पूँजीवादी संबंधों के संदर्भ में भी वे हाशिये पर पड़े हुए हैं। बाजार की प्रक्रिया का हिस्सा होने के बावजूद उनमें से बहुतों को न तो बाजार द्वारा तय की गई उजरत

मिलती है, न ही अपने उत्पाद का विनिमय मूल्य मिलता है। इस प्रकार वे समता के औपचारिक रूपों से भी वंचित कर दिये जाते हैं, और आधुनिक विकास के फायदे उन तक नहीं पहुँच पाते। इस अध्याय में हम इन्हीं तबकों से संबंधित आँकड़ों पर विचार करेंगे।

आइए, अपने विश्लेषण की शुरुआत मतदातामंडल की बदलती हुई प्रकृति पर गौर करने से करें कि उसमें से वोट करने वालों और न करने वालों की संरचना क्या है। (यहाँ हमारा जोर उन पर होगा जो वोट डालने जाते हैं।) मतदातामंडल की संरचना में उल्लेखनीय बदलाव आया है। इस बदलाव की अहमियत का कारण यह है कि १९७१ से १९९६ के बीच मतदाताओं के प्रतिशत में कोई खास परिवर्तन नहीं हुआ है, लेकिन वोट करने वालों और न करने वालों की संरचना में नाटकीय परिवर्तन हो गया है। प्रतिशत कुल मिला कर एक सा है, पर १९७१ से तुलना करने पर पता लगता है कि वोट करने वालों में निरक्षरों, देहाती लोगों, अनुसूचित जातियों और पिछड़ी जातियों की संख्या बढ़ी है। १९७१ में १९९६ के मुकाबले वोट डालने वालों की संख्या में ऊँची जाति वाले, शहरी और कॉलेज-शिक्षित लोगों की संख्या ज्यादा थी। मुसलमानों और आदिवासियों का औसत राष्ट्रीय औसत से अलग है, पर १९९६ में वे भी कुल मिला कर ज्यादा वोट डालते दिखते हैं। अगर सर्वेक्षण के नमूने से प्राप्त प्रतिशत आँकड़ों को कुल मतदातामंडल के आँकड़ों में बदला जाए तो इन समुदायों के लाखों-लाख लोग वोट डालते नजर आते हैं। कमजोर वर्गों ने १९७१ के मुकाबले १९९६ में ज्यादा वोटर दिए हैं। इस तरह हम खासे यकीन के साथ कह सकते हैं कि राजनीतिक सत्ता की सामाजिक बुनियाद में १९७१ के मुकाबले आज कमजोर वर्ग ज्यादा हैं। ध्यान रहे कि राजनीतिक सत्ता और राज्य का वर्ग चरित्र दो अलग-अलग बातें हैं। मेरा ख्याल है कि वोट डालने वालों के चरित्र में हुए इस परिवर्तन की शिनाख्त की ही नहीं गई है। सावधानी से देखने से पता लगता है कि नुमाइंदगी के स्तर पर भारतीय लोकतंत्र को नियंत्रित करने वालों की किस्मत अधिकाधिक उन लोगों के हाथ में जा रही है जो कमजोर हैं, सत्ताविहीन हैं और जरूरत के मारे हैं। यह विकास-क्रम एकदम अनपेक्षित है।

१९६२ में हुए तीसरे आम चुनाव से भारत में वोटिंग के आँकड़े एक तरह के स्थिर मुकाम पर पहुँच गए थे। ज्यादातर चुनावों में ये आँकड़े ५५ से ६२ फीसदी के बीच इधर-उधर होते रहे हैं। यह जरूर है कि १९९१ में यह आँकड़ा घट कर ५१ फीसदी पर पहुँच गया था, और १९८४ में बढ़ कर ६४ फीसदी हो गया था। वरना सातों संसदीय चुनावों में आँकड़े इसी दायरे में रहे। हमारी तुलना के दोनों सिरों के

आँकड़ों में काफी फर्क है, पर यह फर्क इतना भी नहीं है कि पूरी तुलना ही गड़बड़ा जाए : १९७१ में अगर ५५.३ फीसदी वोट पड़े थे, तो १९९६ में ५७.९ फीसदी वोट पड़े।

अतएव, यह कथन कि भारत में वोटिंग का प्रतिशत कमोबेश एक सा रहा है, लोकतंत्र के बारे में बताने से ज्यादा छिपाता ज्यादा है। अगर गरीब अधिक संख्या में वोट डालने का फैसला करते हैं तो मतदाताओं में सुविधाभोगियों की संख्या और कम हो जाती है। आखिर लोकतंत्र को साक्षरता, स्वास्थ्य, पोषण, आवासन, रोजी, सामाजिक और लैंगिक भेदभाव जैसी समस्याएँ ही तो हल करनी ही हैं, और उनका ज्यादा ताल्लुक गरीबों से ही है। अगर लैंगिक भेदभाव जैसा अपवाद छोड़ दिया जाए तो संपन्न तबकों के संदर्भ में इन समस्याओं को ज्यादा बेहतर सुलझाया गया है। अर्थात भारतीय लोकतंत्र के पचास साल से ज्यादा टिके रहने की वजह हल की गई समस्याओं की प्रकृति में नहीं है, बल्कि लोकतंत्र द्वारा प्रदत्त उस गुंजाइश में है जो कमजोर वर्ग को अपनी गरिमा, अधिकारों और जायज दावेदारियों के लिए लड़ने का मौका देती है।

भारत के दुर्बल वर्गों में शोषित और सामाजिक रूप से उत्पीड़ित लोग शामिल हैं। इन दोनों श्रेणियों को अलग-अलग समझा जाना जरूरी है। उदाहरण के लिए, अगर कोई ऊँची जाति का मजदूर शोषित है तो वह सामाजिक रूप से उत्पीड़ित नहीं माना जा सकता। लेकिन, अगर कोई पिछड़े वर्ग का व्यक्ति शोषित नहीं है, तो भी भारतीय समाज व्यवस्था की अभिव्यक्ति के मुताबिक वह उत्पीड़ित माना जाएगा। जहाँ तक दलित खेतिहर मजदूरों का सवाल है, वे एक साथ शोषित, उत्पीड़ित और क्रूरता के शिकार भी हैं। संपन्न वर्गों की स्त्रियाँ भी सामाजिक रूप से उत्पीड़ितों की श्रेणी में आएँगी, पर वे इसके साथ श्रम और गरीब तबकों के लोगों का उत्पीड़न भी करती हुई मानी जाएँगी। नीचे किए गए विश्लेषण में केवल कमजोर वर्गों के समुदायों पर गौर किया गया है। इसका कारण समझना आसान है। शोषित मजदूर अगर वोट डालना चाहें तो उन्हें उनका वोट डालने से नहीं रोका जा सकता। लेकिन, दलितों और अतिपिछड़ी जातियों के बारे में यह बात नहीं कही जा सकती। अक्सर उनके मतदान के ऊपर अंदेशों के साये मँडराते रहते हैं। उन्हें लगता रहता है कि वोट डालने के बदले कहीं समाज में रंग-रुतबे वाले लोगों की नाराजगी का सामना न करना पड़े।

मतदाताओं की बदली हुई संरचना एक दिलचस्प तस्वीर पेश करती है। जाति की रोशनी में देखने पर यह नजारा सामने आता है : पिछड़ी जातियों बनाम ऊँची

जातियों के समीकरण के हिसाब से देखें तो पता लगता है कि १९९६ में ५९ फीसदी पिछड़ों ने वोट दिया, जबकि ऊँची जाति के ५६ फीसदी लोग वोट डालने गए। मतदान का कुल औसत था ५८ यानी पिछड़ों के औसत के एक फीसदी कम और ऊँची जाति वालों के औसत से दो फीसदी ज्यादा।

यह फर्क उस समय और भी मुखर हो जाता है जब हम अनुसूचित जाति के मतदाताओं पर निगाह डालते हैं। उनका प्रतिशत औसत से दो ज्यादा निकलता है, यानी ऊँची जाति के ५६ फीसदी के मुकाबले दलितों के ६० फीसदी मतदाता वोट डालते हुए दिखते हैं। १९७१ में यह अंतर उल्लेखनीय नहीं था। पिछड़ी जातियों और ऊँची जातियों के वोटर औसत से डेढ़ फीसदी नीचे थे, और अनुसूचित जाति के वोटर औसत से केवल आधा फीसदी ऊपर थे।

अगर निरक्षर और कॉलेज स्तर और उससे ऊपर तक शिक्षित लोगों द्वारा मतदान के आँकड़ों पर गौर करें तो यह तब्दीली और भी ज्यादा साफ हो जाती है। १९९६ में निरक्षरों ने मतदान के औसत से आधा फीसदी ज्यादा वोट डाले थे, पर अचरज तो तब होता है जब शिक्षितों के वोट पाँच फीसदी कम निकलते हैं। यानी चुनाव के दिन ६०.५ फीसदी निरक्षरों ने और केवल ५५ फीसदी शिक्षितों ने वोट डालना पसंद किया। इसके उलट १९७१ में शिक्षितों के वोट ५५ फीसदी के औसत से ६ फीसदी ज्यादा थे। तब गैर-शिक्षितों ने औसत से ३.५ फीसदी वोट कम डाले थे। ये आँकड़े मतदातामंडल की संरचना में जबरदस्त परिवर्तन दिखाते हैं। मतदाताओं का सक्रिय हिस्सा अब अधिक अशिक्षित लोगों से मिल कर बना है जो उन कॉलेज शिक्षित लोगों से अधिक गरीब हैं जिनका ताल्लुक समाज के खुशहाल तबकों से है।

इसी जगह हमारा सामना एक तुलनात्मक गुत्थी से होता है। चाहे दुनिया के अन्य भागों में किए गए बड़े-बड़े सर्वेक्षणों पर आधारित अध्ययन हों या फिर ऐसे ही किन्हीं अन्य आँकड़ों का योग हो, एक हकीकत साफ तौर से निकल कर आई है कि हर जगह लोकतंत्र के टिके रहने के कारण नकारात्मक हैं। मसलन, लोकतंत्र निरक्षरता, गरीबी, उत्पीड़न और संबंधित पहलुओं की निरंतरता के कारण टिका हुआ लगता है। अध्ययनों से यह भी पता चलता है कि इन्हीं नकारात्मक पहलुओं के कारण समाज लफ्फाजी के हथकंडों और लोकलुभावनवादी दाँव-पेचों का शिकार होने के अंदेशों से ग्रस्त रहता है। भारत जैसे सामाजिक-आर्थिक हालात वाले सभी समाजों में रेडिकल किस्म के लोकलुभावनवाद और फिर उसके समर्थन में उठाए गए कुछ नीतिगत और प्रशासनिक कदमों की गुंजाइश हमेशा रहती है।

उदाहरण के तौर पर १९७१ में केंद्रीय सरकार ने ऐसे ही रेडिकल नीतिगत निर्णय लिए थे जिनसे बड़े पैमाने पर उत्साह पैदा हुआ था। लेकिन, शासक वर्ग के हथकंडों ने इस उत्साह की हवा जल्दी ही निकाल दी। साथ में भारतीय अनुभव यह भी दिखाता है कि ऐसी लोकलुभावन नारेबाजी को लोग भाँप जाते हैं और फिर उसे ठुकरा दिया जाता है। आपात्काल की हुकूमत का लोगों द्वारा फैसलाकुन तरीके से ठुकराया जाना इसका पुख्ता प्रमाण है।

अगर अखबारी खबरों पर जाएँ तो आम तौर पर लगेगा कि गरीबों और अशिक्षितों में लोकतंत्र के प्रति एक तरह की अरुचि है। अस्सी के आखिरी वर्षों और नब्बे के दशक में हुए चुनावों के दौरान सारे देश में घूम-घूम कर रिपोर्टिंग करने वाले संवाददाताओं का ख्याल था कि आम जनता के बीच चुनाव के प्रति कोई खास उत्साह नहीं है। इसी कम उत्साह को उन्होंने अरुचि की संज्ञा दी थी। हो सकता है कि चुनावी अभियान के प्रति कोई खुला उत्साह न दिखायी दे रहा हो, पर नतीजे के तौर पर इसे वोटरों की अरुचि मान लेना उचित नहीं होगा। मतदाताओं की अरुचि और चुनाव अभियान के प्रति उत्साह की कमी में फर्क करना जरूरी है। उम्मीदवारों की साख कमजोर होने के कारण भी लोगों में चुनाव के प्रति उत्साह कम हो जाता है। लेकिन, जरूरतमंद जनता को उसके अनुभवों ने सिखा दिया है कि चुनावों के दौरान जो थोड़े-बहुत वायदे किए जाते हैं उनके मुताबिक फिर नीतिगत कदम उठाए जाते हैं या सरकार हस्तक्षेप करती है। हो सकता है कि लोग समाज के संपन्न और मुखर तबकों के मुकाबले उसी कौशल और मात्रा में राजनीतिक चर्चाएँ न करते हों। कम से कम ऊँचे तबकों के साथ तो उनकी राजनीतिक बातचीत नहीं ही होती है। लेकिन, यहाँ यह समझना जरूरी है कि आजकल पहले से कहीं ज्यादा लोग अपनी गोलबंदी खुद करने के दौर से गुजर रहे हैं। यह गोलबंदी ज्यादातर खामोश ढंग से कामकाजी और नातेदारी के नेटवर्कों के भीतर होती रहती है। पहले के विपरीत अब लोगों को मतदान केंद्र तक जाने के लिए समझाने-बुझाने की जरूरत नहीं पड़ती। मेरा ख्याल है कि आपात्काल के बाद से ही यह रुझान बनता जा रहा है। १९७७ में हुए उस चुनाव में पहली बार मतदाताओं ने खामोशी से जालिमाना हुकूमत करने वालों को सजा देने का फैसला किया था।

अपने इस दावे को और प्रमाणित करने के लिए आइए दो अन्य कमजोर वर्गों, आदिवासी और मुसलमानों से जुड़े आँकड़ों पर निगाह डालें। १९९६ में सारे आदिवासी समुदायों के कुल वोट ५८ फीसदी के राष्ट्रीय औसत से एक फीसदी कम यानी ५७ फीसदी पड़े थे। १९७१ में ये वोट औसत से ६.५ फीसदी कम थे। ५५

फीसदी के औसत मतदान पर आदिवासी वोट ४८.५ फीसदी पड़े थे। जाहिर है कि राजनीति में सक्रिय दिलचस्पी लेने वाले आदिवासियों की संख्या पहले के मुताबिक बढ़ी है। १९९६ में मुसलमानों ने औसत से एक फीसदी कम वोट डाले थे, जबकि १९७१ में उनके वोट औसत से सात फीसदी कम थे। हालाँकि दोनों ही समुदायों में मतदान औसत से कम होता दिखता है, पर चुनावी भागीदारी के लिहाज से उनके मतदान में वृद्धि इतनी ज्यादा है कि औसत मतदान और उनके मतदान के बीच फर्क के मायने कुछ खास नहीं रह गए हैं।

आदिवासी समुदाय के विपरीत मुसलमानों में एक खुशहाल तबका भी है। मुसलमानों में जमींदार हैं, पेशेवर लोग हैं, अच्छा-खासा मध्यवर्ग है। इन खुशहाल मुसलमानों की संख्या उनकी कुल आबादी की एक-तिहाई से ज्यादा नहीं है। बाकी सभी मुसलमानों की हैसियत पिछड़ी जातियों जैसी ही है। केवल दलितों (१९ प्रतिशत) और आदिवासियों (१६.४ प्रतिशत) के बीच ही खुशहाल लोगों की संख्या मुसलमानों से कम है। इसलिए अगर इस छोटे से तबके को निकाल दिया जाए तो बाकी सभी मुसलमानों को कमजोर वर्ग में माना जा सकता है। मुसलमान एक दूसरे नजरिए से भी कमजोर हैं। आजादी के आंदोलन में उनकी ऐतिहासिक भूमिका और मुस्लिम लीग की अलगाववादी राजनीति के साथ विभिन्न स्तरों पर जुड़ने की पृष्ठभूमि के कारण बहुत से भारतवासी उन्हें संदेह की निगाह से भी देखते हैं। यह संदेह दो रूपों में सामने आता है : असांप्रदायिक लोगों का एक बहुत बड़ा हिस्सा उन पर संदेह तो करता है पर उनके प्रति शत्रुभाव नहीं पालता, लेकिन हिंदुत्व के पैरोकार उनके प्रति खुला शत्रुभाव रखते हैं। भारतीय मुसलमान समाज में अपनी हैसियत के प्रति अनिश्चित और किंकर्तव्यविमूढ़ हैं। उनकी यह किंकर्तव्यविमूढ़ता दंगों के इतिहास के साथ बढ़ती-घटती रहती है। दंगों का समाजशास्त्र भारतीय राजनीति का एक भीषण पहलू है।

आइए, अब शहरी बनाम देहाती का तुलनात्मक अध्ययन करें। हालाँकि चरण सिंह के जमाने से ही धनी किसानों के संगठन शहर बनाम गाँव का नारा देते रहे हैं, पर यह मानना बेतुका होगा कि देहात में रहने वाले सभी लोगों का कमजोर तबकों में शुमार किया जाना चाहिए, और शहर में रहने वालों का नहीं। भारत की सर्वाधिक प्रतिक्रियावादी विचारधाराओं का गढ़ देहातों में ही है। इनकी नुमाइंदगी जमींदार करते हैं जिनकी संख्या देहाती आबादी की ४-५ फीसदी है। इसके अलावा खेतिहर मजदूरों के मुकाबले दस से बारह फीसदा कुलक और धनी किसान भी देहात में रहते हैं। इसी के अनुसार शहरी इलाकों में नियमित शोषण के शिकार

तबकों का निवास है, जिनमें मजदूर वर्ग, छोटे-मोटे धंधे करने वाले गरीब, गृहविहान दरिद्र और उन जैसे न जाने कितने लोग शामिल हैं। लेकिन, इसके साथ-साथ शहरी इलाकों में मीडिया और सूचना के नेटवर्क भी मौजूद हैं जिन पर नियंत्रण और जिन तक पहुँच अपने आप में संभावित सत्ता का एक स्रोत है। सबसे ज्यादा ताकतवर पेशेवर समूह शहरों में ही रहते हैं, और सबसे बड़ी बात तो यह है कि शासक वर्ग के सबसे मजबूत और स्थिर हिस्से पूँजीपति वर्ग की मौजूदगी भी वहीं है। शहरी और देहाती आबादी की इस तुलना का मकसद यह दिखाना है कि शहरी आबादी अपेक्षाकृत लाभकारी स्थिति में रहती है। जहाँ तक मतदान का सवाल है, देहात में रहने वाले लोगों ने १९९६ में औसत से एक फीसदी ज्यादा मतदान किया, जबकि १९७१ में उनका मतदान प्रतिशत औसत से एक फीसदी कम था। हमारी अन्य तुलनाओं के मुकाबले यह कोई बहुत बड़ी तब्दीली नहीं है। लेकिन, शहरी इलाकों के मतदाताओं के मुकाबले देखने पर यह एक बड़ा परिवर्तन लगने लगता है। १९९६ में शहरवासियों ने औसत से ३.५ फीसदी वोट कम डाले, जबकि १९७१ में उनके वोटों का प्रतिशत औसत से ४ फीसदी ज्यादा था। जाहिर है कि मतदान करने जाने वाले शहरियों की संख्या में गिरावट किसी भी तरीके से नजरअंदाज नहीं की जा सकती। इससे यह भी स्पष्ट हो जाता है कि शहरों में मतदाताओं की लोकतंत्र में दिलचस्पी घटी है और अरुचि बढ़ी है।

ये तुलनाएँ बताती हैं कि सामान्य ज्ञान के आधार पर समझ बनाने से क्या-क्या गड़बड़ियाँ हो सकती हैं और बहुत सहज लगने वाले तर्क टिकाऊ नहीं होते। भारत में जो दिखता है, उसके आधार पर अक्सर लोकतंत्र के बारे में टिप्पणियाँ लिखी जाती रहती हैं। लेकिन, भारतीय लोकतंत्र के साथ क्या घट रहा है, इसका पता उन अंतर्निहित संरचनाओं से लगता है जो दिखाई नहीं पड़तीं। इस हकीकत की शिनाख्त करने के लिए हमें यह देखना पड़ेगा कि *भारत में लोकतांत्रिक जनता कौन सी* है। यह शिनाख्त अभिजनों का वह असली चेहरा सामने लाने के लिए जरूरी है जो साधारण लोगों पर लोकतंत्र की सारी समस्याओं की जिम्मेदारी ऊँचे स्वर में थोपते रहते हैं।

कहने का तात्पर्य यह कतई नहीं है कि भारत में लोकतांत्रिक राज्य-व्यवस्था गंभीर समस्याओं का सामना नहीं कर रही है। खासकर लोकतांत्रिक संस्थाओं और 'शासन' के क्षेत्र में तो समस्याएँ काफी हैं। आपात्काल के बाद से कांग्रेस के समर्थन में लगातार क्षय होने से ये समस्याएँ और मुखर हो गई हैं। १९८९ के संसदीय निर्वाचन के बाद से तो यह क्षय अचानक गिरावट में बदल गया है। इन समस्याओं

का कारण 'हुक्मरान वर्ग' की अकुशलता के रूप में सामने आता है। इस वर्ग में ज्यादातर तो स्थापित अभिजन ही भरे हुए हैं। कुछ अभी तक वंचित पड़े हुए तबकों से आए और हाल ही में अभिनज वर्ग के सदस्य बने लोग भी इसमें शामिल हैं। साधारण लोगों की स्व-गोलबंदी लोकतंत्र के लिए खतरे का स्रोत नहीं है, बल्कि उदीयमान अभिजनों का लोकतांत्रिक संस्थाओं को ठीक से चला पाने में अकुशल होना भी समस्या का स्रोत है। वे अक्सर खेल के नियमों का उल्लंघन करते रहते हैं, और लोकतंत्र के क्रियाविधि संबंधी पहलुओं की उन्हें परवाह नहीं रहती। इसके अलावा अभिजनों में हिंदुत्व की तरफ झुकते जाने की प्रवृत्ति भी दिखायी पड़ रही है। हिंदुत्व की विचारधारा के आधार पर की जाने वाली जन-गोलबंदी के निहितार्थों पर अगले अध्याय में चर्चा की गई है।

लोकतंत्र की दुर्दशा का कारण शासक वर्गों और उनके प्रतिनिधियों की राजनीति में है। साठ के दशक से ही यह साफ होता जा रहा है कि व्यवस्था लोकप्रिय दबावों का मुकाबला करते समय तानाशाही उपायों की तरफ चली जाती है। १९७५ में आपात्काल की घोषणा, उसकी यही प्रवृत्ति चरम पर पहुँच गई थी। इस प्रकार यह दलील दी जा सकती है कि भारत में निरक्षरता और गरीबी के बावजूद अगर लोकतंत्र टिका हुआ है तो उसका कारण है निरक्षरों और गरीबों द्वारा लोकतांत्रिक राज्य-व्यवस्था के लिए डाला गया दबाव। भारतीय अभिजनों ने अपनी जिम्मेदारी से टाल-मटोल करने और किसी भी तरह के विरोध का दमन करने की कला में महारत हासिल कर ली है। जब लोकप्रिय आंदोलनों और संघर्षों का जबरदस्त दबाव पड़ता है, तभी वे जन-साधारण की समस्याओं के छोटे-मोटे फौरी हल लेकर सामने आते हैं। आंदोलनों और संघर्षों की इन्हीं गुंजाइशों को लोग बचा कर रखना चाहते हैं। इसीलिए लोकतंत्र में उनका भरोसा है।

राजनीतिक और आर्थिक एकरूपता के अभाव के बावजूद कम से कम एक महत्त्वाकांक्षा सभी उत्पीड़ित समूहों में एक समान है, फिर चाहे वे *संपत्तिवान* हों या *संपत्तिहीन*।[१] ये सभी समूह आम तौर पर अपना प्रतिनिधित्व चाहते हैं, ताकि वे अपनी कमजोरियों का मसला उठा सकें। हालाँकि दलितों और आदिवासियों को निर्वाचित संस्थाओं में सीटों का आरक्षण मिला हुआ है, लेकिन यहाँ जिस प्रतिनिधित्व की चर्चा की जा रही है, उसकी माँगें कुछ और हैं। उत्पीड़ितों की यह अनुभूति गहन होती जा रही है कि उनके हितों को न तो ठीक से समझा जाता है, न ही उनके बारे में पर्याप्त चर्चा की जाती है। खास बात यह है कि उत्पीड़ितों पर जो गुजर रही है उसकी किसी को परवाह नहीं है। उनकी पीड़ा, अपमान और अवमानना

को कोई नहीं समझना चाहता कि महज शोषण से परे जाते हुए उनकी अनुभूतियाँ किस कदर गहरी और दिलो-दिमाग पर छा जाने वाली हैं। 'सभी के हित' की चर्चा करते समय इन गरीबों के इन तकलीफदेह तजरुबों को बड़े हिसाब से दरकिनार कर दिया जाता है। इसी वजह से ऐसे सामाजिक समूहों और राजनीतिक दलों की संख्या बढ़ रही है जो खास तौर से उत्पीड़ितों की आवाज ही उठाते हैं। जवाब में अभिजन कहते हैं कि ये संगठन तो तबकाई हैं या टूट पैदा करते हैं। चूँकि स्थापित सामाजिक समूहों की आवाज गरीबों और उत्पीड़ितों के साथ साझा नहीं है, इसलिए इसका नतीजा समाज में कड़वाहट और विभाजनों के रूप में निकल रहा है। उस प्रतिज्ञा-पत्र को तकरीबन भुला ही दिया गया है जिसके आधार पर कभी भारतीय लोकतंत्र का उद्घाटन हुआ था।

कमजोर वर्गों द्वारा अपनी नुमाइंदगी खुद करने की कोशिशों के कारण कुछ उत्पीड़ित समूहों का व्यवस्था में प्रतिनिधित्व बढ़ा है। पिछड़ी जातियों, खासकर पिछड़ी जातियों के किसान समुदायों के बारे में तो यह बात निश्चित रूप से कही जा सकती है। इसके विपरीत संसद में और उन राज्यों की विधानसभाओं में मुसलमानों की नुमाइंदगी घटी है जहाँ भारतीय जनता पार्टी का जन-समर्थन ज्यादा है। प्रतिनिधित्व का मामला इस बात पर भी निर्भर करता है कि किसी समुदाय की आबादी कितनी सघन है या बिखरी हुई है। बहरहाल, अगर कुल मिला कर हम उत्पीड़ितों को एक समुदाय मान कर चलें तो पाएँगे कि उनकी नुमाइंदगी में खासी बढ़ोतरी हुई है। लेकिन, हमारी दिलचस्पी केवल आँकड़ागत वृद्धि तक ही सीमित नहीं है। इस बढ़ोतरी के कारण पिछड़े वर्गों का आत्म-विश्वास निस्संदेह बढ़ा है, पर उसके साथ-साथ प्रतिनिधित्व और सरकार अच्छी तरह चलाने के आग्रहों के बीच का संतुलन बिगड़ गया है। बेहतर शासन की जरूरतों को दरकिनार करने की प्रवृत्ति हावी होती जा रही है। दिक्कत यह है कि पिछड़े वर्गों से निकला नया मध्यवर्ग न तो संसदीय शासन प्रणाली के मानकों और क्रियाविधि संबंधी पहलुओं को समझने लायक योग्यता रखता है, और न ही अपने हितों के लिहाज से वह इस तरह की योग्यता हासिल करना चाहता है। परिणास्वरूप संसदीय और शासकीय हलकों में काम करने और अपनी बात कहने के तौर-तरीकों, मानकों और प्रक्रियाओं को चौतरफा धता बताई जा रही है। सार्वजनिक जीवन के कार्य-व्यापार के दौरान राजनेताओं की बातें शिष्टाचार के आग्रह से पूरी तरह वंचित होती जा रही हैं। संसदीय और सार्वजनिक मंचों पर चर्चा के दौरान हम देखते हैं कि लोकतांत्रिक आचरण के स्थापित रूपों से गंभीर विचलन आम बात हो गई है।

अगर हम लोकतंत्र के संस्थागत पहलुओं के बारे में प्रचलित रुझानों और आकलनों पर नजर डालें तो एक ऐसी तस्वीर दिखाई देती है जो रहस्यपूर्ण होने के साथ ही कुछ नयी बातों पर भी रोशनी डालती है। हमें दिखता है कि अभिजनों की बहुत बड़ी संख्या लोकतंत्र के प्रति तरह-तरह के संदेहों से ग्रस्त हो चुकी है, लेकिन आम लोगों के बीच उसका अनुमोदन बढ़ता जा रहा है। उत्पीड़ित तबके लोकतांत्रिक मूल्यों और प्रक्रियाओं की पुष्टि करते दिखते हैं। उन्हें इस बात की कोई परवाह नहीं लगती कि राजनीतिक अभिजनों के हाथ में संस्थाओं का हाल क्या हो रहा है। इस तब्दीली को समझना जरूरी है, क्योंकि इसके तहत हमें भारतीय लोकतंत्र के प्रति उत्पीड़ितों के बीच एक भीतरी सहमति उभरती दिखती है। यह सहमति भंगुर और अस्थायी किस्म की हो सकती है, पर इससे उसकी आरंभिक ताकत का पता भी लगता है। इस भंगुरता के पीछे अधिकांशतः आम लोगों की वह दुर्बलता है जो शासक वर्ग के किसी हमले का प्रतिरोध करने में उन्हें अक्षम बनाती है। इसकी एक मिसाल भूमंडलीकरण के मामले में देखी जा सकती है। कमजोर वर्गों को भूमंडलीकरण के निहतार्थ तब समझ में आते हैं, जब उसकी प्रक्रिया उन पर नुकसानदेह असर डालती है। लेकिन, उनके पास भूमंडलीकरण का आधारभूत तर्क या उसके फलितार्थ समझने की क्षमता नहीं है। जबकि शासक वर्ग के पास भूमंडलीकरण समर्थक नीतियाँ इस देश के गले उतारने के लिए निरंकुश तौर-तरीके हैं। बहरहाल, समाज के किसी भी अन्य तबके के मुकाबले देखा जाए तो साधारण और कमजोर जनता ने लोकतंत्र, उसके संस्थागत बंदोबस्त और उसे टिकाए रखने वाली स्थितियों में कहीं बेहतर यकीन दिखाया है।

अभी तक हमने लोकतंत्र के जिन आयामों की जाँच की है, आइए उनके संदर्भ में तीन कमजोर समुदायों के रवैये पर अलग-अलग गौर करें। लेकिन, संभावित गलतफहमी से बचने के लिए पहले दो बातें साफ कर लेना जरूरी है। पहली, इस तुलना के लिए चुने गए सभी चरों की कसौटी पर कमजोर वर्गों के मुकाबले ऊँची जातियाँ और वर्ग ज्यादा खरे उतरते हैं। लेकिन, लोकतंत्र के विभिन्न पहलुओं के प्रति सकारात्मक रुझान के सवाल पर दोनों के बीच का अंतर १९७१ से आते-आते १९९६ तक काफी घट जाता है। मेरे ख्याल से यह बात काफी अहम है। दूसरी बात यह है कि हमें उस प्रक्रिया का ध्यान भी रखना होगा जिसके अनुसार लोकतंत्र की समझ और उसके प्रति रुझान जनता के बीच बन रहे हैं। अभिजनों के बीच लोकतांत्रिक चेतना के उभार एवं शोषितों और उत्पीड़ितों के बीच उसके उभार के तरीकों में भारी फर्क है। जाहिर है कि जनता ने लोकतंत्र का पाठ उसकी संस्थाओं

का इस्तेमाल करने के जरिए नहीं सीखा है। सच्चाई तो यह है कि उन्हें इन संस्थाओं का संचालन करना या उनके साथ काम करना नहीं आता। लोकतांत्रिक संस्थाओं के कामयाब इस्तेमाल के लिए जरूरी कौशल और व्यवहार से ये तबके परिचित नहीं हैं। उनके पास संसदीय खेल के नियमों लायक वक्तृत्व क्षमता नहीं है। तब सवाल उठता है कि उन्होंने लोकतंत्र का पाठ पढ़ना कहाँ से शुरू किया।

पिछले अध्याय के आखिर में हम इस नतीजे पर पहुँच गए थे कि अपने बृहत्तर अर्थों में लोकतांत्रिक प्रक्रिया ने *स्वायत्तता* प्राप्त कर ली है। इस प्रक्रिया में कई तरह की गतिविधियों का एक ऐसा दायरा उभर आया है जिस पर प्रभुत्वशाली वर्गों और समुदायों का कोई सीधा नियंत्रण नहीं है। इस दायरे में मुद्दों पर लगातार बहस होती रहती है, और बहस के नतीजे आखिरी क्षण तक तय नहीं हो पाते। इसी लोकतांत्रिक दायरे के संघर्षों और कोलाहल के बीच जनता शासक वर्ग को रियायतें देने के लिए मजबूर करती है। इसी दायरे में वह अपने संगठित होने की गुंजाइश पैदा करती है और एक ताकत बन कर कदम बढ़ाती है। यही है वह दायरा जिसमें लोकतांत्रिक राजनीति का मुजाहिरा होता है। सामाजिक विषमताएँ जितनी बढ़ती हैं, यह दायरा उतना ही महत्त्वपूर्ण होता चला जाता है। लोकतांत्रिक मानकों और क्रियाविधि संबंधी पहलुओं के प्रति गैर-गंभीर रवैये पर की गई टिप्पणियों एवं सार्वजनिक वक्तव्यों में शिष्टाचार के अभाव पर व्यक्त की गई नाराजगी को इसी संदर्भ में देखा जाना चाहिए। वरना होगा यह कि हम लोकतांत्रिक प्रणाली को अभिजनों के तर्ज पर केवल संस्थागत संदर्भ में ही देखते रहेंगे और पलड़ा जनता के खिलाफ झुकता चला जाएगा। हमें समझना होगा कि यही है वह मुकाम जहाँ से समावेशन की प्रक्रिया के जरिए लोकतंत्र उत्पीड़ितों और शोषितों की राजनीति बनने लगता है।

हम पहले बता चुके हैं कि १९७१ में ४९ फीसदी लोगों के मुकाबले १९९६ में ५९ फीसदी लोग देश के शासन पर अपने वोट का असर स्वीकार कर रहे थे। अगर हम इस औसत की तुलना विभिन्न तबकों और समुदायों द्वारा मतदान करने से करें तो मिलने वाले नतीजे उतने साफ नहीं मिलते जितने समग्र मतदातामंडल में वोटरों की संरचना पर गौर करने से निकले थे। अपने वोट के मूल्य का एहसास विभिन्न तबकों और समुदायों में अलग-अलग निकलता है। यानी कमजोर तबकों और अपेक्षाकृत खुशहाल तबकों के बीच कोई बहुत स्पष्ट अंतर नहीं दिखाई पड़ता। अगर मुसलमानों (६० फीसदी) और दलितों (५९ फीसदी) के बीच देखा जाए तो वोट की कीमत का एहसास राष्ट्रीय औसत से अधिक मिलता है। लेकिन, यही बात एकसार ढंग से दूसरे कमजोर वर्गों में नहीं दिखाई पड़ती। मसलन, पिछड़े वर्गों में

यह एहसास ५८ फीसदी यानी औसत से एक फीसदी कम निकलता है और आदिवासियों में तो यह गिरावट दस फीसदी यानी ४८ फीसदी तक चली गई है। गैर-साक्षरों के लिए यह आँकड़ा ४७ फीसदी यानी और भी कम है। हालाँकि विशेष सुविधा सम्पन्न वर्ग के सदस्य मतदाताओं के रूप में कम होते जा रहे हैं, पर उनमें जो भी वोट करते हैं उनके बीच अपने वोट की कीमत को लेकर खास उछाल दिखायी देता है। शिक्षितों का ८० फीसदी, ऊँची जातियों का ६२ फीसदी और ऊँचे वर्गों का ६२ फीसदी हिस्सा मानता है कि उनका वोट देश का शासन चलाने की प्रक्रिया पर असर डालता है। समाज में फायदे वाली हैसियतों पर बैठे ये लोग जानते हैं कि राजनीति में वे सक्रिय रहें या न रहें, हर हालत में उनके हाथ में पर्याप्त सत्ता रहेगी ही। ये वे लोग हैं जिनकी विधायिकाओं, अधिकारीतंत्र और पुलिस तक पहुँच है। वे अपनी जरूरतें पूरी करने के हथकंडों से वाकिफ हैं। यह फायदा साफ तौर से उन्हें उनकी सामाजिक हैसियत से मिलता है। वे अच्छी तरह जानते हैं कि सत्ता के कब और कौन से रूप का इस्तेमाल किया जाना चाहिए।

वोट की कीमत के एहसास के बारे में इस अस्पष्टता से उस समय हमें सबक सीखने को मिलता है जब हम १९९६ के आँकड़ों की तुलना १९७१ के आँकड़ों से मतदाताओं की प्रवृत्तियों के संदर्भ में करते हैं। उदाहरण के लिए, शिक्षितों के बीच अपने वोट की कीमत समझने वाले मतदाताओं की संख्या औसत से ज्यादा तो निकलती है, पर यह आँकड़ा १९७१ के मुकाबले खासा कम है। १९७१ में औसत से करीब ३१ फीसदी ज्यादा शिक्षित वोटर अपने मत का मूल्य समझते थे, पर १९९६ आते-आते उनकी संख्या घट कर १९ फीसदी रह गई। इसी तरह १९७१ में ऊँची जातियों के वोटरों के बीच ऐसे मतदाताओं की संख्या औसत से करीब ९ फीसदी ज्यादा थी, पर १९९६ में यही आँकड़ा घट कर ३ फीसदी रह गया। जहाँ तक शहरों में रहने वाले लोगों का सवाल है, औसत से १५ फीसदी लोगों को यकीन था कि उनका वोट कुछ असर डालता है, पर १९९६ में ऐसा यकीन रखने वाले शहरी वोटर औसत से सिर्फ ५ फीसदी ऊपर रह गए।

दूसरी तरफ राजनीतिक क्षेत्र पर अपने वोट के असर को सकारात्मक नजरिए से देखने वाले कमजोर वर्ग के लोगों की संख्या में छोटी पर उल्लेखनीय वृद्धि दिखाई पड़ती है। १९७१ में गैर-साक्षरों के बीच यह संख्या राष्ट्रीय औसत से १३ फीसदी कम थी, पर १९९६ में यह आँकड़ा घट कर ११.५ रह गया। अनुसूचित जातियों के मामले में यह आँकड़ा ६.५ से गिर कर १.५ पर पहुँच गया और देहाती आबादी के मामले में यह गिर कर ४.५ से २ फीदसी तक आ गया।

अगर सभी वर्गों और समुदायों के संदर्भ में देखा जाए तो संपन्न वोटर अधिक संख्या में यह मानते हुए दिखाई देते हैं कि उनके वोट की ताकत में क्षय हुआ है। मतदाता मंडल की संरचना पर नजर डालने से साफ हो जाता है कि वोट की उपयोगिता में यकीन करने वालों की संख्या क्यों गिरी। इसका कारण यह है कि उनके बीच वोट डालने न जाने वालों की संख्या घट गई। लेकिन, इसका मतलब यह नहीं समझ लेना चाहिए कि कम संख्या में वोट डालने से इन लोगों का राजनीतिक रुतबा भी घट गया होगा। ऐसा तो शायद कतई नहीं हुआ है। इन लोगों का गैर-चुनावी संस्थाओं पर या तो नियंत्रण है या फिर उन तक बेहतर पहुँच है। इसी तरह फैसले लेने वाली और जन-प्राथमिकताओं को पीछे धकेल सकने वाली प्रशासनिक संस्थाओं पर भी इन्हीं लोगों का रुतबा है। यह सही है कि कमजोर वर्ग के बीच वोट डालने वालों की संख्या में हुई वृद्धि के मुकाबले वोट की कीमत समझने वालों की संख्या में हुई वृद्धि-दर कम है, पर महत्त्वपूर्ण यह है कि दोनों रुझानों की दिशा एक ही है। इसका कारण शायद उनके बीच उम्मीद और पूर्वानुमान का बेहतर एहसास है। अपने हितों की देखभाल के लिए चुने गए प्रतिनिधियों की क्षमता पर भरोसे की भूमिका इसमें उतनी नहीं है। हमारा यह निष्कर्ष पिछले अध्याय में निकाले गए नतीजे की पुष्टि ही करता है जिसके अनुसार हमने पता लगाया था कि प्रतिनिधित्व की प्रणाली में ज्यादा लोग यकीन करते हैं, बनिस्बत उनके जिन्हें प्रतिनिधित्व के लिए चुना गया है।

अगर सरकार चलाने के एक मॉडल के रूप में लोकतंत्र को प्राथमिकता देने या न देने के सवाल की रोशनी में विभिन्न समुदायों और वर्गों के बीच संबंधों को देखा जाए तो एक दिलचस्प तस्वीर सामने आती है। पहले अध्याय में हमने देखा था कि १९९६ के सर्वेक्षण में करीब ६९ फीसदी भारतवासियों ने लोकतंत्र को वांछनीय माना था। जब इसी सवाल को नकारात्मक रूप से पूछा गया तो असहमत होने वाले ग्रामीण उत्तरदाताओं (६९ फीसदी) और शहरी उत्तरदाताओं (६८ फीसदी) के बीच मामूली सा यानी एक फीसदी का फर्क निकला। इन लोगों से पूछा गया था कि क्या पार्टियों, विधायिकाओं और चुनावों से रहित सरकार शासन की बेहतर प्रणाली मानी जा सकती है। लोकतंत्र को वांछनीय मानने के मामले में मुसलमानों का आँकड़ा औसत से तीन फीसदी ज्यादा अर्थात ७२ फीसदी निकला। लेकिन, पिछड़े वर्ग (६७ फीसदी), अनुसूचित जातियाँ (६७ फीसदी) और अनुसूचित जनजातियाँ (६३ फीसदी) इस मामले में औसत से पीछे रह गईं। ऊँचे वर्ग (७२ फीसदी), ऊँची जातियाँ (७४ फीसदी) और शिक्षित लोग (७४ फीसदी) औसत से

ज्यादा निकले। जहाँ तक लोकतांत्रिक प्रणाली के समग्रता में अनुमोदन का सवाल है, हम देखते हैं कि दुर्बल वर्गों और संपन्न वर्गों के अनुपातों में हुई तब्दीलियाँ वोट की क्षमता समझने से संबंधित आँकड़ों से भिन्न हैं।

लोकतंत्र की वांछनीयता और वोट के मूल्य से संबंधित आँकड़ों की तुलना करने पर हमें कुछ ऊँच-नीच दिखाई पड़ता है, पर एक तरह की निरंतरता भी मिलती है। अगर दलितों को छोड़ दिया जाए, तो साफ दिखता है कि वोट का मूल्य समझने वालों के बीच लोकतंत्र को वांछनीय समझने वालों की संख्या भी ज्यादा है। समुदाय और तबके के लिहाज से यह आँकड़ा कम या ज्यादा जरूर होता है। मसलन, आदिवासियों के बीच लोकतंत्र को वांछनीय मानने का आँकड़ा काफी नीचे दिखाई देता है, लेकिन वोट की ताकत में उनका भरोसा इसी के मुताबिक कम नहीं है। दूसरी तरफ, शिक्षित तबके अगर लोकतंत्र को वांछनीय मानने के सवाल पर औसत से अधिक (११ फीसदी) प्रदर्शन करते हैं, तो वोट की क्षमता में उनका यकीन औसत से केवल ५ फीसदी ज्यादा ही निकलता है। इसी तरह की तुलनाएँ दूसरे समूहों में करने पर ऐसे ही उतार-चढ़ाव दिखाई पड़ते हैं। यह ऊँच-नीच स्थायी न हो कर अस्थायी किस्म की है। प्रतिनिधित्व प्रणाली से संबंधित अन्य चरों पर गौर करने से ऐसे ही पैटर्न दिखाई पड़ सकते हैं।

विश्लेषण के इस मुकाम पर मुसलमानों के रवैये पर गौर करना जरूरी है, क्योंकि उसमें कुछ खास बात दिखाई पड़ती है। उत्पीड़ितों के बीच उनका प्रतिशत सभी चरों की कसौटियों पर राष्ट्रीय औसत से अधिक निकलता है। दरअसल, वे वह भूमिका निभाते दिखते हैं जो ताश की गड्डी में जोकर की होती है। यानी केवल उनके लोकतांत्रिक रुझानों के कारण समूचे कमजोर तबकों में लोकतंत्र समर्थक रुझानों का औसत ऊपर की तरफ जाता दिखाई देता है। इसके विपरीत आदिवासी अपने रुझानों में कभी काफी ऊपर जाते हैं, कभी खासे नीचे। कमजोर वर्गों के बीच उनका रुझान असामान्य ही समझा जाना चाहिए। वोट की कीमत समझने के सवालों पर मुसलमानों और आदिवासियों के रुझान इस प्रकार हैं : १९७१ और १९९६ में मुसलमान राष्ट्रीय औसत से तकरीबन एक से डेढ़ फीसदी ऊपर दिखाई पड़ते हैं। लेकिन, आदिवासियों के बीच अपने वोट की ताकत में यकीन कहीं कम दिखाई पड़ता है (१९७१ में औसत से १८ फीसदी कम, और १९९६ में ११ फीसदी कम)। शासन की लोकतांत्रिक प्रणाली को समग्ररूप से अनुमोदित करने के मामले में मुसलमान १९७१ में राष्ट्रीय औसत से ४ फीसदी कम थे, पर १९९६ में वे औसत से कोई तीन फीसदी से ज्यादा बढ़ गए। आदिवासियों के बीच यह तब्दीली १९७१

के दो फीसदी से १९९६ के ढाई फीसदी के बीच रही।

संक्षेप में पिछले अध्याय के मुताबिक ही यह कहा जा सकता है कि समाज के कमजोर वर्गों के बहुत बड़े हिस्से ने अपने अनुमोदन से लोकतांत्रिक प्रणाली की वैधता को मजबूत किया है। हालाँकि लोकतंत्र के प्रति सकारात्मक रवैया दिखाने वाले संपन्न वर्गों के लोगों का प्रतिशत अभी भी अपेक्षाकृत ऊँचा है, पर विशेष सुविधा सम्पन्न समुदायों के मुकाबले रख कर देखने पर यह प्रतिशत वास्तव में घटता हुआ दिखाई पड़ता है। सभी तरह के समुदायों की बहुसंख्या लोकतंत्र को एक वांछनीय मॉडल मानती हुई दिखती है, पर लाभकारी हैसियत से वंचित लोग उसे अधिक मान्यता देते दिखते हैं। इसी मुकाम पर हमें अपने इस दावे की पुष्टि भी दिख जाती है कि लोकतंत्र और पूँजीवाद के जोड़ ने मिल कर जाति आधारित समाज व्यवस्था की अनम्यता का क्षय किया है। जाहिर है कि जातिगत संरचनाएँ आधुनिक संस्थाओं में तो बदल नहीं सकतीं, चाहे उनमें कितना भी भीतरी परिवर्तन क्यों न हो गया हो। जाति आधारित समाज व्यवस्था अधिकतर जनता को द्विजों से कमतर हैसियत पर और दासता की बेड़ियों में रखती रही है, और रखती रहेगी। इस संदर्भ में कहा जा सकता है कि लोकतंत्र के कारगर रूपों ने लोगों को राहत, अधिकारों और गरिमा के लिए संघर्ष छेड़ने की गुंजाइश मुहैया कराई है। पहले वे गैर-लचीली देहाती किस्म की विषमताओं में जकड़े रहते थे, पर इस संघर्ष के जरिए वे ऐसी आर्थिक विषमताओं से जूझते हैं जिनका प्रतिकार करने की संभावनाएँ खुली हुई हैं। लोकतंत्र को चौतरफा अनुमोदन मिलने का यही कारण है, बावजूद इसके कि यह लोकतंत्र पूँजीवाद से नजदीकी गठजोड़ करके चल रहा है, और इसीलिए आम आदमी की बुनियादी जरूरतें पूरी करने में नाकाम है।

लोकतंत्र और पूँजीवाद के बीच का यह अंतर्विरोध सामाजिक संबंधों के लोकतांत्रिकीकरण की संभावनाओं की तरफ बड़े महत्त्वपूर्ण ढंग से इशारा करता है। आर्थिक विषमताओं के खिलाफ लोग जितनी ज्यादा से ज्यादा संख्या में संघर्ष करेंगे, मुक्तिकामी संभावनाओं का दायरा और विस्तृत होता जाएगा। जिस जगह पूँजीवाद विफल होता है, उसी जगह लोगों के मानस में लोकतंत्र की जीत दर्ज होती है।

शासन चलाने के तर्क की निगाह से देखें तो लोकतांत्रिक प्रणाली एक और अंतर्विरोध की शिकार दिखाई पड़ती है। यह है *प्रतिनिधित्व* और *शासन* के बीच का अंतर्विरोध। भारत के कमजोर वर्ग आजकल पूँजीवादी समता हासिल करने की जबरदस्त जद्दोजहद में लगे हुए हैं। ये संघर्षशील समुदाय आपस में इतने निकट हैं

कि उनकी सीमाएँ तकरीबन एक-दूसरे से मिली हुई हैं, और जिन वर्गों और समुदायों के खिलाफ वे लड़ रहे हैं उन्होंने ऐतिहासिक लाभार्जन की प्रक्रिया के जरिए विशेष सुविधा सम्पन्न वर्ग की स्थिति प्राप्त कर ली है। इन कमजोर तबकों ने ऐसे नेता देने में भी कामयाबी हासिल कर ली है, जिनमें इन समुदायों का सीधा प्रतिनिधित्व करने की ताकत है। ये तबके अब अपने हितों की देखभाल के लिए स्थापित अभिजनों की मध्यस्थता जरूरी नहीं मानते, उन अभिजनों की जिनकी रचना अंग्रेजी शिक्षा, पेशागत कौशल, नौकरशाही में ऊँचे पदों और बड़ी-बड़ी आमदनियों आदि के जरिए हुई थी।

यह अभिजन अपनी उच्चस्तरीय क्षमताओं के साथ लंबे अरसे तक कई समुदायों में विभिन्न वर्गों और तबकों की नुमाइंदगी करता रहा है। लेकिन, प्रतिनिधित्व का यह पैटर्न अधिकतर टूट चुका है। साथ ही बड़े पेचीदा किस्म के भीतरी सूत्रों के कारण कांग्रेस पार्टी द्वारा इस तरह के प्रतिनिधित्व का दावा भी अब पहले जैसा नहीं रह गया है। ऐतिहासिक रूप से कमजोर समुदायों के प्रतिनिधियों ने चुनावी जमीन पर श्रेष्ठता हासिल कर ली है। ये वे धरती-पुत्र हैं जिन्हें स्थापित मध्यवर्ग ने अपने साथ सुसंस्कृत संवाद के लायक कभी नहीं माना। दिक्कत यह है कि धरती के ये बेटे सुसंस्कृत संवाद की कला आज भी नहीं सीख सके हैं, पर उन्होंने अभिजनों को अपने साथ एक तीखी राजनीतिक बहस में उतरने पर मजबूर जरूर कर दिया है। कमजोर वर्गों के ये नये प्रतिनिधि अपने तरह की खुरदुरी शख्सियत से लैस हैं। उनकी शैली अभिजनों को अरुचिकर लगती है। स्थापित अभिजन यह मानने से इनकार करते हैं कि इस बहस में किसी तरह का तत्त्व भी है। उनकी निगाह में यह बहस शिष्टता की कमी का शिकार है। चूँकि नौकरशाही, कारपोरेट जगत और मीडिया पर ऊँची जातियों से बने इन्हीं स्थापित मध्यवर्गों का कब्जा है, इसलिए लोकतांत्रिक दायरे में एक विच्छिन्नता पैदा हो गई है यानी एक तरफ अभिजन हैं और दूसरी तरफ बाकी लोकतांत्रिक राजनीति है। यह परिघटना केवल 'सहमति' भंग होने तक ही सीमित नहीं है, यह तो समाज के दो हिस्सों के बीच चलने वाले बेलौस संघर्ष तक जाती है।

यह समस्या उस समय और जटिल हो जाती है जब हम देखते हैं कि उत्पीड़ित समुदायों से आने वाले प्रतिनिधियों द्वारा चलाई जाने वाली संसदीय सरकारें कितने भंगुर किस्म की हैं। हालाँकि ये प्रतिनिधि जनता की नुमाइंदगी करते हुए बहुमत का दावा करते हैं, पर उन्होंने लोकतंत्र के खेल को नियमानुसार खेलना नहीं सीख पाए है। सबलीकरण की जल्दबाजी में वे नियमों को तोड़ते हुए दिखते हैं। स्थापित

व्यवस्था को यह नजारा भद्दा लगता है। ये प्रतिनिधि अपने आपसी रिश्तों को भी विनियमित करने के तौर-तरीकों को स्थायी रूप नहीं दे पाए हैं। उनकी यह नाकामी सामाजिक दायरे में तो है ही, अहम बात यह है कि वे राजनीतिक दायरे में भी ऐसा करने में नाकाम हैं। इसका नतीजा केवल 'शिष्टता' के अभाव में ही नहीं निकला, बल्कि इसके कारण अस्थिरता भी पैदा हुई है। एक तरफ उनके नेता अधिक प्रभावी प्रतिनिधित्व मुहैया करा रहे हैं और इस प्रकार लोकतंत्र की आवश्यकताओं के अधिक अनुकूल हैं, पर दूसरी तरफ वे टिकाऊ और अनुमानेय तरीकों से शासन चलाने में असमर्थ साबित हुए हैं जिसके कारण उनका शासन के तर्क से कोई ताल्लुक नहीं रह गया है। कुल मिला कर कहा जा सकता है कि अगर हम इस परिघटना को समझ कर उसे बर्दाश्त करना नहीं सीखेंगे, तो फिर हमारे सामने एक तरह की आक्रामक प्रतिक्रिया के आधार पर बनी सरकार के अलावा और कोई विकल्प नहीं रह जाएगा। अगर हमने उन लोगों के प्रति अधैर्य दिखाया जिनके पास शिष्टता की पेचीदगियाँ समझने की फुर्सत नहीं है, तो इसका नतीजा लोकतंत्र के अंत में निकल सकता है। लोकतंत्र के लिए असली खतरा इसी अधैर्य में निहित है।

अगर हम अपनी सामग्री से बेहतर नतीजा निकालना चाहते हैं तो पहले उसे समझना और फिर लोकतांत्रिक प्रक्रियाओं के लिए आदरभाव विकसित करना जरूरी है। पिछले अध्याय में भी यही निष्कर्ष निकाला गया था कि लोकतांत्रिक प्रक्रिया अपनी संस्थागत सीमाओं से परे जाती हुई *स्वायत्तता* ग्रहण करती जा रही है। हमें देखना होगा कि शासितों अर्थात कमजोर जनता की राजनीति के निहितार्थ क्या हैं। अभिजनों के नियंत्रण और दाँव-पेचों से यह प्रक्रिया काफी-कुछ स्वायत्त हो चुकी है। इसी तरह संस्थागत प्रक्रियाएँ अपने समष्टिगत चरित्र के बावजूद इस पर कोई असर नहीं डाल पा रही हैं। खासकर आर्थिक दायरे में हुए परिवर्तनों से भी यह राजनीति प्रभावित नहीं होती, क्योंकि इसकी तब्दीलियों का स्रोत पहले से कहीं ज्यादा राष्ट्र की सीमाओं के बाहर होता जा रहा है। राजनीति की संरचनाओं को अपने पक्ष में मोड़ने और लोगों की चेतना गुमराह करने की जितनी कोशिश अभिजन करते हैं, उतना ही ज्यादा लोकतांत्रिक प्रक्रिया संघर्षों के दायरे में पहुँचती जाती है। और ये संघर्ष उस हर चीज के लिए हैं जो जनता की निगाह में कीमती और बेहद प्रिय है।

इस प्रक्रिया की स्वायत्तता संघर्ष की तात्कालिकता से पैदा होती है। चाहे सबलीकरण हो; समता, मान्यता, जायज दावेदारियों, गरिमा और खुशहाली से जुड़ी माँगें हों; ये सभी तात्कालिक संघर्षों के दायरे में आती हैं। इस तरह यह प्रक्रिया एक

ऐसे हल्के में, या एक ऐसे स्पेस में बदल जाती है जो उसमें सक्रिय रहने वालों द्वारा ही कल्पित किया गया है ताकि वे अपनी कार्रवाइयों के नये-नये रूप हासिल कर सकें। अवज्ञा की क्षमताएँ विकसित करना कार्रवाई के अहम पहलुओं में से एक है। समता की माँग करने और फिर उसे हासिल करने के लिए जरूरी है कि पहले लोग विरासत में मिली सामाजिक पाबंदियों की अवज्ञा करके कम के कम कुछ दुर्बलताओं से तो छुटकारा प्राप्त करें। लोग सत्ता की अवज्ञा करने की नयी क्षमताओं से लैस होते जा रहे हैं और इसका प्रमाण ब्राह्मणवादी विश्वदृष्टिकोण को मिलने वाली चुनौती के रूप में देखा जा सकता है। यहाँ समझने काबिल बात यह है कि अवज्ञा की ये क्षमताएँ अस्थायी या क्षणिक न हो कर *कमजोर वर्गों की शख्सियत* के लिए विधेयक बन गई हैं। पहले वे प्रतीकात्मक किस्म की भागीदारी करते थे, पर अब मजदूर वर्गों की ही तरह निचली जातियों के सामुदायिक जीवन में भी संघर्ष भागीदारी का केंद्रीय रूप हो गया है। ये जातियाँ सामुदायिक भागीदारी के नये-नये रूपों के माध्यम से सार्वजनिक जीवन में अपनी उपस्थिति दर्ज करा रही हैं। कर्मकांडीय लिहाज से हीन दर्जा या सबके सामने करीने से पेश न हो पाना अब उनके लिए शर्म और संकोच का विषय नहीं रहा। इसीलिए गरीबों और कमजोरों के सार्वजनिक वक्तव्य शिष्टता में कमी के बावजूद महत्त्वपूर्ण हो जाते हैं।[२]

लोकतांत्रिक प्रक्रिया की स्वायत्तता उस स्पेस की नुमाइंदगी करती है जिसमें लोग मान्यता प्राप्त करने के लिए अपनी दावेदारियाँ और संघर्ष दर्ज करते हैं। उनका दावा किसी भी मुद्दे पर केंद्रित हो सकता है : वे एक व्यक्ति की मूल्यवत्ता का सवाल उठा सकते हैं। वे पूछ सकते हैं कि क्या अगर कोई दलित है तो क्या व्यक्ति के रूप में वह गरिमा और आदर का हकदार नहीं है? जिन लोगों को नागरिक होने के लिए आवश्यक पात्रताओं से वंचित कर दिया गया है, वे उनकी अनुपस्थिति के खिलाफ जूझ रहे हैं। लोग स्वयं को *परिवर्तन के एजेंट* की तरह देखने लगे हैं। अपनी समझ के मुताबिक प्राप्त करने योग्य लक्ष्यों के लिए उनका प्रयास जारी है। उनकी सारी कोशिश वही बनने की है जो वे खुद बनना चाहते हैं। इसीलिए लोकतंत्र की खामियाँ जो भी हों, उसकी महज उपस्थिति कमजोर वर्गों के लिए कहीं ज्यादा महत्त्वपूर्ण हो जाती है।

संदर्भ और टिप्पणियाँ

१. वर्गों के लिहाज से भारत में उत्पीड़ित समुदाय दो किस्म के हैं : आज बहुत सी उत्पीड़ित पिछड़ी जातियों के पास संपत्ति है। भूमि सुधारों से पहले इन जातियों के लोग मुख्यतः परनिर्भर किसान

थे। संपत्तिहीन उत्पीड़ितों में सबसे ज्यादा संख्या दलितों की है। इनमें ज्यादातर भूमिहीन खेतिहर मजदूर हैं। उनकी एक खासी संख्या को मल-मूत्र व अन्य साफ-सफाई करने, लाशें हटाने और चमड़े का काम करने जैसे 'अस्वच्छ' काम भी करने पड़ते हैं। उत्पीड़ितों के बीच संपत्तिवान और संपत्तिहीन का अंतर्विरोध काफी मुखर है। अपनी जाति के भूमिहीन के प्रति हमदर्दी रखते हुए भी पिछड़ी जाति के भूस्वामियों द्वारा दलित भूमिहीनों के खिलाफ क्रूरता दिखाना आम है। संपत्तिहीन उत्पीड़ितों में 'अति-पिछड़ा वर्ग' भी मौजूद है जिनमें स्वच्छ पेशों में लगी हुई धोबी या नाई जैसी जातियाँ आती हैं। कमजोर या उत्पीड़ित की श्रेणी सामाजिक रूप से प्रचलित है, पर राजनीतिक रूप से यह समरूप नहीं है। इस श्रेणी की जातियों और समुदायों के बीच कभी तो एकता देखी जाती है, कभी परस्पर विरोध।

२. समता के लिए संघर्ष और क्षमताओं को व्यक्त करने के संदर्भ में इन छोटी-छोटी बातों की अहमियत के लिए देखें : ए.के. सेन, *इनइक्विलिटी रिएक्जामिंड*, आक्सफोर्ड यूनिवर्सिटी प्रेस, नयी दिल्ली, १९९५

३

उत्पीड़ित जातियों में अस्मिता-रचना

राजनीतिक प्रक्रिया में उत्पीड़ित जातियों की भूमिका से एक ऐसे मुद्दे पर रोशनी पड़ सकती है जो असंबंधित लगने के बावजूद केंद्रीय महत्त्व रखता है। इतिहासलेखन की विधा ने इस सवाल का जवाब हासिल करने की बहुत कोशिश की है कि भारत में यूनान, मिस्र या रोम की तरह कभी दास प्रथा थी या नहीं। बहस का नतीजा कुछ नहीं निकला और मसला आज तक अनसुलझा पड़ा हुआ है। लेकिन, मैं यही सवाल कुछ दूसरे तरीके से उठाना पसंद करूँगा : *अंग्रेजों के जमाने से पहले की भारतीय समाज रचना में वह उत्पादक किस तरह की दासता का शिकार था, जो सीधे अपने हाथों से उत्पादन करता था*। यह प्रश्न इसलिए अहम है कि दलित और पिछड़ी जातियाँ ऐतिहासिक रूप से उत्पादक भूमिका निभाते रहे हैं। चाहे खेती हो, घरेलू दस्तकारी से होने वाली दूसरे चरण की मेन्यूफेक्चरिंग हो, गिल्डों में किया जाने वाला उत्पादन हो, समाज के आम इस्तेमाल में आने वाली चीजों का उत्पादन हो या फिर शासक वर्गों के लिए खास तौर से बनाई जाने वाली चीजों का उत्पादन हो; दलित और पिछड़े ही उत्पादक थे। चाहे किसान हों, खेतिहर मजदूर हों या कारीगर,

ये सभी तबके जातियों में बँटे थे। ऊँची जातियों पर उनकी निर्भरता महज व्यक्तिगत न हो कर सामूहिक थी। इस आर्थिक निर्भरता को अनुलंघनीय कर्मकांडीय बेड़ियों ने और कठोर बना दिया था। भारत में सीधे अपने हाथों से उत्पादन करने वाले लोग आर्थिक और कर्मकांडीय दोनों तरह से स्वाधीन नहीं थे। अगर पार्थ चटर्जी के शब्दों का इस्तेमाल किया जाए तो इन लोगों के हालात परिभाषा के लिहाज से 'सामूहिक पराधीनता' की श्रेणी में रखे जा सकते हैं।[१] ध्यान रहे कि यूरोपीय भू-दास की पराधीनता व्यक्तिगत प्रकृति की थी।

दूसरे, यह सामूहिक पराधीनता हर जाति के लिए एक सी नहीं थी। अलग-अलग जातियाँ अपने काम या उत्पादन की प्रकृति के अनुसार पराधीन थीं। सर्वाधिक अस्वच्छ शारीरिक श्रम करने वाले पूरी तरह से बेंड़यों में जकड़े हुए थे। यही समुदाय आजकल खुद को दलित कहना पसंद करते हैं। लेकिन, दलित जातियों में भी विभिन्नताएँ थीं। मानवीय मल-मूत्र साफ करने वाली जातियों को लुहार जैसी जातियों के मुकाबले छुआछूत के सर्वाधिक कठोर पहलुओं को झेलना पड़ता था, और उन्हें जायज दावेदारियों का हक न के बराबर प्राप्त था। इस तरह के अंतरों के बावजूद सभी दलित जातियाँ सामाजिक जीवन के लिहाज से तब भी बहुत कमजोर थीं, और आज भी उनकी वही हालत है। पराधीन किसान जातियाँ आज पिछड़े वर्गों की सदस्य कहलाती हैं। दलितों के विपरीत सामूहिक पराधीनता के दूसरे सिरे पर खड़ी हुई इन जातियों का उत्पीड़न नरम किस्म का था। कुर्मी, यादव, कुनबी या थेवर जैसी जातियाँ छुआछूत प्रथा के दायरे में नहीं आती थीं। साथ में इन समूहों को खेती से होने वाली बेशी पैदावार पर थोड़ा-बहुत हक भी हासिल था, हालाँकि ऊँची जाति के भू-स्वामी उनसे भारी लगान वसूलते थे। कठोर पराधीनता और अपेक्षाकृत नरम किस्म की पराधीनता के दो सिरों के बीच ऐसे अनगिनत पेशे मौजूद थे जिन्हें विभिन्न स्तरों पर कमजोरियाँ और पराधीनताएँ झेलनी पड़ती थीं। इनमें से कई को आज अति-पिछड़े वर्गों के रूप में श्रेणीबद्ध किया गया है। तरह-तरह की ये पराधीनताएँ यूरोपीय दास प्रथा और उससे भी पहले की दास-उत्पादन प्रणालियों के साथ भारतीय परिस्थितियों का अंतर दर्शाती हैं। वहाँ गुलाम या भू-दास की पराधीनता समरूप किस्म की होती थी।

जातियों के बीच फर्क की समझ भी जरूरी है, क्योंकि इसके बिना इन जातियों का अस्मिताओं के रूप में विकास अथवा उन संघर्षों को नहीं समझा जा सकता जो इन जातियों को समाज में अपनी गरिमा और लोकतांत्रिक दायरे में अधिकार हासिल करने के लिए चलाने पड़े। समुदाय आधारित राजनीति की प्रकृति जानने के लिए

भी यह समझना जरूरी है। अंत में यह फर्क उत्पीड़ित समूहों के बीच अंतर्विरोधों और टकराव की समझ के लिहाज से भी जरूरी है। इन्हीं फर्कों के कारण उत्पीड़ितों के बीच एकता नहीं हो पाती। दलितों और पिछड़ों के बीच कुछ इलाकों में बड़ा टकराव है। हालाँकि एकता न हो पाने के कारणों को समझना हमारे समय की राजनीति के लिए बहुत जरूरी है, पर यह हमारे विश्लेषण का मुख्य विषय नहीं है। यह मुद्दा पृष्ठभूमि में ही रहेगा और केवल जरूरत पड़ने पर ही इसका उल्लेख किया जाएगा। कमजोर तबकों में शुमार किए जा सकने वाले समूह किस तरह किस्म-किस्म की पराधीनता का सामना करते हैं, यह पराधीनता की प्रकृति पर हमारी चर्चा से साफ हो जाना चाहिए। चूँकि हम यहाँ समष्टिगत रुझानों का विश्लेषण कर रहे हैं, इसलिए सभी समूहों को उत्पीड़ित या कमजोर मान कर ही चलेंगे।

भारत में स्वाधीनता के लिए की जाने वाली जद्दोजहद के लिए सामूहिक पराधीनता की इस प्रकृति के निहितार्थ कितने गंभीर हैं, इसका अंदाजा हमें अपना विश्लेषण आगे बढ़ाते ही हो जाएगा। भारत में पूँजीवाद के विकास से पराधीनता की संरचनाएँ हिल गईं। पराधीनता के शास्त्रोक्त अनुमोदन की वैधता का क्षय होने लगा। आजादी मिलते ही अदालतों की मदद से हर तरह की दासता पर सवालिया निशान लगाना मुमकिन हो गया। नये हालात में कमजोर वर्गों को संघर्ष शुरू करने का मौका मिला। आजादी के बाद सभी उत्पीड़ित जातियाँ और समुदाय लोकतंत्र के लिए लड़ाई में शामिल हो गए जो उस समय तक पराधीनता की शिकार थीं। संविधान बनाते समय उत्पीड़ित समूहों के लिए आरक्षण के सवाल पर हुई राष्ट्रव्यापी बहस इसी लड़ाई का एक उदाहरण था। संवैधानिक अधिकार मिल जाने के बाद अब सवाल यह था कि किसी उत्पीड़ित समूह की संपत्ति और साधनों तक कैसी पहुँच है, उसकी सांगठनिक स्थिति क्या है, उसे बाहर से कितना राजनीतिक समर्थन मिल रहा है और उसके इलाके में लोकतांत्रिक संघर्ष की हालत क्या है। पराधीनता और कमजोरियों की प्रकृति देखते हुए जाहिर था कि *स्वाधीनता के लिए होने वाले संघर्ष की प्रकृति भी सामूहिक ही होगी*। जबकि पश्चिम में यह लड़ाई व्यक्तिगत अधिकारों और जायज दावेदारियों के दायरे में लड़ी गई थी, भले ही संघर्ष के रूप सामूहिक क्यों न रहे हों। इससे यह संकेत मिल रहा था कि भारत में गरिमा, समता और अधिकारों से संबंधित उपलब्धियाँ पहले समुदायगत रूप से प्राप्त होंगी, और उसके बाद कहीं जा कर उनका निजी जिंदगी पर असर पड़ना शुरू होगा।

हालाँकि लोकतंत्र कई तरीके से परिभाषित किया जा सकता है, लेकिन भारत में शासितों की राजनीति ही लोकतंत्र का मुख्य अर्थ बन गई है। इस राजनीति का

सहारा ले कर शासित समूह लोकतांत्रिक दायरे में अपनी आवाज बुलंद करते हैं, अपने कदम जमाने की कोशिश करते हैं, सामाजिक दर्जे के लिए संघर्ष करते हैं और प्रभावी शक्ति प्राप्त करने का प्रयास करते हैं। आधुनिक सर्वहारा वर्गों के अलावा शासितों की यह श्रेणी भारत में अधिकतर दलितों और पिछड़े वर्गों से मिल कर बनी है। सीधे अपने हाथ से काम करने वाले लोग कमोबेश इसी श्रेणी की देन हैं। यहाँ उत्पादकों के बीच महिलाओं की भूमिका पर जोर देना जरूरी है, क्योंकि घरेलू उत्पादन और खेतिहर उत्पादन में उनकी काफी भागीदारी होती है। घर की देखभाल के संदर्भ में उनका योगदान मूल्यवान है। उत्पादक शक्तियों के विकास के लिहाज से देखा जाए तो उनका कौशल स्तरीय होता है और कई संदर्भों में उसे पुरुषों के काम के समकक्ष समझा जाना चाहिए।

विभिन्न कमजोर तबकों की विशेषताओं में न जा कर अब हम पूरी तस्वीर पर एक नजर डालेंगे। सामूहिक पराधीनता की प्रकृति और खासकर राजनीति के उत्तर-मंडल चरण में उभरी शासितों की राजनीति की रोशनी में देखने पर हमें पता लगता है कि भारतीय लोकतंत्र के लिए किए जाने वाले संघर्ष में जातियों की अहमियत किस तरह निर्णायक रूप से बदल गई है। भारत में जिस संस्था को 'जाति' कहते हैं, उसके स्वभाव में भारी परिवर्तन हुआ है।[२] यहाँ हम दलील देने जा रहे हैं कि जाति भारत में वही नहीं रह गई है, जो पहले थी। साथ ही हम यह भी देखेंगे कि इन्हीं दूरगामी परिवर्तनों के संदर्भ में स्त्रियों के अधिकारों और उनकी जायज दावेदारियों ने किस तरह पेचीदा सवाल खड़े किए हैं जिनके कारण स्पष्ट नतीजों पर पहुँचना आसान नहीं रह गया है।

सामूहिक पराधीनता और शासितों की राजनीति के बीच कार्य-कारण संबंध के जरिए हमें जातियों अथवा जाति सरीखी संरचनाओं की *अस्मिता* के मौजूदा हालात का महत्त्वपूर्ण सुराग मिल सकता है। जहाँ तक किसी भी अस्मिता का सवाल है, उसकी रचना निश्चित सीमाओं के भीतर आने वाली खूबियों के आधार पर होती है : कोई भी संरचना अपनी प्रमुख विशेषताओं के आधार पर ही अपनी अस्मिता रचती है। जाहिर है कि हम यहाँ जिस संरचना पर गौर कर रहे हैं, वह जाति है जो किसी समूह या संरचना की अस्मिता के लिए विधेयक बनती है। उसकी प्रमुख विशेषताओं के क्रम और आकार-प्रकार से तय होता है कि एक जाति की दूसरी जाति से अलग शिनाख्त कैसे की जाएगी। अगर हम अस्मिता की यह परिभाषा मान लें तो मुगलों से पहले के जमाने से जिन संरचनाओं को हम जाति का नाम दे रहे थे, उन्हें इस परिघटना के मुताबिक सन् २००० में उसी तरह से जाति का नाम नहीं

दे सकते। किसी भी संरचना की दोबारा उसी अस्मिता के रूप में शिनाख्त का सवाल यहाँ केंद्रीय महत्त्व रखता है, फिर चाहे वह व्यक्ति हो, वस्तु हो या फिर कोई समूह हो। अस्मिता तब तक अस्मिता के रूप में स्वीकार नहीं की जा सकती जब तक वह एक निश्चत कालखंड में एक ऐतिहासिक प्रक्रिया के मुताबिक निरंतर कायम रह कर न दिखाए। इस विश्लेषण से स्पष्ट है कि कोई जाति उस समय तक काल के दो अलग-अलग बिंदुओं पर समान अस्मिता के रूप में नहीं पहचानी जा सकती जब तक वह उसी अस्मिता के रूप में उन दोनों बिंदुओं पर शिनाख्त किए जा सकने योग्य न हो।

आज जातियों की फिर से उसी रूप में शिनाख्त उस तरीके से संभव नहीं रह गई है। जिन खूबियों के आधार पर जाति के उन रूपों की रचना हुई थी, वे अब नहीं रह गए हैं। हो सकता है कि कुछ खूबियाँ बची रह गई हों, पर संपूर्णता में देखने पर वे भी नहीं मिलतीं। इसलिए उन जातियों का उन्हीं ऐतिहासिक संरचनाओं की तरह हवाला देना अब मुश्किल है। मेरी दलील तो यह है कि ये संरचनाएँ अब 'समुदाय' में बदल गई हैं। उनकी स्थिति वही हो गई है जो व्हाइट एंग्लो-सेक्सन प्रोटेस्टेंट (वास्प्स) समुदायों के सापेक्ष संयुक्त राज्य अमेरिका में इतालवियों, पोलिशों और आइरिशों की बन चुकी है। अमेरिका के 'मेल्टिंग पॉट' में, वहाँ की लोकतांत्रिक प्रक्रिया में सुविधासंपन्न वास्प्स और ये कमजोर वर्ग आमने-सामने हैं।

फिर सवाल उठता है कि जाति के नाम पर हमारे यहाँ बचा क्या है? राजनीति में उत्पीड़ित जातियों की भूमिका से हम क्या समझें? इन सवालों के जवाब की शुरुआत मैं एक चेतावनी से करना चाहूँगा। बहुत लंबे अरसे से कायम सामाजिक रूपों के कई पहलू अपने सामाजिक चरित्र में भी भारी तब्दीली आ जाने के बावजूद पूरी तरह विलुप्त नहीं होते। शायद क्रांतिकारी अथवा बेहद प्रतिक्रियात्मक हिंसा उन्हें नष्ट कर देती। बहरहाल, जाति प्रथा के साथ जो हो रहा है, उसे समझने के लिए यहाँ हमें दो रुझान समझने होंगे।

पहला रुझान तो यह दिखाई पड़ता है कि जाति अपना अंदरूनी सार काफी-कुछ खो देने के बाद भी अपने सामाजिक रूपों में बची हुई है। कई उत्पीड़ित जातियों ने अपना पुन:संस्कार कर लिया है। यानी कभी अपमानजनक समझे जाने वाले उनके नाम अब आत्मसम्मान और गर्व के प्रतीक बन गए हैं। अब कोई भी उत्पीड़ित जाति खुद का हवाला वर्ण व्यवस्था की शब्दावली में नहीं देती। वह खुद को कमतर, अस्वच्छ और कर्मकांडीय रूप से पराधीन नहीं मानती। लेकिन, वैवाहिक संबंधों की शक्ल में सामाजिक विनिमय के कुछ रूप आज भी जारी हैं। हालाँकि इन्हें भी

बहुत ज्यादा निर्धारित नहीं माना जा सकता। सजातीय विवाह का दायरा आजकल फैल कर काफी हद तक विरल होता जा रहा है। चूँकि सजातीय शादियाँ हमेशा मुमकिन नहीं होतीं, इसलिए जातिगत हल्के उन पर विचारधारात्मक अरुचि व्यक्त करके संतोष कर लेते हैं। जजमानी प्रथा और उस पर आधारित हकूकों की प्रणाली तकरीबन खत्म हो चुकी है। कर्मकांडीय पराधीनता की जगह आर्थिक पराधीनता ने ले ली है जिसकी अभिव्यक्ति उजरती श्रम में मिलती है। जायज दावेदारियाँ हाशिये पर सीमित रखने के लिए दलितों के मामले में अक्सर दमन और क्रूरता के पहलुओं का इस्तेमाल करना पड़ता है। ग्रामीण अर्थव्यवस्था को बाजार ने अपने आगोश में ले लिया है। अब वह आर्थिक प्रणाली की अन्योन्यक्रिया का हिस्सा बन चुकी है। तो क्या यह मान लेना चाहिए कि जाति अब केवल अधिसंरचनात्मक रूप में ही रह गई है? शायद जाति के अवशेषों को समझने का यह तरीका सही नहीं होगा। हमें ध्यान रखना होगा कि पूँजीवादी आर्थिक सत्ता के परस्पर विपरीत रूपों से भी काफी-कुछ तय होता है। इतना जरूर कहा जा सकता है कि वर्ण व्यवस्था की अंदरूनी मशीन अब ठप हो चुकी है। अर्थात, अब जाति पर बिना कोई श्रेणीगत तात्पर्य आरोपित किए हुए उसका वर्णनात्मक इस्तेमाल किया जा सकता है।

दूसरा रुझान काफी पेचीदा किस्म का है। इसके तहत उत्पीड़ित जातियों का चरित्र बदल गया है। इस तब्दीली का कारण यह है कि अलग-अलग जातियों के भीतर आंतरिक विभेदीकरण है और उनके भीतर वर्ग बनते जा रहे हैं। उत्पीड़ित समुदायों को दो तरह के परिवर्तनकारी दौर से गुजरना पड़ा है। पहले तो उनके बीच काफी अरसे तक पूँजीवादी विकास चला, और फिर आजादी के बाद भूमि सुधार हुए। अधिकतर पिछड़े संपत्तिधारी किसान बन गए। पराधीनता और दासता का लंबा सिलसिला टूट गया। पिछड़े वर्गों में शिक्षा और रोजगार का धीरे-धीरे विस्तार हुआ। आधुनिक वर्ग उभरने शुरू हुए। शिक्षा और रोजगार में आरक्षण के जरिए और विशेष अवसरों के छिटपुट प्रावधानों से दलितों के बीच इसी तरह के रुझान छोटे स्तर पर दिखाई पड़े। दरअसल, दलितों के सामूहिक विकास में भूमि सुधारों की प्रकृति ने काफी बाधा डाली क्योंकि उनके तहत जमीन जोतने वाले को नहीं मिली। ज्यादातर दलित जमीन से वंचित ही रह गए।

इसी के परिणामस्वरूप इन जाति-समुदायों के भीतर वर्ग और आमदनी के विभेद असमान रूप लेने लगे, जिसके दबाव में उनके पारंपरिक नेतृत्व की सत्ता के पहले वाले रूप बिखर गए। ऐतिहासिक रूप से इन जातियों की संरचना भीतर से समतामूलक थी, क्योंकि उनके सदस्य एक ही किस्म का धंधा करते थे, उनके

कौशल की प्रकृति भी एक सी होती थी, और उनकी आमदनी भी कमोबेश एक सी थी। कर्मकांडीय दर्जे और व्यवसाय के बीच पहले से स्थापित अनुलंघनीय सूत्र भंग होने के दूरगामी नतीजे निकले। लोगों ने दूसरे पेशों की तरफ जाना और अलग-अलग किस्म की असमान कुशलताओं में पारंगत होना शुरू किया, हालाँकि उत्पीड़ितों के बीच यह परिघटना उस तरह से दृष्टिगोचर नहीं हुई, जिस तरह कभी द्विजों के बीच हुई थी। इस क्रम-विकास ने जातियों की संरचना भीतरी तौर से विषमतामूलक कर दी। अलग-अलग जातियों ने अपनी पारंपरिक व्यवस्था से दूर हटने के लिए अलग-अलग रास्ते अख्तियार किए जिसके कारण जाति-समुदायों के भीतर वर्ग-रचना शुरू हुई। अगर हम पूँजीवादी विकास के भूमंडलीय रुझानों के परिणामों की रोशनी में देखें तो पाएँगे कि सत्ता के पारंपरिक आधारों के बिखराव और विभेदीकरण से समुदायों के आदिम रूपों के विलुप्तीकरण का सिलसिला शुरू होता है। लेकिन, भारत में अब तक ऐसा कुछ होता नहीं दिखता। न ही निकट भविष्य में ऐसा होने की संभावना लगती है, व्यक्तियों और उनके हितों का कितनी भी तेज गति से वैयक्तीयन क्यों न होता रहे।

इन जाति आधारित समुदायों के भीतर चलने वाली वर्ग-रचना की प्रक्रिया ने एक मध्यवर्ग की भित्ति भी तैयार की और उसका सुदृढ़ीकरण हुआ। आंतरिक वर्ग-रचना का नतीजा और आगे जा कर इन समुदायों के एकीकरण में निकला। होना यह चाहिए था कि वर्ग-रचना से जाति-समुदायों का विलोप हो जाता, पर हुआ उल्टा। वर्ग-रचना ने उनके एकीकरण के लिए आवेग प्रदान किया। ये नये उदीयमान मध्यवर्ग पहले से स्थापित उन मध्यवर्गों से अलग थे जिनका अधिकतर हिस्सा द्विज जातियों से आया था। लोकतांत्रिक होड़, विशेषकर चुनावी होड़ के जरिए सत्ता हासिल करने के लिए अपने-अपने समुदायों को बड़े-बड़े समूहों में एकीकृत करना इन मध्यवर्गों के स्वार्थ में था। उत्पीड़ितों में से निकले इस मध्यवर्ग को स्थापित *मध्यवर्गों* से अलग दिखाने के लिए हम इन्हें *नव-मध्यवर्गों* की संज्ञा देना पसंद करेंगे। ये दो परस्पर विपरीत घटनाक्रम एक साथ चले, यानी जातियों के पारंपरिक आधार का कमजोर होना और विभेदीकरण उनके आंतरिक एकीकरण के साथ-साथ ही हुआ।

समुदायों के भीतर हुई वर्ग-रचना में निहित अंतर्विरोध और उनके कारण होने वाले हितों के वैयक्तीयन की प्रक्रिया परवान नहीं चढ़ी। वर्ग प्रवृत्तियों की राजनीतिक अभिव्यक्तियों की संभावना नकार दी गई। बजाय इसके जाति समूहों का पहले से कहीं बड़े पैमाने पर सुदृढ़ीकरण हो गया।

अब हालत यह है कि एक दोतरफा प्रतियोगिता चल रही है, जिसके लोकतांत्रिक प्रक्रिया के लिए गहन फलितार्थ निकलेंगे। पहली बात तो यह है कि नव-मध्यवर्ग सफेदपोश नौकरियों और पेशागत पदों को समाज में हैसियत और प्रतिष्ठा पाने का एकमात्र रास्ता मानता है। द्विज जातियों से निकले स्थापित मध्यवर्गों के विपरीत इन नव-मध्यवर्गों के पास सहारे के लिए न तो कोई हैसियत है और न ही कोई सामाजिक संपत्ति। अपनी खुदी को बुलंद करने के लिए वे स्थापित मध्यवर्गों के वर्चस्व वाले पेशों में घुसना चाहते हैं। इसीलिए उनकी तरफ से लगातार सामाजिक न्याय की अवधारणा आरक्षण के कोटे की माँग के रूप में परिभाषित होती रहती है। दूसरी बात सत्ता में भागीदारी के लिए जबरदस्त प्रतियोगिता से संबंधित है। नव-मध्यवर्गों के लिए सबलीकरण का अर्थ है : अपने समुदाय के बीच से निकले प्रतिनिधि, संख्याबल के मुताबिक सत्ता में हिस्सेदारी, और उसी के मुताबिक मंत्रिपद आदि। ये दो अभिव्यक्तियाँ, सामाजिक न्याय और सबलीकरण उत्पीड़ित जातियों की आत्म-परिभाषा को रूपाकार देती हैं।

आइए, अब कृषि के क्षेत्र में विकास के नजारे पर संक्षेप में गौर करें। जरा सोचिए कि अगर भूमि सुधारों के कारण अधिकतर जोतने वालों को जमीन मिल जाती तो क्या होता। ये जोतने वाले ज्यादातर खेतिहर मजदूर या असुरक्षित काश्तकार ही थे। लेकिन, भूमि सुधारों को बुनियादी रूप से कल्पित और कार्यान्वित ही इस तरह किया गया था कि ज्यादातर जमीन सुरक्षित काश्तकारों के हाथ में गई जो मुख्यतः मँझोली और पिछड़ी जातियों के थे। सवाल यह है कि अगर जमीन अन्य जोतने वालों के हाथ में भी जाती, जो अधिकतर दलित थे, तो क्या नतीजे निकलते? जाहिर है कि अगर ऐसा होता तो हितों की अभिव्यक्ति, समुदायों की संरचना, उनके बीच की होड़ और उनके भीतर होने वाली वर्ग-रचना आज के मुकाबले भिन्न होती। जिस तरह से ये जाति-समुदाय सुदृढ़ हुए हैं और जिस तरह से जाटों, यादवों, कुर्मियों और मराठों आदि की अस्मिताएँ बनी हैं, वैसा होने की कल्पना भी नहीं की जा सकती थी। हालाँकि यहाँ हम इस मुद्दे पर चर्चा और आगे नहीं बढ़ा सकते, पर इसे उठाना जरूरी है। यह चर्चा कृषि अर्थव्यवस्था के भीतर उत्पादन संबंधों और भारत में लोकतंत्र के प्रश्न पर उसके प्रभाव की तरफ इशारा कर सकती है। उसके जरिए लोकतंत्र की अग्रगति के रास्ते और उसकी आंतरिक गतिशीलता का पता मिल सकता है। इसी कारण से मेरा आग्रह है कि भारतीय लोकतंत्र पर की जाने वाली सभी तरह की चर्चाएँ इस पृष्ठभूमि की समझ पर आधारित होनी चाहिए। मैं साफ कर देना चाहता हूँ कि भारतीय लोकतंत्र के जिस

क्रम-विकास का यहाँ जिक्र किया जा रहा है, वह किसी अटल नियम के मुताबिक नहीं हुआ है। भारतीय समाज पूँजीवादी विकास के जिस दौर से गुजर रहा है, दरअसल भारतीय लोकतंत्र पर उसकी विशेषताओं की गहरी छाप देखी जा सकती है। हमें समझना होगा कि पहले से मौजूद कोई भी सामाजिक संरचना विकास के कई संभावित रास्ते अपना सकती है। यह इस बात पर निर्भर करता है कि समाज के रूपांतरण के लिए कौन-सी रणनीतियाँ अपनायी गई हैं और जनांदोलनों के विकास की प्रकृति क्या है।

जातियों के भीतर होने वाली वर्ग-रचना पर नजर डालने से पहली बात तो यह सामने आती है कि इसके कारण नव-मध्यवर्गों के तहत एकीकरण की प्रक्रिया ने गति पकड़ी। इसी के साथ अगर हम यह भी जोड़ लें कि जातियों ने अपना अधिकांश आंतरिक सार खो दिया है, और वर्ण व्यवस्था की सभी मानकीय पहचानें अस्वीकार कर दी गई हैं, तो साफ हो जाएगा कि यादव अथवा कुर्मी अथवा माडिगा जैसी जातियाँ अब केवल नाम मात्र की जातियाँ ही रह गई हैं। ये जातियाँ अब समुदायों में बदल गई हैं और समुदाय जैसे ही स्वयं को सामाजिक-आर्थिक संदर्भ में व्यक्त करते हैं, वैसे ही उनकी अस्मिता बनने लगती है। लेकिन, इन समुदायों को एक तयशुदा परिभाषा में बाँधने से हम उन्हें किसी गलत श्रेणी में रखने के चक्कर में फँस सकते हैं, क्योंकि समुदायों की सीमाएँ संदर्भ के मुताबिक बदलती रहती हैं। मसलन, हिंदुत्व की ताकतों का हमला मुसलमानों और ईसाइयों को मजबूर कर सकता है कि वे खुद को एक समुदाय की तरह देखें और उसी के अनुसार कदम उठाएँ। दूसरी तरफ शियाओं और सुन्नियों के बीच झगड़े की स्थिति में मुसलमान दो अलग-अलग समुदायों में बँट सकते हैं। इन्हीं उदाहरणों को और भी कई तरह से देखा जा सकता है। मसलन, पड़ोसी गाँव से झगड़ा करते समय किसी गाँव की जनता का विन्यास वह नहीं होता जो किसी मेले या उत्सव के समय होता है। अगर कोई समूह रचना के दौर से गुजर रहा है और उसे वर्ण विचारधारा के मुताबिक जाति होने की सुनिश्चित कसौटियों पर नहीं कसा जा सकता, तो फिर उसके टिकाऊपन के पीछे पुराने किस्म की जाति की भूमिका नहीं हो सकती।

राजनीति के दायरे में तो यह बात और भी सही है। लोकतांत्रिक राजनीति का यह खास गुण है कि उसके कारण ईश्वर प्रदत्त समझे जाने वाले श्रेणीक्रम आंतरिक अस्थिरता का शिकार हो जाते हैं, भले ही उनके कुछ पहलू अपरिवर्तित बने रहें। वर्ण की शब्दावली इस्तेमाल होती रहती है, क्योंकि एक सामान्य मुहावरे के अलावा इसके जरिए लोगों को ऐसा विमर्शी ढाँचा भी प्राप्त होता है जिसके तहत कई आयाम

आ जाते हैं। उत्पीड़ित जातियाँ इस शब्दावली का इस्तेमाल अपनी आत्म-छवि के लिए करने के बजाय उन लोगों के मुकाबले समता का दावा करने के लिए करती हैं जो कर्मकांड अनुमोदित 'शुद्धता' को अपनी थाती समझते हैं। यह शब्दावली अब जाति प्रथा के तहत उस समूह को जाति के रूप में परिभाषित नहीं करती। अब तो सिर्फ द्विज जातियाँ ही खुद को गर्व से ब्राह्मण या ठाकुर कहती हैं। उनकी कोशिश होती है कि इसके जरिए जाति संबंधी कमजोरियाँ समाज पर थोपी जाएँ ताकि वर्गीय हुकूमत के अंग के रूप में उनका सामाजिक वर्चस्व बना रहे।

उत्पीड़ित जातियों से बने समुदाय एक तरफ द्विज जातियों के मुकाबले और दूसरी तरफ स्थापित मध्यवर्गों की विशेष सुविधाओं के मुकाबले समता और मान्यता का संघर्ष चला रहे हैं। यह एक भीषण और 'अरुचिकर' युद्ध है। अरुचिकर इसलिए कि उत्पीड़ित जनता वह सब पाने के लिए एक पल भी इंतजार करने के लिए तैयार नहीं है जिसके जरिए उन्हें समता की दावेदारियाँ प्राप्त हो सकती हैं। यही कारण है कि मीडिया और ड्राइंग रूमों में होने वाली चर्चाओं की तर्ज पर संसदीय शिष्टता और सामाजिक भद्रता के मानदण्डों के मुताबिक उत्पीड़ितों के इस संघर्ष पर कोई फैसला देने से हमें एक बार फिर सोचना चाहिए। उत्पीड़ित बड़ी शिद्दत के साथ यह भी चाहते हैं कि द्विजों के साथ उनके विगत संबंधों की स्मृतियों से उनका पिंड किसी तरह छूट जाए।

इन सब बातों का निकट संबंध सामूहिक पराधीनता और लोकतंत्र के लिए संघर्ष की प्रक्रिया से है। भारत में जिस तरह की सामूहिक पराधीनता के हालात हैं, उनके तहत स्वाधीनता की तरफ बढ़ाया गया न्यूनतम कदम अपने साथ 'मान्यता' की माँग भी जोड़ कर चलता है। जैसा कि हेगेल ने हमें बताया था कि मान्यता कर्त्ताओं के बीच आदर्श पारस्परिक संबंध के रूप में भी देखी जा सकती है। यही कारण है कि मान्यता की माँग अपने आप में समता की माँग भी है, और यह माँग एक की दूसरे के साथ भिन्नता नहीं नकारती। मान्यता प्राप्त करना और दूसरे को मान्यता देना व्यक्ति को कर्त्ता के रूप में स्थापित कर देता है। उसे उसकी इयत्ता का एहसास मिलता है। इससे समझा जा सकता है कि किसी को मान्यता से वंचित रखना उसे कर्त्ता की हैसियत से वंचित रखने के समान ही है। हेगल कहते हैं कि *समाज में अस्मिता की रचना एक सांवादिक प्रक्रिया है*। चूँकि हमारा सरोकार यहाँ जातियों से है, इसलिए यह साफ कर देना जरूरी है कि अस्मिता की रचना और अस्मिता की राजनीति में फर्क होता है। अस्मिता की रचना एक आवश्यकता है क्योंकि उसके बिना इनसान एक स्वायत्त हैसियत प्राप्त नहीं कर सकता, जबकि

अस्मिता की राजनीति जातिगत पहचानों को मूर्त रूप दे देती है। लेकिन साथ ही यह स्वीकार करना भी जरूरी है कि पराधीनता के पूर्वप्रचलित रूपों के कारण समता की लड़ाई ने अनिवार्यतः सामूहिक रूप ग्रहण कर लिया है। यह परिप्रेक्ष्य साफ कर देता है कि ऊँची जातियों द्वारा नीची जातियों को समता से वंचित किए जाने के कारण ही भारत में लोकतांत्रिक मूल्य अधिकांशतः विकृति के शिकार हुए हैं।

इसी कारण से मैं इसे पूँजीवादी समता के लिए किया जाने वाला संघर्ष कहता हूँ। यहाँ पूँजीवादी या बुर्जुआ लकब को मैं किन्हीं अपमानजनक अर्थों में इस्तेमाल नहीं कर रहा। समता के तात्त्विक रूपों के मुकाबले इसे विधिक किस्म की समता भी कहा जा सकता है। कार्ल मार्क्स ने भी *दि जुइश क्वेश्चन* जैसी अपनी शुरुआती रचनाओं में 'जूरिस्टिक' या विधिक अभिव्यक्ति का इस्तेमाल किया है। आइए, अब उत्पीड़ितों की राजनीति के सार पर गौर करें कि उसके ठोस पहलू क्या-क्या हैं। हम जानते हैं कि सर्वहारा राजनीति हमेशा ही एक सुचिंतित आर्थिक एजेंडे के साथ आगे बढ़ती है, पर उत्पीड़ितों की राजनीति में ऐसा कोई एजेंडा हमें शायद ही दिखायी दे। यह राजनीति तो किसी तात्त्विक समता के लिए संघर्ष कर ही नहीं रही है। कांशीराम जैसे नेता भूमि सुधारों की कोई माँग नहीं करते। वे तो दलितों के लिए उसी रूप में सत्ता चाहते हैं जिस रूप में द्विज उसका दूसरों के ऊपर इस्तेमाल करते रहे हैं। उनकी यह माँग किसी तरह से लोकतांत्रिक अग्रगति समझी जा सकती है या नहीं, इस मुद्दे का हमारी चर्चा से कोई सरोकार नहीं है। लेकिन, इस माँग के कारण भारतीय लोकतंत्र का दायरा पहले जैसा नहीं रहता। उसमें भारी तब्दीली आ जाती है। ऐसी पूँजीवादी समता के लिए किया जाने वाला संघर्ष भारतीय राजनीति में लोकतांत्रिक प्रक्रियाओं के लिए नये तरह की प्रतिबद्धताओं का स्रोत बन गया है। इस संघर्ष ने लोकतंत्र के पुनः सुदृढ़ीकरण की प्रक्रिया शुरू कर दी है। पश्चिम की भाँति यह लड़ाई असमान व्यक्तियों के बीच नहीं लड़ी जा रही है, बल्कि सामूहिक पराधीनता के शिकार उन कमजोर समुदायों के बीच और उनके द्वारा लड़ी जा रही है जिन्हें भारत आजाद होते ही अचानक दिखायी दिया कि उनके पास तो विधिक स्वाधीनता है और वे प्रतियोगितामूलक राजनीति में भाग ले सकते हैं। साथ ही इन कमजोर समुदायों को यह भी लगा था कि अंग्रेजी शिक्षित ऊँची जातियों से भरे हुए स्थापित मध्यवर्ग यानी विशेष सुविधा सम्पन्न तबके ही उनके और उनकी स्वाधीनता के बीच सबसे बड़ी बाधा हैं।

विश्लेषण के इस मुकाम पर यह स्वीकार करना जरूरी है कि सामुदायिकता का पहलू भारत में सभी संघर्षों को हमेशा प्रभावित करता रहेगा। मजदूर वर्ग का

अपवाद छोड़ कर सभी सामूहिक दावेदारियों पर उन सीमाओं का असर पड़ता रहेगा जो पहले से चली आ रही सामूहिक पराधीनता को परिभाषित करती रही हैं। समुदायों के साथ आंतरिक सूत्र भंग करने या उस संबंध को ढीला करने की कोशिशों पर समुदायों के भीतर से आलोचनात्मक प्रतिक्रिया का सामना करना होगा। यही कारण है कि निजी तौर पर अधिकार संपन्न होने की चेतना से लैस होने के बावजूद व्यक्ति की जड़ें किसी न किसी प्रकार समुदाय में बनी रहती हैं, और वह हमेशा समुदाय के दबाव से घिरा रहता है।

उत्पीड़ितों द्वारा जाति के प्रति आकर्षित होने की वजह साफ है। वे वर्ण व्यवस्था द्वारा आरोपित संबंधों में उलट-पुलट करने के लिए एक जैसी जातियों को बड़ी-बड़ी सामूहिकताओं में एकीकृत करना चाहते हैं ताकि सत्ता के लिए उनकी राजनीतिक गोलबंदी की जा सके। जातिवाद के अक्सर लगाए जाने वाले आरोप के विपरीत राजनीति में जातिगत अपील दरअसल जातिवाद की द्योतक नहीं है। जातिवाद का यह आरोप सतही पहलुओं के बढ़ा-चढ़ा कर किए गए मूल्यांकन का परिणाम है। यह आरोप भारतीय राजनीति के भीतर विकसित हो रहे तर्क की पूरी तरह अनदेखी करता है। वामपंथियों की यह अपेक्षा कभी धरती पर नहीं उतर सकती कि भारत में भी पश्चिम की तर्ज पर पूँजीवाद पारंपरिक सामुदायिक बंधनों को धीरे-धीरे लुप्त करता हुआ उसकी जगह एक सर्वोच्च बंधन यानी राष्ट्र का बंधन स्थापित कर देगा। वामपंथियों को समझना होगा कि तीसरी दुनिया का पूँजीवाद पूँजीवादी लोकतांत्रिक आकांक्षाएँ धरती पर उतारने में अक्षम साबित हुआ है। अपनी इन्हीं आंतरिक खामियों के कारण वह प्राक्-आधुनिक समुदायों को तिरोहित करने में सफल नहीं हो सकता। इन समुदायों का ताकतवर राजनीतिक वजूद लंबे अरसे तक टिका रहेगा। इसलिए, रेडिकल अग्रगति के लिए इस हकीकत को सामने रख कर ही कार्यनीतियाँ सूत्रबद्ध की जानी चाहिए।

सामाजिक समीकरणों के दायरे में होने वाले उत्तर-मंडल द्वंद्वों के फलितार्थों ने भी संघर्ष के इस परिदृश्य को कुछ धुँधला कर दिया है। स्थापित मध्यवर्गों की *चेतना के विघटन* का सिलसिला लगातार जारी है, क्योंकि वे ब्राह्मणों और ठाकुरों के जातिगत हितों के रूप में स्वयं को व्यक्त करने लगे हैं। परंपरागत रूप से समाज पर अपना वर्चस्व रखने वाले मध्यवर्गों का ख्याल रहा है कि उनकी विशेष सुविधाओं के आधार में उनकी अर्जित योग्यताएँ हैं। उनकी यह आत्म-छवि पूरी तरह गलत भी नहीं कही जा सकती, क्योंकि वे यह मानते रहे हैं कि उनका सामाजिक अस्तित्व जाति की सीमाओं से परे विकसित हो चुका है। लेकिन, जाति-

चेतना से परे जाने की यह आत्म-छवि अब भ्रामक लगने लगी है। नब्बे के दशक में यह तेजी से टूटी है। ये मध्यवर्ग हर हालत में सामाजिक श्रेणीक्रम के शिखर पर रहना चाहते हैं। खास बात यह है कि उनके बीच एकसार किस्म की द्विज चेतना भी विकसित नहीं हुई, बल्कि ब्राह्मण या बनिया होने का अलग-अलग एहसास परवान चढ़ा है। हालाँकि इस अलगाव के साथ-साथ उनके बीच आपसी निकटता की अनुभूति भी है। ब्राह्मणों और बनियों को हिंदुत्व की बाँहों में एक साथ बँधे हुए देखा जा सकता है। सुविधाभोगियों का चौतरफा प्रतिक्रियावाद पलट कर इसी रास्ते से हमला कर रहा है।

यह प्रक्रिया समझना उस समय आसान हो जाता है जब हम याद करते हैं कि स्थापित मध्यवर्गों की अधिकांश रचना ब्रिटिश काल में ऊँची जातियों के सदस्यों से ही हुई थी। *मध्यवर्ग बनते हुए* उन्हें विरासत में जो संपत्ति, प्रतिष्ठा और सत्ता मिली, वह उनकी द्विज हैसियत की देन ही थी। अर्थव्यवस्था, नौकरशाही और सार्वजनिक जीवन की अन्य संस्थाओं में मिली प्राथमिकता के कारण ही इन मध्यवर्गों का वर्चस्व कायम हुआ और अपनी प्रगति के लिए उन्हें जाति की शब्दावली में सोचने की जरूरत नहीं पड़ी। सचेत रूप से और आदतन भी वे जातिगत बंधनों से परे जाने की बातें करते रहे। उनकी इसी चेतना के *विघटन* की मैंने ऊपर चर्चा की है। आज वे विभिन्न द्विज जातियों के रूप में किसी भी तरह से अपनी विशेष सुविधाएँ बचाना चाहते हैं। इसके लिए उनका मुख्य आसरा आधुनिक शब्दावली है। प्रत्येक आधुनिक समाज योग्यता यानी मैरिट और दक्षता यानी एफीशिएंसी को बड़ी अहमियत देता है, और इसीलिए वह सामाजिक रूप से कमजोर वर्गों के लिए विशेष सुविधाओं के सिद्धांत में यकीन करता है। लेकिन, अगर ये दोनों खूबियाँ सामाजिक समता और कल्याण के बृहत्तर सरोकारों से काट कर अलग कर दी जाएँ, तो फिर इन्हें पूजनीय बना कर इनकी आड़ में निहित स्वार्थों की हिफाजत की जाने लगती है। यह प्रक्रिया अपने आप में जातिगत अस्मिता की रचना का एक पहलू है। अगर इस पूरे घटना-क्रम पर संक्षिप्त नजर डाली जाए तो हम पाएँगे कि जातिगत चेतना ऊँची जातियों और उत्पीड़ित जातियों में एक-दूसरे के मुकाबले उल्टी गति कर रही है। इस बात पर भी ध्यान दिया जाना चाहिए कि कमजोर समुदायों की अस्मिता पर इसका असर किस तरह पड़ता है। चूँकि ऊँची जातियाँ दूसरों की दावेदारियों को मानने से इनकार कर रही हैं, और स्वयं को हिंदुत्व की विचारधारा से जोड़ती जा रही हैं, इसलिए समता के संघर्ष में मुसलमान समुदाय पिछड़े वर्गों और दलितों की तरफ झुक गया है।

उत्पीड़ित जातियों की राजनीति के तमाम सकारात्मक पहलुओं के बावजूद *पूँजीवादी समता के लिए छेड़ी गई इस लड़ाई में काफी खामियाँ* हैं। हर समुदाय अपना आंतरिक सत्ता संतुलन कायम रखने के लिए अपनी टेक मनवाने के पारंपरिक तौर-तरीके अपनाता है। इसका एक उदाहरण है स्त्रियों को समता के इस संघर्ष से बाकायदा अलग-थलग कर देना। ऊँची जाति की स्त्रियों के मुकाबले उत्पीड़ित समुदायों में स्त्रियाँ समता के लिए दबाव डालने की भूमिका निभाती रही हैं। पर, व्यक्ति के रूप में पुरुषों के मुकाबले उन्हें कमतर रखा गया है और आजकल तो उनकी हैसियत और भी गिरती जा रही है। हमने शुरू में ही यह उल्लेख किया था कि अंग्रेजों के जमाने से पहले स्त्रियाँ अर्थव्यवस्था के दायरे में पुरुषों के बराबर मूल्य और कौशल का श्रम करती थीं। ये हालात अब उलट गए हैं। उत्पादन की शक्तियों के विकास ने उन्हें नीचे धकेल दिया है। चूँकि समाज में विभिन्न कौशलों के विकास के साथ स्त्रियों के कौशल का विकास नहीं हुआ, इसलिए इस जड़ता के कारण पुरुषों के श्रम के मुकाबले उनके श्रम की कीमत गिर गई। उनका श्रम पुरुषों के मुकाबले अकुशल श्रम माना जाने लगा। दलित स्त्रियों के मुकाबले पिछड़े वर्ग की स्त्रियों में यह गिरावट ज्यादा दिखती है। कुल मिला कर सभी उत्पीड़ित समुदायों में स्त्रियों का श्रम हाशिए पर सिमटता गया है, और पुरुषों पर उनकी आर्थिक निर्भरता उसी के मुताबिक बढ़ गई है।

इन समुदायों की जीवन-शैली परिभाषित करने वाली नैतिक संहिताओं के कारण भी स्त्रियों की हालत में गिरावट आई है। ये संहिताएँ समता और लैंगिक गरिमा के खिलाफ जाती हैं। इन्हें पैरोकारी के जरिए कभी लागू नहीं किया जाता, बल्कि हमेशा थोपा जाता है। आधुनिकता के आधार पर बने नैतिक नजरिए और परंपरा के आधार पर बने नैतिक नजरिए के बीच फर्क करने का एक प्रमुख आधार पैरोकारी और थोपने के रूपों के बीच फर्क के बिना पर समझा जाना चाहिए। आधुनिक नैतिक नजरिया अपना अनुपालन आचरण के कुछ तौर-तरीकों की पैरोकारी के माध्यम से करवाता है और इस प्रक्रिया में समझाने-बुझाने के काफी पहलू रहते हैं। जबकि, पारंपरिक नैतिक संहिता का अनुपालन अक्सर नतीजे भुगतने के लिए तैयार रहने की धमकी के साथ थोप दिया जाता है। जाहिर है कि आधुनिक नैतिक नजरिया अपने सार के आधार पर नहीं, बल्कि अपने अनुपालन के रूप के आधार पर ही बेहतर होने का दावा करता है।

इससे निष्कर्ष यह निकलता है कि हमें अस्मिता की *भेद या बहुलता* के रूप में बिना शर्त तरफदारी करने से बाज आना चाहिए। अक्सर यह तर्क दिया जाता है

कि समुदायों को अपनी विशिष्ट जीवन-शैली कायम रखने का अधिकार है और कई समुदाय आधुनिकता द्वारा समरूपता थोपने की प्रवृत्तियों का प्रतिरोध करते हैं। लोकतंत्र के नाम पर हम इस बहाने समुदायों द्वारा अपने सदस्यों पर व्यक्ति के रूप में जुल्मो-सितम ढाने की इजाजत नहीं दे सकते, भले ही समुदायों की रचना क्यों न इसी प्रकार हुई हो। न ही हम समुदायों के भीतर से इसका विकल्प उभरने का अनंत काल तक इंतजार कर सकते हैं। हमें समझना होगा कि उत्पीड़ित समुदायों में पलड़ा कमजोरों, खासकर स्त्रियों के तो विशेष रूप से खिलाफ झुका हुआ है। संस्कृति और आस्था की बहुलता का आदर करना जरूरी है, पर यह आदर सशर्त होना चाहिए। व्यक्ति की गरिमा के खिलाफ जाने वाले हर आचरण को सार्वजनिक रूप से अपनी सफाई देने के लिए मजबूर किया जाना चाहिए। अगर वह आचरण नैतिक रूप से खुद को जायज नहीं ठहरा पाता, तो राज्य को उस आचरण के शिकार व्यक्ति की हिफाजत में आगे आना ही चाहिए, भले ही उसे दमन का सहारा क्यों न लेना पड़े।

भारतीय राजनीति में हुआ परिवर्तन जाति आधारित लग रहा है, और इस परिवर्तन की अहमियत भी स्वीकार की जानी चाहिए, पर हमें इन उदीयमान समुदायों में अंतर्निहित दकियानूसी और विषमतामूलक नजरियों के खिलाफ, विशेषतौर से उनकी लैंगिक समता की जरूरतें न समझ पाने के खिलाफ, लगातार लोकतांत्रिक संघर्ष भी चलाना होगा। उत्पीड़ित समुदायों की अस्मिता का आदर करते हुए भी हमें इन अस्मिताओं की जड़ताओं के प्रति सतर्क रहना होगा। भारत में लोकतंत्र के विस्तार का स्वागत करते हुए हमें इस विस्तृत होते हुए फलक पर लोकतंत्र की गहनता के लिए जद्दोजहद जारी रखनी होगी। अपने तात्त्विक सार के अलावा लोकतंत्र भारत में अपनी गहनता के लिए दो *औपचारिक* स्थितियों का मोहताज है। दलितों और स्त्रियों को स्थापित अधिकारों का पूर्ण वाहक बनना ही होगा। केवल तभी हम कह सकेंगे कि इन समुदायों ने बुद्धिवाद को स्वीकार कर लिया है। इसका मतलब यह होगा कि अपने सदस्यों से अपनी संहिताओं का अनुपालन करवाने की पूर्व-शर्त के रूप में ये समुदाय अपने गिरेबान में झाँक कर देखने और आत्मालोचना करने की क्षमता से लैस हो गए हैं।

संदर्भ और टिप्पणियाँ

१. पार्थ चटर्जी, *ए पॉसिबिल इंडिया : एसेज इन पॉसिबिल क्रिटिसिज्म*, ऑक्सफोर्ड यूनिवर्सिटी प्रेस, नयी दिल्ली, १९९७

२. देखें, डी.एल. शेठ, 'सेकुलराइजेशन ऑव कास्ट एंड मेकिंग ऑव न्यू मिडिल क्लास', *इकॉनामिक एंड पॉलिटिकल वीकली*, २१-२८ अगस्त १९९९; और एम.एन. श्रीनिवास, 'एन ऑबिचुअरी ऑन कास्ट एज ए सिस्टम', *इकॉनामिक एंड पॉलिटिकल वीकली*, १-७ फरवरी २००३

३. स्त्रियों और अन्य कमजोर तबकों के बारे में मेरी टिप्पणियाँ मुसलमानों के संदर्भ में भी उसी तरह लागू होती हैं। अगले अध्याय में मैंने इस मसले पर गौर किया है। मुसलमान स्त्रियों के उत्पीड़न के कारण कुछ अलग भी हो सकते हैं, पर इससे मेरे मुख्य तर्क पर कोई असर नहीं पड़ता।

४

लोकतंत्र में मुसलमान यानी ताश के पत्तों में जोकर

मुसलमान समुदाय ने लोकतंत्र में जिस प्रकार और जिस स्तर की दिलचस्पी दिखायी है, वह ताज्जुब में डाल देती है। लोकतंत्र के प्रत्येक विचारणीय आयाम पर मुसलमानों का सकारात्मक अनुमोदन कुल राष्ट्रीय औसत से लगातार बेहतर निकलता है। हकीकत तो यह है कि राष्ट्रीय औसत मुसलमानों द्वारा लोकतंत्र को जम कर मान्यता देने के कारण ही बढ़ा हुआ दिखायी देता है। लोकतंत्र के प्रति मुसलमानों के इस झुकाव के कारण ही मैंने उन्हें 'ताश के पत्तों में जोकर' की संज्ञा दी है। मुसलमानों का यह आश्चर्यजनक रुझान केवल आँकड़ों की कारीगरी नहीं माना जा सकता। यह एक बेहद अहम पहलू है जिसकी व्याख्या करना जरूरी है, खासतौर से तब जबकि कई जानकार लोग मुसलमानों को भारतीय समाज से कटा हुआ मानते हैं। उन्हें लोकतांत्रिक प्रतिबद्धताओं और मूल्यों के मामले में भी पिछड़ा हुआ समझा जाता है। इस अध्याय में भारतीय राजनीति की यही परिघटना समझने की कोशिश की गई है। आइए, मुसलमान समुदाय के भीतर हो रही तब्दीलियों की आंतरिक गति पर एक नजर डालें ताकि इस परिघटना का कोई सुराग हाथ लग

सके।

१९८९ और १९९१ के बीच हुए संसदीय चुनावों के दौरान भारतीय राजनीति के प्रति मुसलमानों की समझ और रवैये में एक महत्त्वपूर्ण परिवर्तन हुआ। इस तब्दीली की एक विचित्र बात यह थी कि इसके पीछे मुसलमान समुदाय के भीतर किसी संरचनागत परिवर्तन की दीर्घकालीन प्रवृत्तियाँ नहीं थीं। दरअसल, इसके पीछे एक शख्स के बेमिसाल कारनामे की भूमिका थी। मुसलमानों ने देखा कि विश्वनाथ प्रताप सिंह ने बाबरी मस्जिद बचाने के लिए प्रधानमंत्री का पद तक दाँव पर लगा दिया। उन्होंने इसे एक कुर्बानी की तरह लिया जिसने इस परिवर्तन को उनके लिए अनायास और नाटकीय किस्म का बना दिया। मुसलमान इस नतीजे पर पहुँचते जा रहे थे कि सत्ता के लिए होने वाले चुनावी खेल में १९७७ की जनता पार्टी समेत हर राजनीतिक दल, समुदायों का, खासकर मुसलमान समुदाय का, अपने फायदों के लिए दोहन करता रहा है। उन्होंने देखा कि एक अकेले व्यक्ति ने राजनीति के प्रचलित खेल के विपरीत जा कर उनके सम्मान और गरिमा के लिए सत्ता त्याग दी। हो सकता है कि मुसलमानों के बीच हुए इस परिवर्तन के पीछे लंबे अरसे से कुछ और भी कारण पक रहे हों, पर इस बात के प्रमाण उपलब्ध नहीं हैं। जाहिर है कि ऐसी स्थिति में वी.पी. सिंह का बेमिसाल कदम एक उत्प्रेरक के रूप में सामने आता है, एक ऐसे कारक के रूप में जिसने मुसलमानों में कुछ खास प्रवृत्तियों का अवक्षेपण कर दिया।

इस आकलन पर सवाल उठाए जा सकते हैं, पर इस घटना की अहमियत इसलिए है कि इसके कारण जनता के सरोकारों में बदलाव आता दिखाई देता है। कांग्रेस ने बड़ी होशियारी से मुसलमानों के प्रति उनकी सुरक्षा को लेकर जो चिंताएँ फैलाई थीं, उनकी जगह गरिमा (सम्मान) से संबंधित सरोकार उभरने लगे। १९८९ में बार-बार हुए दंगों की शिद्दत और क्रूरता के अंतर्विरोधी प्रभाव हुए। एक तरफ तो मुसलभान इस बात से किंकर्तव्यविमूढ़ रह गए कि उग्रवादी हिंदू दक्षिणपंथी सिर्फ उन्हें ही अपना निशाना बना रहे हैं। ईसाइयों पर हमलों को लेकर कुछ उलझन जरूर थी, क्योंकि मुसलमानों और ईसाइयों के बीच कोई संवाद नहीं था। दूसरी तरफ, जान-माल के सवाल पर लगता था कि मुसलमानों ने डरावने अंदेशों के बावजूद इसे अपने सार्वजनिक जीवन का एक मात्र मुद्दा न समझने का सबक सीख लिया था। हमें याद रखना चाहिए कि मुसलमान समुदाय बहुत लंबे अरसे से हिंदुत्ववादियों द्वारा नियोजित हिंसा का सामना कर रहा था। मेरे कहने का तात्पर्य यह नहीं है कि जान-माल का सवाल मुसलमानों के लिए अहम नहीं रह गया था। हर इनसान की

तरह उनकी जिंदगी में भी इसका महत्त्व था। बाबरी मस्जिद ढहाए जाने के बाद १९९२-९३ में मुंबई में हुए कत्लेआम जैसी घटनाओं से कोई भी समुदाय आहत हुए बिना नहीं रह सकता था।

राजनीतिक वजूद के सवाल पर मुसलमान मानस में आई तब्दीली का मतलब यह नहीं था कि वे चुनावी दायरे में वी.पी. सिंह की राजनीतिक विरासत की नुमाइंदगी करने वाले दलों की तरफ एकमुश्त झुकने के लिए तैयार हो गए थे। किसी भी धार्मिक समुदाय की तरह मुसलमान वोट देते समय या तो मुसलमान होने के आग्रह से प्रभावित रहते हैं, या फिर अपने सामुदायिक आग्रहों से हट कर वोट देना पसंद करते हैं (यानी 'सेकुलर' तर्ज पर वोट देते हैं)। मुसलमान की हैसियत से वोट देते समय उनके चयन परे बड़े पेचीदा किस्म के हालात का असर रहता है।

मुसलमानों में सांप्रदायिक चेतना की प्रकृति जो भी हो, यह एक हकीकत है कि केवल आंध्र प्रदेश के तेलंगाना क्षेत्र के हैदराबाद में, उत्तर केरल में और तमिलनाडु के कुछ छोटे-मोटे इलाकों में ही सांप्रदायिक संगठन उनकी चुनावी और राजनीतिक आवाज की नुमाइंदगी कर पाए हैं। इन सांप्रदायिक संगठनों का इतिहास, संदर्भ और क्रम-विकास अलग-अलग किस्म का है। मुसलमान सांप्रदायिकता के बारे में कोई भी सामान्यीकरण करने से पहले इन संगठनों का विस्तृत अध्ययन किया जाना चाहिए। चूँकि इस तरह का अध्ययन हमारी चर्चा का विषय नहीं है, इसलिए हम चुनावी परिदृश्य में मुसलमानों की मौजूदगी पर सीधी रोशनी डालने वाले एक पहलू पर नजर डालेंगे।

अक्सर कहा जाता है कि एक तरह की सांप्रदायिकता दूसरे तरह की सांप्रदायिकता को पानी देती है। एक सामान्य वक्तव्य के तौर पर यह बात सही है। लेकिन, भारत की सांप्रदायिक राजनीति का यह एक विचित्र तथ्य है कि जिन इलाकों में मुसलमान सांप्रदायिकता की संगठित मौजूदगी जम चुकी है, वहाँ कोई भी हिंदू सांप्रदायिक ताकत राजनीतिक जमीन तोड़ने में आज तक कामयाब नहीं हो सकी है। इसके उलट मध्य प्रदेश, राजस्थान, गुजरात और उत्तर प्रदेश जैसी जगहों पर हिंदुत्ववादी राजनीतिक दल हिंदू सांप्रदायिकता के संगठित उभार की नुमाइंदगी कर रहे हैं। इन इलाकों में खासी मुसलमान आबादी होने के बावजूद कोई मुसलमान संगठन राजनीतिक जड़ नहीं जमा पाया है।

हालाँकि अभी तक ऐसा कोई खतरा नहीं है जहाँ हिंदू और मुसलमान सांप्रदायिक ताकतों का राजनीतिक वजूद एक साथ हो, पर हो सकता है कि निकट भविष्य में संगठित मुसलमान सांप्रदायिकता से प्रभावित क्षेत्रों में हिंदू सांप्रदायिक

संगठन भी अपने पैर जमा लें। हैदराबाद में और केरल के छोटे-छोटे इलाकों में भारतीय जनता पार्टी और उससे जुड़े संगठन एक शक्ति के रूप में उभर सकते हैं। इसके विपरीत पूरे उत्तर भारत में ऐसी कोई संभावना नहीं दिखती कि जमी हुई हिंदू सांप्रदायिक ताकतों के खिलाफ कोई मुसलमान सांप्रदायिक ताकत उभर सके। यहाँ मेरा मतलब तेलंगाना में कार्यरत इत्तिहादुल मुसलमीन या केरल और तमिलनाडु के कुछ इलाकों में सक्रिय मुस्लिम लीग जैसी सांप्रदायिक संस्थाओं से है। अखिल भारतीय स्तर पर यह स्थिति मुसलमान सांप्रदायिकता के प्रसार के खिलाफ जा सकती है, पर क्षेत्रीय तौर पर डर यह है कि अगर मुसलमान सांप्रदायिकता से प्रभावित इलाकों में भाजपा आगे बढ़ी तो मुसलमान अपने सांप्रदायिक संगठनों पर और निर्भर होते चले जाएँगे।

आम तौर पर समझा जाता है कि कांग्रेस या जनता दल या किसी और मध्यवर्ती पार्टी के लिए पड़ने वाला मुसलमान वोट एक सेकुलर वोट होता है। यह समझ संदेह से परे नहीं है। हो सकता है कि फौरी तौर पर मुसलमानों का ऐसा मतदान सेकुलर राजनीति के लिए फायदेमंद हो, पर ध्यान से देखने पर मुसलमानों का यह चुनावी फैसला किन्हीं गहरे इरादों का सूचक नहीं लगता। जिस तरह से हैदराबाद में सामुदायिक आग्रहों के तहत मुसलमान मजलिस के लिए वोट करते हैं, उसी तरह से वे किसी मध्यवर्ती पार्टी के लिए उत्तर भारत में वोट करने का फैसला कर सकते हैं। इस तरह का मतदान अनिवार्यतः मुसलमानों के बीच किसी दीर्घकालीन सेकुलर रवैये का द्योतक नहीं हो सकता। इस तरह के मतदान के इरादों और प्रेरणाओं में पेचीदगी हो सकती है, पर यह जरूर है कि उसका नतीजा सेकुलर राजनीतिक ताकतों के पक्ष में निकल सकता है। अगर सेकुलर राजनीति हिंदुत्ववादी उग्रता संयमित करने में कामयाब हो जाती है, तो इससे मुसलमान जनता के बीच सेकुलर रुझान स्थिर होने में मदद मिलेगी।

यह रुझान मतदान प्राथमिकताओं के उतार-चढ़ाव की रोशनी में देखा जाना चाहिए। ब्रिटेन और अमेरिका में प्रचलित 'मतदाता-निष्ठा' की कसौटी के मुकाबले भारत में इसी किस्म की मतदाता-निष्ठा बड़ी भंगुर किस्म की लगेगी। पिछले कुछ वर्षों में तो यह भंगुरता और भी बढ़ गई है। इसकी मिसाल उत्तर प्रदेश और बिहार की राजनीति में कांग्रेस के पराभव, उसके बाद जनता दल का प्रभाव बढ़ने, फिर समाजवादी पार्टी और बहुजन समाज पार्टी (उप्र में) या राष्ट्रीय जनता दल (बिहार में) के उभार में देखी जा सकती है।

हिंदुत्ववादी राजनीति के गढ़ों में मुसलमान सांप्रदायिक संगठनों के विकास

की संभावना कमजोर होने की परिघटना केवल एक समग्र रुझान के तहत ही समझी जा सकती है। इसके पीछे एक-दूसरे से गुँथे हुए कई कारणों की भूमिका दिखेगी। मसलन, भारत विभाजन के सदमे से जुड़ा सामुदायिक अपराध बोध, मुस्लिम लीग की अलगाववादी राजनीति के साथ उत्तर भारत के मुसलमानों का जुड़ाव, और फिर उसके बाद सांप्रदायिक हिंसा का लंबा इतिहास और दंगों का समाजशास्त्र। मुसलमानों की चुनावी प्राथमिकताएँ तय करने में विभिन्न सांप्रदायिक संगठनों के इलाकाई विस्तार में दिखने वाले रुझान की अहम भूमिका रही है। यहाँ चुनावी प्राथमिकताओं से मतलब है सामुदायिक आग्रहों के आधार पर वोट देने या न देने का निर्णय।

यही था वह मुकाम जिस पर वी.पी. सिंह का मुसलमान मानस में आगमन होता दिखाई देता है, और मुसलमान उनके कदम को कुर्बानी की तरह ग्रहण करते हैं। इसकी वजह यह नहीं थी कि वी.पी. सिंह ने मुसलमानों की सांप्रदायिक प्रवृत्तियों को स्पर्श दिया था। वे खूब चाहते तो भी मुसलमानों को कांग्रेस से ज्यादा सुरक्षा का आश्वासन नहीं दे सकते थे।असल में वी.पी. सिंह तो केवल उस चीज से जुड़ गए जिसे मुसलमान अपनी इज्जत का प्रतीक मानते थे। उन्होंने मुसलमानों को एहसास दिलाया कि वे सामुदायिक तौर पर उनके साथ गरिमा से खड़े हो सकते हैं, और उन्हें राष्ट्र का एक 'अविभाज्य' अंग समझा जाएगा। वी.पी. सिंह के साथ मुसलमानों का यह तादात्म्य मंडल आयोग की सिफारिशें लागू होने और फिर उसके बाद लालकृष्ण आडवाणी की रथयात्रा के कारण शुरू हुए सांप्रदायिक रक्तपात की पृष्ठभूमि में बना। जातिगत और सांप्रदायिक राजनीति के रुझानों के बीच में विकसित हुई इस परिघटना ने मुसलमानों को सुरक्षागत चिंताओं की सीमाओं से निकाल कर समता और गरिमा के मुद्दों से जोड़ा। इस तरह उनका बुनियादी राजनीतिक रुझान बदला।

पिछले अध्याय में हमने चर्चा की थी कि किस तरह बड़े-बड़े जाति समुच्चय समुदायों में बदल रहे हैं और किस प्रकार पिछड़े वर्गों व दलितों के बीच 'पूँजीवादी' समता और मान्यता के लिए संघर्ष हो रहा है। मुसलमानों ने देखा कि इस तरह की राजनीति उनके मानस के बहुत नजदीक है। इसलिए इन समुदायों के साथ उन्होंने एक प्रच्छन्न समझौता कर लिया। मुलायम सिंह यादव और लालू प्रसाद यादव जैसे पिछड़े वर्ग के नेताओं के राजनीतिक सोच ने इस समझौते को और मजबूत किया। आजादी के बाद से ही राजनीति पर असर डालने के लिए मुसलमान अपने पेचीदा हालात के कारण किसी न किसी बाहरी ताकत का सहारा लेते रहे हैं। लंबे अरसे

तक वे कांग्रेस पर भरोसा करते रहे, जिसमें निर्भरता का तत्त्व भी मौजूद था। आज भी मुसलमान समुदाय आधारित राजनीति का सहारा ले रहे हैं, पर इस बार और पहले की स्थिति में उल्लेखनीय अंतर है।

आज उनका उन समुदायों से तालमेल है जिनकी राजनीति उनसे मिलती-जुलती है। कांग्रेस पार्टी की राजनीति और इस स्थिति के बीच साफ अंतर देखा जा सकता है। कांग्रेस उन अभिजनों की पार्टी थी, जो उनके साथ नहीं, बल्कि उन पर कृपालु हो कर ही संवाद करते थे। किसान, कारीगर और मजदूर के रूप में मुसलमानों के लिए किसी शूद्र या किसी दलित के साथ समता महसूस करना अधिक आसान था। मेहनतकश के तौर पर मुसलमान इन लोगों के साथ थे, और इन्हीं के साथ वे ऊपर से ढाए जाने वाला दमन झेलते थे। राजनीतिक रूप से संगठित शूद्रों और दलितों का सहारा लेते समय मुसलमानों ने खुद को उनके समकक्ष महसूस किया, जबकि कांग्रेस का सहारा लेते हुए उनके एहसास इस तरह के नहीं थे। इस तरह मुसलमान भी पूँजीवादी समता, मानवीय गरिमा और इनसानी इज्जत के लिए चलाए जाने वाले महा-संघर्ष के हिस्से बन गए।

पूरे मुसलमान समुदाय ने अपनी राजनीतिक गतिविधियों के लिए लोकतांत्रिक संघर्ष को नहीं चुना, पर अधिकतर मुसलमानों के लिए संघर्ष का यह तरीका सबसे लोकप्रिय पसंद बन गया। समुदाय के कुछ तबकों में अलोकतांत्रिक प्रवृत्तियों ने भी सिर उठाया। एक छोटा सा हिस्सा उग्रवादी किस्म की राज्य विरोधी गतिविधियों की तरफ झुक गया। यह एक बिल्कुल नया और सांप्रदायिकता के पुराने रूपों से अलग किस्म का रुझान है। यह प्रवृत्ति बाबरी मस्जिद विध्वंस की प्रतिक्रिया और उसके फलितार्थ के रूप में देखी जानी चाहिए। बहरहाल, कारण जो भी हो, इन्हीं प्रवृत्तियों के कारण बहुसंख्यकवादी सांप्रदायिकता के लिए मुसलमानों पर पाकिस्तान की इंटर सर्विस इंटेलीजेंस एजेंसी (आईएसआई) के एजेंट का बिल्ला चस्पाँ करना मुमकिन हो गया। बहुसंख्यकवादियों ने इस छवि का इस्तेमाल एक समुदाय के रूप में मुसलमानों के बीच पनप रही सेकुलरीकरण की प्रवृत्तियों को रोकने और उलटने के लिए किया। हालाँकि उग्रवादी मुसलमानों की संख्या बहुत कम है, पर इससे कोई फर्क नहीं पड़ता कि बृहत्तर समुदाय उनके साथ है या नहीं। हिंदुत्ववादियों का हित तो इसी में है कि मुसलमानों की छवि 'जेहादियों' के रूप में चित्रित की जाए, ताकि सांप्रदायिक राजनीति को पानी देने के लिए बहुसंख्यकों के बीच असुरक्षा की भावना पनपाई जा सके। मुसलमानों में इसका ठीक उल्टा एक और रुझान देखा जा सकता है जिसके मुताबिक कुछ मुट्ठी-भर मुसलमान हिंदुत्व की राजनीति का समर्थन करने

लगे हैं। जाहिर है कि भारतीय जनता पार्टी के साथ अपने तार जोड़ कर कुछ महत्त्वाकांक्षी मुसलमान अपने फायदे की जुगाड़ कर रहे हैं। ये दोनों ही प्रवृत्तियाँ, मुसलमानों के बीच उग्रवादी रुझान और हिंदुत्व को समर्थन करने का रवैया, समुदाय के थोड़े से सदस्यों तक ही सीमित है।

वी.पी. सिंह सरकार द्वारा मंडल आयोग की सिफारिशें लागू किए जाने की घोषणा का मुसलमानों की राजनीतिक समझदारी पर निर्णायक असर पड़ा। ऊँची जातियों द्वारा इस कदम का विरोध किसी भी अन्य राजनीतिक-सामाजिक घटना से भिन्न था। उन्होंने जिस तरह से उत्पात मचाया, और जिस तरह पूरे समाज को बंधक बनाने की कोशिश की, उसके कारण भारतीय समाज में सत्ता और प्रभुत्व के जमीनी समीकरण गड़बड़ा गए। हालाँकि ये परिवर्तन हिंदी पट्टी में ज्यादा मुखर थे, पर बाकी देश पर भी इनका प्रभाव रेडिकल बदलाव की संभावनाओं की तरफ इशारा कर रहा था। यह मसला द्विजों और पिछड़े वर्गों के बीच संबंधों तक ही सीमित नहीं था। इसके कारण जनसाधारण और अभिजनों के बीच का सूत्र स्थायी रूप से भंग हो गया।

आइए, सत्ता और प्रभुत्व के समीकरण पर एक नजदीकी निगाह डालें। तीसरी दुनिया के कई देशों के मुकाबले भारत में टुटपुँजिया वर्ग पर पूँजीपति वर्ग का असर कहीं ज्यादा है। इसमें भी कोई शक नहीं कि टुटपुँजियों में शुमार होने वाले मध्यवर्ग की, जिनमें बुद्धिजीवी भी शामिल हैं, जनता के बीच गहरी जड़ें हैं। जनता के साथ इस वर्ग के संबंध केवल आर्थिक हितों तक ही सीमित नहीं हैं, बावजूद इसके कि इन संबंधों में पूँजीवादी दुनिया का हिस्सा बनने की महत्त्वाकांक्षाएँ झलकती देखी जा सकती हैं। फिर इन संबंधों का आधार संस्कृति, परंपरा और देश-दुनिया की राजनीति के बारे में किए जाने वाले एक मुश्तरका विमर्श में निहित है। इस संबंध की प्रकृति समझने से हमें कांग्रेस की हुकूमत का तात्पर्य ग्रहण करने में मदद मिल सकती है। इससे हम समझ पाएँगे कि शासक वर्गों का लोकतंत्र आधारित शासन कांग्रेस ने कैसे चलाया, और किस तरह पूँजीपति वर्ग के जमींदारों और कुलकों के साथ हुए गठजोड़ ने लंबे अरसे तक इस हुकूमत को कायम रखा। यही वह संबंध है जिसके जरिए शासक वर्ग अभिजन बनने की संभावना से लैस नवोदित समूहों को आत्मसात कर पाए। उन्होंने आगे बढ़ कर इन समूहों की आकांक्षाओं को अपना लिया। एक साथ 'प्रतिक्रियावादी' और 'प्रगतिशील' नजरिये अपनाते रहने के बावजूद उन्हें किसी वैचारिक विच्छिन्नता का सामना नहीं करना पड़ा। कुल मिला कर नतीजा यह निकला कि विभिन्न अवसरों पर कई तरह की प्रक्रियाओं के जरिए

व्यवस्था नाना प्रकार की विचारधाराओं के दायरे में उदीयमान अभिजनों को आत्मसात करती रही।

मंडल के कारण हुए उत्पात ने एक ट्रिगर की भूमिका अदा की। जनता को बड़ी चालाकी से मातहती में रखने वाले सत्ता और प्रभुत्व के समीकरण बुरी तरह गड़बड़ा गए। द्विज होने के कारण प्राप्त विशेष सुविधाओं, खासकर अंग्रेजी शिक्षा के आधार पर बने समूह अपने हितों की रक्षा के लिए प्रतिक्रियावादी हो गए। बहुत बड़े पैमाने पर स्थापित अभिजनों की वफादारी कांग्रेस से भाजपा की तरफ खिसकनी शुरू हो गई। उनकी तरफ से हिंदुत्व की विचारधारा को कमोबेश समर्थन मिलने लगा। परिणामस्वरूप द्विजों से निकले स्थापित मध्यवर्गों की चेतना में एक खास तरह की सड़न दिखने लगी। इसने मुसलमानों के राजनीतिक रुझानों को सुरक्षागत चिंताओं से निकाल कर गरिमा के सरोकारों की तरफ तेजी से मोड़ने की भूमिका निभाई। चूँकि उत्तर भारत में मुसलमान और पिछड़े वर्ग भाजपा का समझौताहीन विरोध करने के मामले में एक थे, इसलिए इस परिवर्तन को और मजबूती मिली।

इस रोशनी में मुसलमानों के बीच हुई तब्दीलियाँ समझी जा सकती हैं, और यह भी समझा जा सकता है कि उन्होंने वी.पी. सिंह के कदम को कुर्बानी के रूप में क्यों देखा। हालाँकि पत्रकार और चुनाव विशेषज्ञ इस मामले में एकमत हैं, पर सिर्फ इसी कारण से मुसलमान सिर्फ भाजपा को हराने के मकसद से वोट करते नहीं दिखते। मंडल के बाद के वर्षों में वे अपनी पराजय यानी भाजपा की जीत की कीमत पर भी जनता दल, समाजवादी पार्टी या राष्ट्रीय जनता दल को वोट देते रहे। मुसलमानों पर गुस्से और अवज्ञा का मूड हावी था, पर उन्होंने उम्मीद का दामन नहीं छोड़ा और भाजपा की चिंताजनक जीत से परेशान नहीं हुए। मुसलमानों के बीच हुए इस परिवर्तन से अंशतः अप्रभावित रहने वाला सिर्फ एक ही तबका था, और वह था उनका स्थापित मध्यवर्ग और कुलीन तबके का ऊपरी हिस्सा।

एक तरफ मुसलमानों का राजनीतिक रुझान बदला, और दूसरी तरफ उनके बीच टूट हुई यानी उन्हें एकमुश्त कांग्रेस के साथ रखने वाले अभिजनों और साधारण मुसलमानों के बीच का सूत्र भंग हो गया। ये दोनों पहलू राजनीति में मुसलमानों के सेकुलरीकरण के लिए अहम साबित हो सकते हैं। सामुदायिक चेतना सांप्रदायिक चेतना में तब बदलती है जब समझ के स्तर पर ऊपर से कोई हस्तक्षेप होता है, और ठंडी पड़ी हुई भावनाओं, डरों और अंदेशों को जानबूझ कर भड़काया जाता है। मुसलमान समुदाय के भीतर अभिजनों और जनसाधारण के बीच सूत्र टूटने से अब

समुदाय को एकमुश्त इस्तेमाल करने के लिए ऊपर से किए जाने वाले हस्तक्षेप की संभावनाएँ घट गई हैं। इस संबंध में मुसलमान भद्र वर्ग के उदाहरण पर गौर किया जा सकता है। काफी अरसे तक यह वर्ग कांग्रेस के साथ जुड़ा रहा है। लेकिन, अब हालत यह है कि अगर कांग्रेस उनके बीच से प्रत्याशी चुन कर उत्तर प्रदेश में समाजवादी पार्टी के और बिहार में राष्ट्रीय जनता दल के उम्मीदवार के मुकाबले किसी मुसलमान प्रधान निर्वाचन क्षेत्र से खड़ा करे, तो उसके जीत पाने की संभावना न के बराबर ही है। विचित्र बात यह है कि मुसलिम भद्र वर्ग के यही प्रतिनिधि अपने राजनीतिक संपर्कों के दम पर राज्यपाल बन कर यह तय करने की हैसियत प्राप्त कर सकते हैं कि किस मुसलमान को राज्य का संरक्षण मिलना चाहिए और किसे नहीं। यह अलग बात है कि ऐसे मुसलमानों में पालिका का चुनाव जीतने की क्षमता भी नहीं रह गई है, क्योंकि उनके और जनसाधारण के बीच संपर्क पूरी तरह टूट चुका है। इस संपर्क भंग से *मान्यता की राजनीति* के लिए रास्ता निश्चित रूप से और साफ हुआ है। पहले के किसी भी वक्त के मुकाबले आज मुसलमान जनता अधिक स्पष्टता के साथ उसी तरह भारतीय समाज में चल रही सबलीकरण की प्रक्रिया की अंग बन चुकी है जिस तरह वह बृहत्तर सामाजिक शक्तियों की अंग है।

निश्चित रूप से यह एक सकारात्मक विकास है, पर इसकी संभावनाओं को बढ़-चढ़ कर नहीं आँकना चाहिए। मुसलमानों के बीच एक उल्टा रुझान भी सारे देश के पैमाने पर काम करते हुए देखा जा सकता है। मैं समझता हूँ कि हाल की घटनाओं से पूरे भारत में मुसलमान समुदायों का राजनीतिक एकीकरण और मजबूत होने जा रहा है। यह एक दीर्घकालीन प्रक्रिया है जिस पर मुसलमान अभिजनों की पसंद या नापसंदगी का कोई असर नहीं पड़ेगा। सामुदायिक एकीकरण के इस सिलसिले में सभी जगहों पर एक ही विमर्श काम कर रहा है। तीन पहलू इस विमर्श की रचना पर असर डाल रहे हैं। पहला है, लगातार बढ़ती हुई दंगों की क्रूरता और मुसलमान समुदाय के सदस्यों पर ढाई जाने वाली तकलीफें (कुछ दिनों से ईसाइयों को भी नियोजित रूप से निशाना बनाया जाने लगा है)। दूसरा पहलू है, मुसलमानों में यह एहसास जड़ पकड़ता जा रहा है कि जीवन के अधिकांश क्षेत्रों में उनकी हकतलफी की जा रही है। तीसरा पहलू यह है कि मुसलमानों के बीच खुद को इस देश के लिए गैर-जरूरी मानने का एहसास बढ़ता जा रहा है। हिंदू दक्षिणपंथियों की आक्रामक मुहिम ने इस अनुभूति को और सघन किया है। यहाँ साफ करना जरूरी है कि मान्यता के लिए संघर्ष की सेकुलर राजनीति के साथ जुड़ने और अवांछित होने के एहसास के बीच असंगति नहीं है। दो अलग-अलग तरह की

राजनीति मुसलमानों के बीच अंतर्विरोधी भावनाएँ पैदा कर रही है। हिंदुत्ववादी राजनीति ने मुसलमानों और ईसाइयों से साफ तौर से कह दिया है कि अगर वे अपनी अस्मिता छोड़ने और 'सांस्कृतिक राष्ट्रवाद' के प्रति वफादारी जताने के लिए तैयार नहीं होते तो भारत में उनकी मौजूदगी शक के दायरे में ही रहेगी।

मेरे कहने का तात्पर्य यह नहीं है कि मुसलमानों से जुड़े सामाजिक-आर्थिक मुद्दे या समस्याएँ सारे देश में एक से ही हैं। न ही मैं यह कहना चाहता हूँ कि केरल और आंध्र के मुसलमानों की माँगें बिहार और गुजरात के मुसलमानों की माँगों के बीच कोई फर्क नहीं है। मुसलमान अपनी अलग-अलग माँगों को दंगों की बेइंतिहा क्रूरता और आक्रामक हिंदुत्व द्वारा उन्हें 'पशुवत अन्य' की श्रेणी में रखने की कोशिशों के सापेक्ष रख कर जाँचते हैं। मुसलमानों के लिए सांप्रदायिक बदसलूकी ठीक वैसी ही है जैसा आदिवासियों के लिए आर्थिक रूप से गला घोंटा जाना होता है, या दलितों को छुआछूत का शिकार बनाना होता है या स्त्रियों पर लैंगिक अवमानना थोपना होता है। इसमें एक उल्लेखनीय फर्क जरूर है कि बाकी नाइंसाफियों के मुकाबले सांप्रदायिक हत्याकांड सार्वजनिक जीवन में अधिक दृश्यमान होता है क्योंकि अखबार और अन्य समाचार माध्यम उसे सुर्खियों के रूप में ज्यादा पेश करते हैं। गुजरात में हुए हत्याकांड और सांप्रदायिक क्रूरता की मुहिम जिस प्रकार राज्य सरकार की देखरेख में चलाई गई, उसकी भयावहता इलेक्ट्रानिक मीडिया ने सीधे लोगों के ड्राइंग रूमों में पहुँचा दी। देश के अलग-अलग भागों में होने वाली घटनाएँ भी मीडिया द्वारा बिना देर किए हुए बृहत्तर मुसलिम चेतना का हिस्सा बना दी जाती हैं। मुसलमान नाम से पहचाना जाने वाला हर व्यक्ति इस चेतना का अनचाहा वाहक बन जाता है। अस्सी के दशक से इस देश में आज तक मैं जहाँ-जहाँ भी गया हूँ, वहाँ रहने वाले मुसलमानों ने मुझसे इसी तरह के सवाल पूछे हैं : क्या आपके इलाके में तनाव है? मुसलमान वहाँ कितने सुरक्षित हैं? क्या माली हालत ठीक है? क्या वहाँ उन्हें नौकरियाँ मिलती हैं?

एकीकरण की प्रक्रिया का मतलब है मुसलमानों के बीच एक अखिल भारतीय समुदाय होने का एहसास विकसित होना। इस अनुभूति की अभी शुरुआत ही हुई है। इसी जगह एक दूसरा पहलू साफ करना जरूरी है। देश के विभिन्न भागों में मुसलमानों द्वारा पूछे जाने वाले सवाल और एकीकरण की प्रक्रिया चालीस के दशक की राजनीति और संदर्भ के मुकाबले एक अलग तरह की राजनीति और संदर्भ की परिचायक है। चालीस के दशक में मुसलमान समस्या एक अलग कौम द्वारा अपना संप्रभु राष्ट्र बनाने की कोशिशों से उपजी समस्या की तरह सामने आई

थी, न कि अल्पसंख्यक या अल्पसंख्यकों की समस्या की तरह। संदर्भ में हुए परिवर्तन और बहस के आधार में हुई इस तब्दीली का ऐतिहासिक महत्त्व है। मुसलमानों के बीच हो रहे परिवर्तन अगर देश के विभिन्न भागों में दलितों और पिछड़ों के बीच हो रहे परिवर्तनों के समान नहीं तो उनसे तुलनीय जरूर हैं। ये सभी कमजोर समुदाय पहले अपनी स्थानीयता में रमी हुई क्षेत्रीय किस्म की छोटी संरचनाओं में सीमित थे। अब इनका रूपांतरण राष्ट्रीय किस्म की और बहुत बड़े-बड़े भौगोलिक दायरों में फैली हुई संरचनाओं में हो गया है जिनके जरिए वे समता और अधिकारों के लिए संघर्ष कर रहे हैं। मुसलमानों के लिए यही संघर्ष संपूर्ण नागरिकता का है। मुसलमान होने की राजनीतिक अभिव्यक्ति में किसी सांगठनिक एकरूपता का अभाव होने से एक फायदा यह हुआ है कि उनकी एकीकृत राजनीतिक अस्मिता की सांप्रदायिक अभिव्यक्ति में बाधा पड़ गई है। जिस तरह हिंदू सांप्रदायिकता की एक विचारधारा हिंदुत्व के रूप में उभर आई है, उस तरह मुसलमान सांप्रदायिकता की कोई एक विचारधारा नहीं है। सौभाग्य से पैदा हुई इस परिस्थिति से रेडिकल हस्तक्षेप और मुक्तिकारी राजनीति की कई संभावनाएँ मुसलमानों के बीच खुलती हैं, भले ही आज वे न दिखाई दे रही हों।

मुसलमानों के बीच चल रही एकीकरण की प्रक्रिया के अंतर्विरोध मुसलमानों की राजनीतिक उपस्थिति के कुछ पहलुओं पर रोशनी डालते हैं। जैसा कि पहले कहा जा चुका है, इस प्रक्रिया का आंतरिक अंतर्विरोध एक समुदाय होने के बढ़ते हुए एहसास और एकीकरण की किसी विचारधारा और संगठन के अभाव के बीच देखा जा सकता है। मुसलमानों में सांप्रदायिक चेतना हिंदुत्ववादियों जैसी नहीं है। कुछ अपवादों को छोड़ कर हिंदुत्व की राह पर चलने वाले चुनावी लिहाज से भाजपा की तरफ खिंचते हैं। राजनीतिक लिहाज से वे हिंदू अस्मिता और साफ तौर से उग्रवादी राष्ट्रवाद के प्रतीकों से जुड़ जाते हैं। जबकि मुसलमानों की सांप्रदायिक चेतना के पास खिंचने के लिए न तो कोई राजनीतिक चुंबक है, न ही कोई चुनावी चुंबक। एक तरफ तो बहुत से मुसलमान वी.पी. सिंह के उस कदम को मिसाल के काबिल मानते हुए उस पर आधारित राजनीति को अपने लिए फायदेमंद समझते हैं, दूसरी ओर वे विभिन्न दिशाओं में जाते नजर आते हैं। जिन क्षेत्रों में मुसलमानों की सांप्रदायिक पार्टियाँ मजबूत हैं, वहाँ धार्मिक अस्मिता के आधार पर वोट करते समय वे इन सांप्रदायिक दलों की तरफ झुकते नजर आते हैं। दूसरे इलाकों में, जहाँ जनता दल से निकले संगठन सक्रिय हैं, मुसलमान वोट राष्ट्रीय जनता दल या समाजवादी पार्टी सरीखे दलों को मिलते हैं। इनके अलावा किसी और स्थिति में मुसलमान वोट

बिखर जाते हैं। कुल मिला कर कहा जा सकता है कि मुसलमान लोकतंत्र के इस खेल में ताश के जोकर की तरह हैं, क्योंकि उनकी राजनीतिक राय मजबूती से लोकतंत्र के पक्ष में जाती है, पर मतदाता के रूप में उनका ध्रुव एक नहीं है।

देखने की बात यह है कि वी.पी. सिंह और उनकी विरासत पर आधारित पार्टियों के प्रति कोई भी मुसलमान सांप्रदायिक संगठन शत्रुतापूर्ण रवैया अख्तियार नहीं करता। न ही वे पार्टियाँ मुसलमानों की सांप्रदायिक मुद्रा की आलोचना करती हैं। केवल वाम मोर्चा ही आलोचना करता नजर आता है, और जहाँ पर वामपंथी ताकतें मजबूत हालत में होती हैं वहाँ मुसलमानों के लिए वामपंथियों का विरोध करना संभव नहीं होता। यहाँ केरल की मुस्लिम लीग एक स्पष्ट अपवाद की तरह उभरती है।

लेकिन, मुस्लिम लीग का अपवाद होना भी कुछ कहता है। भारत एक ऐसा देश है जहाँ अपवादों की संख्या और किस्म का कोई ठिकाना नहीं है। अगर सभी छोटे-छोटे अपवाद जोड़ लिए जाएँ तो मौजूदा प्रमुख रुझान के मुकाबले एक बड़ा, पर अपरिभाषित किस्म का भिन्न रुझान खड़ा हो जाता है। जाहिर है कि भारत में मुसलमानों की राजनीतिक उपस्थिति का अध्ययन करते समय अति-सामान्यीकृत धारणाओं से बचने की कोशिश करनी चाहिए। दुर्भाग्य से मुसलमानों के बारे में निकाले गए कई निष्कर्षों में इन धारणाओं की गूँज सुनी जा सकती है।

शासक वर्ग इस देश को अंतर्राष्ट्रीय वित्तीय पूँजी की मातहती में खींच ले जाने की भरपूर कोशिश कर रहे हैं जिसके कारण जनसाधारण को दैनंदिन जीवन में विनाशकारी नतीजों का सामना करना पड़ रहा है। ऐसे में मानवीय गरिमा, सबलीकरण और मुक्ति के प्रश्न पहले के मुकाबले कहीं ज्यादा अहम हो गए हैं। अगर इस संघर्ष में उतरते समय मुसलमान अपनी राजनीतिक पसंद तय करने की प्रक्रिया में मुसलमान होने का लकब छोड़ पाते हैं, तो लोकतांत्रिक प्राथमिकताओं और सेकुलर रुझान के मामले में उनके लिए यह एक प्रगतिशील परिवर्तन होगा। प्रभुत्वशाली और विशेष सुविधा सम्पन्न वर्ग अपने वर्चस्व के लिए चुनौती बन गए समुदायों के बारे में रूढ़ छवियाँ प्रचारित करने से बाज नहीं आएँगे। वे इन्हीं रूढ़ छवियों को ज्ञान और सत्य के रूप में पेश करेंगे। जाहिर है कि दोनों ही पक्ष अपनी-अपनी कमर कस रहे हैं और हो सकता है कि हिंदुत्व और भूमंडलीकरण के मुकाबले होने वाली यह दोहरी लड़ाई स्वस्थ राजनीति के लिए न सिर्फ रास्ता खोले, वरन उसे पुख्ता बनाती हुई भी चली जाए।

५

लोकतंत्र और नागरिकता

उत्पीड़ित जातियों और मुसलमानों पर लोकतंत्र के प्रभाव का सीधा असर भारत में नागरिकता के विकास पर पड़ रहा है। यहाँ नागरिकता जिस तरह से विकसित हो रही है, वह पश्चिमी लोकतंत्रों से अलग है। उन्नीसवीं सदी के आखिरी दौर से ले कर १९३५ के अधिनियम तक औपनिवेशिक शासन में विभिन्न स्तरों पर प्रतिनिधित्व के कई रूप उभरे, पर नागरिकता का दायरा बेहद सीमित ही रहा। उस जमाने में जनता को संप्रभुता के स्रोत के रूप में नहीं देखा जाता था, क्योंकि राज्य की संस्था विदेशी शासकों की जकड़ में थी। जनसाधारण अधीनस्थ प्रजा की तरह ही थे। धीरे-धीरे उन्हें नागरिक-अधिकार मिलने शुरू हुए।

'नागरिक' होने का मतलब है कुछ निश्चित अनुलंघनीय अधिकारों का वाहक होना। एक अधिकारसंपन्न नागरिक 'व्यक्ति' से एकदम अलग होता है। अधिकारों के बिना व्यक्ति नागरिक की हैसियत प्राप्त नहीं कर सकता, भले ही आधुनिकता और पूँजीवाद के विकास के कारण उभरे मूल्यों के तहत वैयक्तीयन की प्रक्रिया ने उसे व्यक्ति के रूप में स्थापित कर दिया हो। दुनिया में मुख्यतः पूँजीवादी माहौल ही छाया हुआ है और इसके तहत महज व्यक्ति के रूप में हर

इनसान हमेशा अपने हितों की ज्यादा से ज्यादा सिद्धि पर ही जोर देता रहता है। जबकि नागरिक के रूप में अपने सरोकारों या हितों या मूल्यों की प्राप्ति के लिए दूसरे लोगों के साथ सहयोग और गठजोड़ करने की तरफ जाता है और केवल अपना हित-साधन करता ही नहीं रह जाता। नागरिक होने का एक और अहम पहलू है दूसरों के साथ खड़े होने के लिए तैयार रहना और राजसत्ता के इस्तेमाल पर चौकन्नी नजर रखना। इस तरह नागरिकता वह मुख्य धुरी बन जाती है जिस पर लोकतंत्र की गहनता और स्वास्थ्य निर्भर करता है।

पश्चिमी समाजों में पूँजीवाद, आधुनिकता और लोकतांत्रिक गतिविधियाँ एक साथ उभरीं। एक तरह के मिले-जुले रूपों में उन्होंने एक-दूसरे को पैदा किया, पुष्ट किया और सीमित किया। यह एक जटिल कहानी है, और यहाँ केवल इतना कहना काफी होगा कि पूँजी के विनियोग की आवश्यकता के गर्भ से निजी पूँजी के अधिकार ने जन्म लिया जिसके मुताबिक व्यक्ति को परंपरा द्वारा आरोपित किसी भी सीमा से बेपरवाह हो कर संपत्ति और मुनाफे के लिए प्रयास करने की छूट मिल गई। सिद्धांत की दृष्टि से पूँजी का यह विनियोग श्रम के लाभों पर नियंत्रण करने के अनुबंधात्मक बंदोबस्त के तहत हुआ। चूँकि दो असमान व्यक्ति अनुबंध नहीं कर सकते थे, इसलिए अनुबंध की जरूरत के तहत व्यक्तियों को कानून की निगाह में बराबर मानना पड़ा। स्वाधीनता से समता की तरफ हुई इस यात्रा के परिणामस्वरूप अधिकारों का जन्म हुआ। इसी संदर्भ में नए तरह के मूल्यों और आर्थिक कार्य-व्यापार से संबंधित जद्दोजहद से नागरिकता निकली। लेकिन, औपनिवेशिक संदर्भ में यह पूरा सिलसिला भंग हो गया। भारत में पूँजीवाद का विकास लगातार आधा-अधूरा रहा, और औपनिवेशिक प्रभुत्व की मौजूदगी के कारण आधुनिकता विकृत हो गई। नतीजतन, पूँजीवाद और आधुनिकता भारत में नागरिकता के वाहक नहीं बन पाए। पश्चिम में जो लोकतांत्रिक सक्रियता जनवादी अधिकारों के सार्वभौमिकीकरण के नाम पर विकसित हुई थी, वह भारत में औपनिवेशिक शासन द्वारा थोपे गए लुटेरू शोषण और अधीनस्थ हैसियत के खिलाफ संघर्ष के चलते ही पैदा हो सकी।

१९४७ में भारत को आजादी मिलने के बाद संविधान द्वारा हर व्यक्ति को विधिक और राजनीतिक नागरिकता के अधिकार दिए गए। पश्चिमी लोकतंत्रों में ये अधिकार लंबे अरसे तक चले नागरिक और राजनीतिक संघर्षों के बाद नसीब हुए थे। वहाँ मजदूरों को वोट डालने और यूनियनें बनाने के हकों के लिए लड़ना पड़ा था। फिर स्त्रियों को भी वोट डालने और जीवन के हर क्षेत्र में पुरुषों से बराबरी के

हकों के लिए लड़ना पड़ा। हालाँकि भारत के उपनिवेशवाद विरोधी और सामंतवाद विरोधी स्वाधीनता संघर्ष में लोकतांत्रिक अधिकारों और समता के लिए संघर्ष के पहलू थे, पर उनका केंद्रीय रूप मताधिकार के लिए चलाए जाने वाले आंदोलनों जैसा नहीं था। अपनी बात कहने में कुशल मध्यवर्गों, आधुनिक उद्योगों में कार्यरत मजदूरों और संघर्षशील किसानों के कुछ हिस्सों को छोड़ कर समाज के अन्य भागों द्वारा अधिकारों की माँग उस समय तक नहीं उठाई जा रही थी। जनसाधारण के बीच अधिकारों की आवश्यकता ही नहीं उभरी थी। इसीलिए, उन दिनों हमें लोकतंत्र के लिए संरक्षकों की जरूरत पड़ती थी और राष्ट्रीय आंदोलन से निकला हुआ नेतृत्व, चाहे सरकार में हो या विपक्ष में, लोकतंत्र के ट्रस्टी के रूप में काम करता था। अधिकारों की अहमियत का एहसास लोगों को धीरे-धीरे होना शुरू हुआ। भारत में लोकतंत्र की यात्रा का महत्त्वपूर्ण आयाम जनता को नागरिकता प्रदान करना ही नहीं था, बल्कि नागरिकता के अधिकारों पर अमल को हकीकत का जामा पहनाना भी था।

लोकतांत्रिक विकास की कहानी हमें बताती है कि किसी एक देश-काल का इतिहास किसी दूसरे देश-काल में ठीक-ठीक दोबारा वैसा ही नहीं घटता। पश्चिम में लोकतंत्र का पहला आधुनिक अनुभव पूँजीवाद के उत्थान के दौरान हुआ था, और उसका परिणाम वहाँ पहले से मौजूद समुदायों के धीरे-धीरे विघटन या विलुप्तीकरण में निकला था। समुदायों के विघटन का मतलब था गिल्ड या नातेदारियों द्वारा प्रदत्त जन्मना संबंधों के कमजोर होते चले जाने के जरिए लोगों का वैयक्तीयन होना। ऐसे तमाम लक्षण परंपरा के दायरे में सीमित कर दिए गए, पर 'परिवार' की संस्था अपवाद रही, क्योंकि धर्म की भाँति उसकी परिभाषा आमूल-चूल ढंग से बदल डाली गई। परिवार पूरी तरह एकक हो कर छोटी इकाई में बदलता चला गया। प्राक्-आधुनिक समुदायों के द्योतक गिल्ड और नातेदारी जैसे शब्द उन्नीसवीं सदी के उत्तरार्ध में आधुनिक यूरोप की शब्दावली से पूरी तरह गायब हो गए। अर्थात, समाज में रहने वाले व्यक्ति और राज्य की संस्था के बीच में कोई नहीं रह गया। कुछ दार्शनिकों ने इसे एकाकी अस्तित्व की संज्ञा दी है, पर इस एकाकीपन से निजी तौर से पार पाया जा सकता था। व्यक्ति अगर चाहे तो अपने पड़ोस में, अपने काम की जगह पर और ऐसी ही अन्य स्थितियों में समान सरोकारों के आधार पर समुदाय से मिलता-जुलता समूह बना सकता था। ऐसे समूहों को *स्वनिर्मित समुदायों* की संज्ञा देना ठीक होगा। चूँकि ये स्वनिर्मित समुदाय जातिगत समूहों या धार्मिक जत्थेबंदियों की भाँति पहले से मौजूद नहीं थे, इसलिए एकाकी व्यक्ति को इनमें शामिल होते हुए

भी ऊँचे स्तर की स्वायत्तता प्राप्त रहती थी। बिना किसी हस्तक्षेप का सामना किए बिना वह जैसा चाहे, वैसा बन सकता था। वह अपनी इयत्ता को पूरी तरह दोबारा बना सकता था और इस पुनर्निर्माण की प्रक्रिया पर पहले से मौजूद किसी समुदाय की निगरानी भी नहीं होनी थी। चूँकि इन परिस्थितियों में जीवन उसके लिए एक तरह से त्रास का स्रोत भी बन सकता था, इसलिए उस एकाकी व्यक्ति के लिए अधिकारों की दुनिया एकमात्र शरणस्थली में बदल गई। जिंदगी गुजारने की प्रक्रिया में दूसरों के अतिक्रमण से मुक्त अभयारण्य उसे अधिकारों की दुनिया में ही मिला।

भारतीय समाज में जीवन पूर्व-स्थापित समुदायों और उनकी विशिष्ट संस्कृतियों के प्रभाव से काफी-कुछ घिरा हुआ था। इसका असर नागरिकों द्वारा अधिकारों के उपभोग पर पड़ना लाजमी था। हालाँकि औपनिवेशिक विकास और दोहन के दौर ने इन समुदायों में कई तरह के परिवर्तन किए, और फिर आधुनिकता की संगठित मुहिम के साथ-साथ आजादी के बाद विकसित हुए चुनावी लोकतंत्र ने भी उन पर परिवर्तनकारी असर डाला, पर वे आज भी जीवंत और सक्रिय हैं। दरअसल, औपनिवेशिक दौर में इन समुदायों की फिर से रचना हुई और उन्हें अवलम्ब प्रदान किया गया। यह सिलसिला आजादी के बाद भी जारी रहा। करीब ढाई सौ साल से अपने कर्मकांडों, आस्थाओं और संस्कृति के साथ ये समुदाय जीवित हैं, पर साथ ही उन्हें भीतरी स्तर पर गहरी तब्दीलियों से भी गुजरना पड़ा है और एक-दूसरे के साथ उनके संबंधों में भी जबरदस्त परिवर्तन हुए हैं। जाति की निरंतरता और धर्म के जहरीलेपन पर गौर करते हुए हम अक्सर इन परिवर्तनों पर पूरा ध्यान नहीं दे पाते। पहले ये समुदाय कर्मकांडीय दर्जे पर आधारित समूहों की तरह रहते थे, और इनकी कोई राजनीतिक अहमियत नहीं होती थी। लेकिन, इस व्यापक प्रक्रिया के कारण यह स्थिति पलट गई है। इन समुदायों का वजूद जीवन के सामाजिक और राजनीतिक पहलुओं को प्रभावित करने लगा है। इस प्रभाव के दायरे में लोकतांत्रिक कार्य-व्यापार के नियम, लोकतांत्रिक अधिकारों पर अमल और इस प्रकार नागरिकता का विकास भी आता है। इन समुदायों के प्रभाव की प्रकृति की जाँच करने पर हमारे सामने साफ हो जाएगा कि अमेरिका और फ्रांस जैसे देशों के मुकाबले भारत में नागरिकता की प्रकृति कितनी अलग है। नागरिकता की दोनों परिस्थितियों में कई अभिभूतकारी अंतर हैं, पर जरूरी नहीं कि ये सभी अंतर स्वागतयोग्य ही हों।

आइए, इन समुदायों की आंतरिक संरचना में आई तीन अहम तब्दीलियों पर गौर करें। पहली तब्दीली तो यह हुई कि औपनिवेशिक शासन के दौरान जाति समूहों

के भीतर कर्मकांडीय दर्जे और व्यवसायगत हैसियत के बीच का रिश्ता टूट गया। कर्मकांडीय दर्जे पर आधारित समूह के रूप में जाति के सदस्य की व्यवसायगत हैसियत उसके काम की पवित्रता के आधार पर तय होती थी। एक जाति समूह के सदस्य एक सा काम ही करते थे, उनके ज्ञान और कौशल का स्तर मोटे तौर पर एक सा ही होता था और उनकी आमदनी में भी कमोबेश समानता होती थी। इस स्थिति के कारण जाति समूहों में *आंतरिक तौर पर समतामूलकता* आ जाती थी, हालाँकि अलग-अलग जाति समूहों के बीच ऊँच-नीच के संबंध बने रहते थे। जैसे-जैसे दर्जे और व्यवसाय के बीच यह संबंध टूटता गया, वैसे-वैसे अब तक समतामूलक रहे जाति समूहों के भीतर लोगों की आमदनी का फर्क बढ़ने लगा। जाति समूह के भीतर तयशुदा व्यवसायों से भिन्न काम करने वाले लोगों की संख्या बढ़ने लगी। सबसे पहले इस परिवर्तन का लाभ द्विज जातियों, ब्राह्मणों और कायस्थों ने खास तौर से उठाया, क्योंकि इन्हें ज्ञान और शिक्षा की परंपराएँ विरासत में मिली थीं। बिना देर किए हुए बड़ी कामयाबी के साथ वे अंग्रेजी शिक्षा ग्रहण करने लगे। पूँजीवादी उद्यमों, व्यावसायिक निगमों और तेजी से विस्तृत होते हुए अधिकारीतंत्र में इन लोगों ने तेजी से प्रवेश करना शुरू कर दिया। अंग्रेजों की हुकूमत में भारतवासियों के लिए जैसे-जैसे गुंजाइश खुली, वैसे-वैसे आधुनिक मानकों में लिपटा हुआ ब्राह्मणवादी प्रभाव आधुनिक जीवन के विभिन्न क्षेत्रों में स्थापित होने लगा। यहाँ इस बात पर जोर देना जरूरी है कि अंग्रेजों के जमाने में स्थापित हुए और लगातार बढ़ते गए मध्यवर्ग में अधिकतर द्विज जातियों के सदस्य ही थे। उनके पास आधुनिक किस्म की सत्ता, रुतबा और हैसियत थी, जिसे अंग्रेजों के चले जाने के बाद भी कोई चुनौती नहीं मिली। अन्य जाति समूहों में भी यही प्रक्रिया चली, पर सबसे पहले कदम बढ़ाने के कारण द्विज जातियाँ सत्ता की लगाम थामे रहीं और समाज पर एक नव-ब्राह्मणवादी प्रभुत्व जमता चला गया।

दूसरी तब्दीली यह हुई कि समाज की आंतरिक संगति भंग हो गई। आपस में कम से कम अन्योन्यक्रिया करते हुए भी परस्पर समझदारी के आधार पर रहने वाले अनगिनत छोटे-छोटे समुदायों का खुशनुमा सहअस्तित्व अब पहले की तरह नहीं रह सकता था। लेकिन, उसकी जगह कोई प्रतियोगितामूलक सहअस्तित्व भी विकसित नहीं हुआ। इससे पहले कि कोई स्पष्ट मध्यस्थताकारी सिद्धांत उभर पाता, उसकी उपलब्धता के अभाव में ही सहअस्तित्व की पुरानी संरचनाएँ टूट गईं। एक समुदाय की लाभकारी स्थिति अक्सर दूसरे समुदाय के नुकसान के रूप में देखी जाने लगी। समुदायों के बीच टकराव आम बात हो गई, जिनमें पहले तो अंग्रेजों की

हुकूमत और फिर भारतीय राज्य ने पंच फैसले की भूमिका निभाई। अधिकारों की दावेदारियाँ इसी संदर्भ में उभरीं। व्यक्तियों के ही नहीं, बल्कि समुदायों के आधार पर भी अधिकारों के दावे किए जाने लगे। इस तरह की दावेदारियाँ शुरू में भी असामान्य नहीं समझी जाती थीं। बाद में तो वे और मुखर होती चली गईं। जाहिर है कि पश्चिमी लोकतंत्रों के मुकाबले यह एक बहुत बड़ा अंतर था। पश्चिम में आम नियम के मुताबिक अधिकार व्यक्ति में निहित होते हैं। पहले से मौजूद समुदायों का विघटन तो पहले ही हो चुका है। बाद में कुछ स्वरचित समुदायों की तरह ट्रेड यूनियनों ने भी कुछ अधिकारों की माँग शुरू की, पर जाहिर है कि ये दावेदारियाँ एकदम अलग धरातल पर की जा रही थीं। नागरिकता और नागरिक अधिकारों के क्रम-विकास की समझ अधिकारों और जायज हकों के लिए समुदाय आधारित प्रतियोगिता से काट कर नहीं हासिल की जा सकती। अधिकारों और समता के बीच भी एक मजबूत सूत्र बन गया है। हकीकत में अधिकारों का उपभोग इस क्रम-विकास से बहुत प्रभावित हुआ।

समुदाय ठोस रूप से शक्ति-समूहों की तरह उभरने शुरू हुए। अंग्रेजों के जमाने में उनकी यह शक्ल नौकरियों के लिए की जाने वाली सौदेबाजी, हुकूमत की प्राथमिकता प्राप्त करने और सत्ता में हिस्सेदारी की कोशिशों के आधार पर बनी। आजादी के बाद सरकारी सत्ता पर नियंत्रण के प्रयासों ने यही भूमिका निभाई। जिन लोगों को शुरुआती पहलकदमी हासिल थी, और जो लोग नौकरशाही और अर्थव्यवस्था में जमे बैठे थे, उनके लिए जाति की शब्दावली में बात करने या प्रयास करते दिखने की कोई तुक नहीं थी। हम पहले भी उल्लेख कर चुके हैं कि आधुनिक व्यवसायों में लगे द्विजों ने खुद को मध्यवर्ग के रूप में देखना शुरू कर दिया था। सार्वजनिक जीवन में भी वे अपनी छवि जातिगत संबंधों के आईने में शायद ही कभी पेश करते हों।

लेकिन, दूसरी तरफ सत्ता और हैसियत के लिए नयी जमीन तोड़ने की जद्दोजहद में लगे लोगों ने पाया कि उन्हें तो कर्मकांडीय दर्जे पर आधारित समुदायों की शब्दावली में बात करनी ही पड़ेगी। ये समुदाय उत्तरोत्तर सांस्कृतिक समुदायों की शक्ल ग्रहण करते जा रहे थे। शुरुआत से ही फायदे में रहने वालों ने खुद को मध्यवर्ग के तौर पर पेश करते रहना ही मुनासिब समझा। उन्हें इस बात पर गर्व था कि राजनीति में उनकी भागीदारी सेकुलर रास्ते से हो रही है। उनकी यह धारणा अगर झूठी नहीं थी, तो कमजोर अवश्य थी। होड़ के मामले में खुद को कमजोर समझने वाले समुदायों ने जब आरक्षण के रूप में विशेष अवसरों की माँग की तो

राज्य के लिए उन्हें नजरअंदाज करना मुश्किल हो गया। राज्य की संस्था में यह प्रवृत्ति अंग्रेजों के जमाने से ही थी। यह मानते हुए हमें नहीं भूलना चाहिए कि अंग्रेजों की हुकूमत ने आरक्षण का औजार जनता को बाँटने के लिए इस्तेमाल किया था ताकि उनका शासन कायम रह सके। यह समझना भी जरूरी है कि संदर्भ बदल गया है, पर तभी से यह सिलसिला लगातार जारी है। इस दिशा में आखिरी बड़ा कदम मंडल आयोग की सिफारिशें लागू करके उठाया गया है, जिसके तहत अन्य पिछड़े वर्गों को केंद्रीय सरकार की नौकरियों में २७ फीसदी आरक्षण का प्रावधान है। इसी की प्रतिक्रिया में देश की अभिजन संतानों ने आरक्षण के खिलाफ जहरबुझी मुहिम चलाई और बड़े पैमाने पर सार्वजनिक उत्पात किया।

तीसरी बड़ी तब्दीली नव-मध्यमवर्ग की रचना और उससे जुड़ी घटनाओं के रूप में हुई है। अपनी चर्चा की निरंतरता के लिए यहाँ एक संक्षिप्त सार-संकलन करना समीचीन होगा। पहले मध्यवर्ग में ऊँची जातियों की संख्या बहुत ज्यादा थी, पर आजकल पिछड़े वर्ग के लोग और दलित बहुत तेजी से बड़ी संख्या में मध्यवर्ग में दाखिल हो रहे हैं। इसका नतीजा मध्यवर्ग की कतारों में तीखे विभाजन में निकला है। इस नव-मध्यमवर्ग के पास देशी भाषाओं की शिक्षा है। ये लोग छोटे शहरों या अर्ध-देहाती इलाकों से आए हैं। इसीलिए, उनमें नफासत की कमी है, और उनके कौशल अपेक्षाकृत निम्नस्तरीय लगते हैं। ऊपर से उन्हें विरासत में मिलने वाली हैसियत और प्रतिष्ठा भी हासिल नहीं है। इस नए मध्यवर्ग की मौजूदगी साफ तौर से ऊँच-नीच के शिकार जाति समूहों के भीतर खासे आंतरिक विभेदीकरण की तरफ इशारा करती है। बहरहाल, इन तब्दीलियों का एक अहम नतीजा वर्णाश्रम की विचारधारा के महत्त्व में गिरावट के रूप में निकला है। अब यह विचारधारा जीवन को विनियमित करने की सुसंगत प्रणाली नहीं रह गयी है। न ही इसके जरिए ऊँची जातियाँ कर्मकांडीय श्रद्धा की दावेदार रह गई हैं। इन वस्तुगत परिवर्तनों ने समता के दावों को आगे बढ़ाया है और दैनंदिन जीवन का सेकुलरीकरण किया है। जातियाँ राजनीति के दायरे में एकीकृत समुदायों की तरह काम करती हैं, एक तरह की सामूहिक शख्सियतों के रूप में।

पिछड़े वर्ग और दलित तेजी से एकजुट हो कर राजनीतिक दावेदारी करने वाले शक्ति-समूहों में बदल गए हैं। वे राजसत्ता पर काबिज होने और उस कब्जे को टिकाए रखने के लिए आपस में गठजोड़ भी बनाते हैं और आपस में लड़ते भी हैं। परिवर्तन का दूसरा महत्त्वपूर्ण पक्ष यह है कि इन नए सत्ता-समूहों और उनकी माँगों की प्रतिक्रिया में विशेष सुविधा सम्पन्न वर्ग की चेतना में तेज रफ्तार से विघटन हुआ

है। मंडल सिफारिशों पर अमल के बाद से ये लोग मध्यवर्ग से टूट कर ऊँची जाति के विभिन्न जाति समीकरणों में बँट गए हैं। अब उनका संघर्ष योग्यता और उपलब्धियों के नाम पर अपने स्व-हितों के लिए होता है। वे आधुनिक जीवन की मुख्य आवश्यकता के तौर पर दक्षता के मूल्यों का झंडा बुलंद करते रहते हैं।

अपनी जिंदगी के लिए सेकुलर मूल्यों की जम कर वकालत करने के बावजूद स्थापित मध्यवर्गों की विघटित चेतना के इन तत्त्वों की राजनीतिक वफादारी संघ परिवार की तरफ खिसक गई है। एक वर्ग के रूप में उनके विघटन और निजी जीवन-शैली व राजनीतिक प्राथमिकताओं के बीच संबंध भंग होने से जाति के प्रश्न और सामुदायिक रुझान को नया महत्त्व मिल गया है। संघ परिवार अब नए किस्म के हिंदू समुदाय के नाम पर बोलता है। उसके अनुसार यह नया हिंदू ही भारत की सांस्कृतिक विरासत का सच्चा वाहक है। केवल वही भारतीय राष्ट्रवाद का आधार बन सकता है। इन नए हिंदू की राजनीतिक विचारधारा हिंदुत्व है।

इस घटनाक्रम ने अधिकारों के संदर्भ में नए किस्म की दावेदारियों को जन्म दिया है जिनका असर नागरिकता के प्रश्न पर पड़ना लाजमी है। भारतीय राजनीति में पिछले कुछ वर्षों से सामुदायिक आधार पर अधिकारों के दावे बढ़ते जा रहे हैं। यह जाँचने से पहले कि इस तरह के दावों का आधुनिक लोकतांत्रिक मूल्यों में क्या आधार है, आइए देखें कि भारतीय संविधान का रवैया क्या था। भारतीय संविधान में अल्पसंख्यकों की संस्कृति और अस्मिता की सुरक्षा के लिए मूल अधिकारों का प्रावधान है। उसने अनुसूचित जातियों (दलितों) और अनुसूचित जनजातियों (आदिवासियों) जैसे कमजोर वर्गों की हिफाजत के लिए कुछ विशेष प्रावधान किए हैं जिनके तहत उन्हें शिक्षा संस्थानों और सरकारी नौकरियों में आरक्षण दिया गया है। यही अधिकार दलितों और आदिवासियों के मुकाबले कुछ सीमित रूप से पिछड़ों को दिया गया है। इसके दायरे में जुलाहों, नाइयों और चंद किसान-श्रेणियों में आने वाले कुछ मुसलमान समुदाय भी आते हैं। इस प्रकार संविधान हमें आम नागरिकों को दिए गए सार्वभौम अधिकारों के अलावा अधिकारों की एक भिन्न योजना और अनुसूची भी मुहैया कराता है।

इस ब्योरे से साफ है कि संविधान में सार्वभौम अधिकारों के अलावा और उनके ऊपर समूहों और समुदायों के लिए अलग-अलग अधिकारों का प्रावधान मौजूद है, यानी संविधान में एक से ज्यादा तरह की नागरिकता का प्रावधान है। अधिकारों में भी भेद हैं, पर इसके बावजूद यह देखना जरूरी है कि समुदाय विशेष के अधिकारों और सार्वभौम अधिकारों के बीच किस तरह का सूत्र है। इस बात का

सावधानी से विश्लेषण करना होगा कि क्या समूहगत अधिकार सार्वभौम अधिकारों के उपभोग का रास्ता खोलते हैं या उसे बाधित करते हैं? पश्चिम में नागरिकता का सिलसिलेवार विकास अधिकारों की तितरफा गति के संदर्भ में हुआ था। शुरुआत नागरिक अधिकारों से हुई जिन्हें सबसे पहले मान्यता मिली, और फिर धीरे-धीरे राजनीतिक अधिकारों के विस्तार की तरफ कदम बढ़े, जिसकी चरम परिणति करीब दो सौ साल बाद सार्विक मताधिकार में हो पाई। जनता ने नार्गरिक और राजनीतिक अधिकारों का इस्तेमाल न्यूनतम आय और सेवाओं की गारंटी करने वाले 'सामाजिक' अधिकारों की दावेदारी के लिए किया जिसके परिणामस्वरूप लोकोपकारी प्रावधान किए गए। ये तीनों निजी अधिकार बड़े पेचीदा तरीके से परस्पर जुड़े हुए हैं और एक-दूसरे को उन्नत करते हैं, एक-दूसरे का मार्ग प्रशस्त करते हैं और एक-दूसरे को संयमित करते हैं। लेकिन, सम्पत्ति के अधिकार के सवाल पर तनाव और अंतर्विरोध मौजूद हैं। व्यक्तिगत अधिकारों की प्रवृत्ति अगर अपने विस्तार और अधिक सार्थक दावेदारियों की तरफ है, तो सम्पत्ति संबंधी अधिकार की आंतरिक गतिशीलता विस्तार को रोकने के पक्ष में है। यहाँ तक कि इस प्रवृत्ति के कारण कभी-कभी व्यक्तिगत अधिकार भी पीछे धकेल दिए जाते हैं। सम्पत्ति के अधिकार की आंतरिक दिशा अन्य व्यक्तिगत अधिकारों के विपरीत है। अन्य सभी अधिकार सामाजिक और राजनीतिक जीवन को खोलते हुए उसे बेहतर जवाबदेही की तरफ ले जाते हैं। लेकिन, सम्पत्ति के अधिकार को आर्थिक रूप से मूर्तिमान करने वाली व्यावसायिक कंपनियाँ और कारपोरेशन व्यक्तिगत अधिकारों को सीमित करने की कोशिश करते हैं ताकि सार्वजनिक जवाबदेही से बचा जा सके। उनके लिए मुनाफा जवाबदेही के ऊपर प्राथमिकता प्राप्त कर लेता है। कारपोरेशनों को गारंटी करनी पड़ती है कि नागरिक और राजनीतिक अधिकारों का उपभोग और नागरिकों की सामाजिक दावेदारी बड़े पैमाने पर बेशी मूल्य के विनियोग में बाधक न बन पाए। पूँजीवादी सम्पत्ति में अंतर्निहित इन अर्तर्विरोधों ने एकतरफ पश्चिम में लोकोपकारी राज्य के विघटन का दबाव पैदा किया, और दूसरी तरफ तीसरी दुनिया की अर्थव्यवस्थाओं को अपना जबरन भूमंडलीकरण करने की तरफ धकेला। सम्पत्ति के इस अधिकार को छोड़ कर अन्य सभी अधिकारों का सहअस्तित्व न केवल संभव है, बल्कि वे अक्सर साथ-साथ रहते भी हैं। भले ही उनमें पूरी संगति न रह पाती हो, पर उनका आपसी टकराव तालमेल की संभावनाओं से युक्त रहता है।

भारत में व्यक्तिगत सार्वभौम अधिकारों की समस्या दूसरे किस्म की है।

आजादी मिलने के साथ ही नागरिक और राजनीतिक अधिकार सभी व्यक्तियों को प्रदान कर दिए गए थे। यहाँ सवाल उनके विस्तार का नहीं है, बल्कि लड़ाई यह है कि बेतहाशा गरीबी, निरक्षरता और सामाजिक पिछड़ेपन के हालात में उनका बेहतर से बेहतर उपभोग कैसे किया जाए। संविधान में न्यूनतम आय, स्वास्थ्य अथवा शिक्षा आदि की गारंटी देने वाले किसी सामाजिक अधिकार का कोई प्रावधान नहीं है। भारत में समस्या तो व्यक्तिगत और समूहगत अधिकारों के बीच संबंधों के बारे में स्पष्टता की कमी की है। ये उलझनें हल करने के तौर-तरीके भी हमारे पास नहीं हैं। इन अधिकारों के बीच अक्सर टकराव होता रहता है। जब निजी दावे सामुदायिक प्राथमिकताओं के अंतर्विरोध में चले जाते हैं, तो व्यक्तिगत स्तर पर लोगों को बेहद खराब नतीजे झेलने पड़ते हैं।

समुदाय आधारित राजनीति ने जनता को दो तरह से अधिकार संपन्न किया है। भारतीय लोकतंत्र के शुरुआती दशकों में कुछ कमजोर समुदायों को वोट डालने ही नहीं दिया जाता था। राजपूतों जैसी ऊँची जातियाँ और जाट जैसी मँझोली जातियाँ उनके नाम पर फर्जी वोटिंग करती थीं। लेकिन, सबलीकरण की अभिव्यक्ति के रूप में दलित राजनीति ने पहली बार कमजोर समुदायों को उनकी अपनी पसंद के अनुसार वोट देने का मौका प्रदान किया। दूसरे, सबलीकरण के चलते ही कमजोर वर्ग अब संरक्षण के उन नेटवर्कों के मोहताज नहीं रह गए जिनके तहत उन्हें उस समय तक अपने उम्मीदवार खड़े करने का अवसर नहीं मिलता था जब तक वे प्रभुत्वशाली समूहों के पाले में जाने के लिए अथवा उनकी पसंद के मुताबिक वोट देने के लिए तैयार न हो जाएँ। ऐसे नेटवर्क अगर पूरी तरह खत्म नहीं हुए हैं, तो काफी कमजोर अवश्य हो गए हैं। वास्तविक मताधिकार से संपन्न होने और साथ में सबलीकरण की यह प्रक्रिया किसी एक इलाके तक सीमित न हो कर सारे देश में फैली हुई है। इन अर्थों में कहा जा सकता है कि समुदाय आधारित राजनीति ने लोकतंत्र के विस्तार में महत्त्वपूर्ण भूमिका निभाई है। कम से कम इस दायरे में तो अब नागरिकता के अधिकारों का बेहतर उपभोग हो पा रहा है। यहाँ ध्यान रखने वाली बात यह है कि सामुदायिक राजनीति के एक अन्य रूप हिंदुत्व की भूमिका इस संदर्भ में सकारात्मक नहीं है। अन्य धार्मिक संप्रदायों पर हिंदुओं के प्रभुत्व के लिए संघर्ष कर रही यह सामुदायिक राजनीति उन लोगों के अधिकारवंचन के पक्ष में है जिनकी राष्ट्र के प्रति वफादारी वह संदिग्ध समझती है। हिंदुत्व का दाँव यह है कि वह गैर-हिंदू संप्रदायों को वोट डालने से रोकने के बजाय किसी न किसी प्रकार राजनीति में उनकी आवाज बंद कर देना चाहता है। उसकी तरफ से मुसलमानों को

अक्सर राष्ट्र विरोधी बताया जाता रहता है। १९९८ में भाजपा के सत्ता में आने के बाद से ईसाइयों को भी उनकी मिशनरी गतिविधियों के संदर्भ में शक के दायरे में लाया जा रहा है।

लेकिन, इस प्रक्रिया का एक दूसरा पक्ष भी है जो मसले को पेचीदा बना देता है। अपनी संस्कृति और आस्था को लेकर चल रहे ये समुदाय अपने लिए समूहगत अधिकारों की माँग करते हैं, लेकिन अगर कोई व्यक्ति उन्हें सामुदायिक अधिकारों के खिलाफ जाता हुआ दिखता है या समुदाय की अस्मिता के लिए अभिन्न समझे जाने वाले किसी सांस्कृतिक पहलू अथवा नैतिक संहिता को चुनौती देता हुआ दिखता है तो फिर वे उस व्यक्ति को कई तरह के अधिकारों से वंचित कर देते हैं। समुदाय की इज्जत के नाम पर व्यक्तियों के साथ क्रूरता का व्यवहार करने की मिसालें अनगिनत हैं। चाहे समुदायगत मानकों के खिलाफ जा कर अपनी पसंद से शादी करने का सवाल हो, कुछ खास तरह के कर्मकांडों का प्रश्न हो, कुछ विवादास्पद मुद्दों पर अलग राय रखने का अधिकार हो या फिर पोशाक पहनने का तरीका ही हो, समुदाय की सत्ता बड़ी बेरहमी से व्यक्ति का दमन करती है। सामूहिक शख्सियत के रूप में ये समुदाय पूरी ताकत से व्यक्ति के निजी व्यवहार और नैतिकता पर लगाम कसते हैं। चाहे कोई धर्म हो, या कोई जाति हो, भारत में ऐसा कोई भी समुदाय नहीं है जिसमें लैंगिक समता की धारणा उसूलन ही मानी जाती हो। दुनिया भर के सभी समाजों में बड़ी सफाई से लैंगिक भेदभाव के हथकंडे अपनाए जाते हैं, पर लैंगिक समता का समुदायगत अस्वीकार उससे अलग किस्म का है। समुदाय स्त्री को किसी भी किस्म की पहलकदमी की गुंजाइश नहीं देते। स्त्रियाँ अपने समय अथवा काम को अपने हिसाब से विनियमित करने के लिए स्वतंत्र नहीं होतीं, अपनी देह या सेक्सुअलिटी पर उनके नियंत्रण की बात तो छोड़ ही दीजिए। समाज में लोकतांत्रिक सिद्धांतों और समतामूलक मूल्यों के विस्तार के साथ ही स्त्रियाँ निजी तौर से और अपने संगठनों के जरिए व्यक्तिगत (नागरिक और राजनीतिक) अधिकारों की माँग बड़े पैमाने पर उठा रही हैं। इन अधिकारों का उपभोग भी बढ़ रहा है। इसके जवाब में सामूहिक शख्सियतों के रूप में समुदायों की तरफ से उनके खिलाफ बेहद आक्रामक रवैया अपनाया जा रहा है। कुछ मामले तो इस हद तक चले गए हैं कि जाति पंचायतों ने सामुदायिक रीति-रिवाजों के उल्लंघन का बदला लेने के लिए स्त्री को सामूहिक बलात्कार का दंड तक दिया है। यही कारण है कि अधिकतर स्त्री संगठन समूहगत अधिकारों को शक की निगाह से देखते हैं। लेकिन, समुदायगत अधिकारों के इस नकारात्मक पहलू के नाम पर किसी समूह

को अधिकारों से वंचित करना भी उचित नहीं माना जा सकता।

हमें ध्यान रखना होगा कि उन्नीसवीं सदी के उत्तरार्ध से ही अधिकारों का अधिकतर विस्तार सामूहिक दायरों में ही हुआ है। उदाहरण के लिए ट्रेड यूनियन के अधिकारों को लिया जा सकता है जिसके तहत मजदूर समूह के रूप में हड़ताल पर जा सकते हैं जबकि अगर कोई मजदूर व्यक्तिगत रूप से ऐसा करता है तो उसे छुट्टी या काम से गैरहाजिरी समझा जाता है। इसी तरह अगर धरना देने का अधिकार अगर सामूहिक रूप से इस्तेमाल न किया जाए तो उसे गुंडागर्दी या शांतिपूर्ण आवागमन में बाधा डालना समझा जाएगा। लोकोपकारी अधिकारों के विपरीत आरक्षण या विशेष अवसरों के अधिकार का उपभोग भी तभी हो सकता है जब कोई व्यक्ति किसी समुदाय में पैदा हुआ हो। जाहिर है कि मौजूदा हालात में लोकतंत्र के सार्थक विस्तार के लिए मुहैया कराए गए समूहगत अधिकारों के सिलसिले में लोकतांत्रिक आंदोलन को ऐसे तौर-तरीके खोजने होंगे जिनके माध्यम से समुदायों के भीतर असहमत व्यक्तियों के अधिकारों की रक्षा की जा सके।

राजनीति में सामुदायिक ताकत खुद का मुजाहिरा बड़े पेचीदा ढंग से करती है। इसलिए इस मामले में कोई फैसला देना आसान नहीं होता। संस्थागत स्तर पर लोकतंत्र को ठीक से चलाने के लिए सामुदायिक ताकत कुछ अधिकारों के उपभोग की गारंटी करती है। लेकिन, साथ ही व्यक्तिगत स्तर पर इनसान की संभावनाओं के पूरे दोहन के लिए जरूरी अधिकारों को सामुदायिक ताकत द्वारा नकारा भी जाता है। लोकतंत्र को चलाने में मदद दे कर सामुदायिक ताकत नागरिक समाज को पुष्ट करने वाली गतिविधियाँ और पहलकदमियाँ मजबूत करती है। लेकिन कई व्यक्तिगत अधिकारों में बाधा डाल कर वह नागरिक समाज की उस स्वायत्तता का क्षय करती है जिसके तहत वह व्यक्ति के अधिकारों के अतिक्रमण को रोकता है। आठवें अध्याय में हम देखेंगे कि नागरिक समाज के संदर्भ में लोकतंत्र का प्रश्न कितना जटिल है। लेकिन, यह भी सही है कि बिना एक जीवंत नागरिक समाज के उस उदारतावादी समाज की कल्पना भी नहीं की जा सकती जो पूँजीवादी सम्पत्ति के अधिकार को मान्यता देता हो। नतीजे के तौर पर भारत में नागरिक समाज का यह विरोधाभास देखा जा सकता है जिसके मुताबिक उसका एक साथ विस्तार भी हो रहा है और क्षरण भी।

६

लोकतंत्र और भारतीय राष्ट्र की रचना

भारत में लोकतंत्र का सबसे जोरदार असर राष्ट्र के प्रति जनसाधारण के नजरिये पर पड़ा है, जिसे धीरे-धीरे ही सही पर लगातार बदलता देखा जा सकता है। इस अध्याय में हम यह समझने की कोशिश करेंगे कि भारत की जनता के लिए भारतीय होने के मायने क्या हैं। क्या तमिलनाडु, महाराष्ट्र, असम और नगालैंड जैसे विभिन्न भागों में रहने वाले लोग भारतीय होने के तात्पर्य के बारे में एकमत हैं?

भारत को देखने की अपरिवर्तनीय और एकाश्म समझ के प्रचलन के बावजूद काफी अरसे से लोगों के मानस में भारतीयता की विविध छवियाँ बन रही हैं। १९९६ के संसदीय चुनाव के बाद तो कहा ही जा सकता है कि इस देश में रहने वाली तरह-तरह की जनता भारत की कल्पना भी तरह-तरह से करती है। अब भारत को देखने की दृष्टि केवल एक ही सुविधाजनक जगह मुकाम यानी केवल संविधान के, केवल नयी दिल्ली के या फिर केवल अभिजनों के पसंदीदा मुकाम से ही नहीं बनती। राष्ट्र की नेहरूवादी समझ में एक तरह का सपाटपन था, एक तरह की खामी थी, लेकिन प्रभुत्वशाली अभिजन उसका समर्थन करते थे। आज इस समझ में निहित भारत की

एकाश्म धारणा विभिन्न भाषाई-सांस्कृतिक क्षेत्रों की जनता द्वारा खारिज कर दी गई है। इस सेकुलर नेहरूवादी मॉडल को एक दूसरे किस्म की चुनौती सांप्रदायिक और बहिष्कारवादी धारणा की तरफ से भी मिल रही है। इसके पैरोकार हिंदुत्ववादी हैं जिनकी भारत संबंधी समझ विनाशकारी है। उनका भारत सांस्कृतिक रूप से एकाश्म और सीमित तात्पर्यों वाला है। इस समझ के समर्थकों की संख्या खासी है, पर भारतीय जनता के बहुत बड़े-बड़े हिस्से इसका अनुमोदन नहीं करते।

राष्ट्रीय जनतांत्रिक गठबंधन (राजग) की हुकूमत करीब छः साल तक रह चुकी है, और राष्ट्रीय एकजुटता के लिए सत्ता के केंद्रीकरण में यकीन करने वाली भारतीय जनता पार्टी इस गठजोड़ की प्रमुख घटक है। इसके बावजूद देश के विभिन्न कोनों से भारतीय होने के मायने अलग-अलग तरीके से व्यक्त होते रहे हैं। इससे समझा जा सकता है कि हमारे राजनीतिक जीवन और व्यवस्था में चल रही कुछ धाराएँ कितनी ताकतवर हैं और किस तरह धीमी गति से पर लगातार समाज में अपनी जड़ जमाती जा रही हैं। ध्यान रहे कि भाजपा भारत को 'हिंदी, हिंदू, हिंदुस्तान' की दृष्टि से देखती है और उसका हिंदुस्तान विंध्याचल के इधर का भारत ही है जिसे वह 'हिंदू संस्कृति' का प्रामाणिक रूप मानती है।

भारत को देखने की वैकल्पिक दृष्टियाँ कोई ठोक-पीट कर बनाए गए नजरियों पर आधारित नहीं हैं, बल्कि उनके पीछे पिछले पचास साल में विकसित हुआ भारतीय जनता की महान 'विविधता' का अनुभव है। उनके पीछे जनता की आकांक्षाएँ और विफलताएँ हैं, उनके पीछे उम्मीदें और हताशाएँ हैं। जाहिर है कि पश्चिम बंगाल और मणिपुर के लोगों के अनुभव या फिर आंध्र प्रदेश और सिक्किम के लोगों के अनुभव 'हिंदी-हिंदुस्तान' पट्टी से अलग किस्म के हैं। लोगों के मानस में भारत की छवियों के अलग-अलग रंग देखे जा सकते हैं। पहले वाली सपाट समझ अब नए सोच के तहत तनावग्रस्त हो गई है। विभिन्न क्षेत्रों में अक्सर दलितों, पिछड़े वर्गों, स्त्रियों और अन्य धार्मिक समूहों के बीच जबरदस्त आलोड़न दिखाई देता है। भारत को देखने की पुरानी ब्राह्मणवादी, संस्कृतनिष्ठ दृष्टि पर सवालिया निशान लगाए जा रहे हैं। जम्मू और कश्मीर तथा उत्तर-पूर्व के कुछ इलाकों में गंभीर अशांति होने के बावजूद अब इस हकीकत को पहले से ज्यादा स्वीकार किया जा रहा है कि भारत एक विलक्षण संरचना वाला राष्ट्र है। उसे किसी अन्य देश, मसलन स्पेन या बांग्लादेश या मिस्र जैसा नहीं समझा जा सकता। दक्षिणपंथी उग्र हिंदूवादियों द्वारा व्यक्त अंदेशों के बावजूद खास बात यह है कि राष्ट्रीय एकता मजबूत करने में भारतीय विविधताओं की भूमिका अब स्वीकार की जाने लगी है।

जाहिर है कि वामपंथियों और अन्य रेडिकल लोकतांत्रिक धाराओं की यह दावेदारी सही साबित हो गई है जिसके मुताबिक वे मानते थे कि भारत विभिन्न भाषाई-सांस्कृतिक समूहों का एक स्वैच्छिक संघ ही हो सकता है। इन समूहों को शासक वर्ग अपनी हुकूमत की जरूरतें पूरी करने के इरादे से जोर-जबरदस्ती और मनमाने ढंग से एक राष्ट्र के खाँचे में नहीं ठूँस सकता। भारत विविधताओं का, तरह-तरह के इतिहासों का और इसीलिए तरह-तरह की स्मृतियों का देश है जिनके सहारे लोग अपने राष्ट्रीय होने का तात्पर्य अलग-अलग ग्रहण करते हैं। इसी विविधता के कारण भारतीय होने की कोई एकल समझ नहीं हो सकती। शर्त यह है कि इन विविधताओं को लोकतांत्रिक अभिव्यक्ति का मौका मिले। यही कारण है कि देश में एकता और अनेकता का एक ऐसा समीकरण उभर रहा है, जिसके तहत जब अनेकता को पानी मिलता है तो उससे एकता सघन होते हुए दिखती है। विभाजन के दुष्प्रभावों के कारण विविधता के दावों पर राष्ट्रविरोधी होने का खतरा मँडराता रहता था। संतोष की बात है कि यह अंदेशा अब बेअसर होता जा रहा है। राष्ट्रीय एकता के लिए खतरे के स्रोत विविधता और उसकी विभिन्न अभिव्यक्तियाँ न हो कर भाजपा के उन प्रयासों में निहित हैं जिनके तहत राष्ट्र की विनाशकारी परिभाषा और उससे निकलने वाला मरणोन्मुख राष्ट्रवाद लोगों पर थोपा जाता है। भाजपा की राजनीति भारत में राष्ट्रवादी भावनाओं के लोकतंत्रीकरण को पुष्ट करने वाले महान अनुभव को बेअसर करने की है। जबकि जरूरत इस बात की है कि इस अनुभव को समझा जाए, उसका प्रामाणिक रूप से अनुमोदन किया जाए और उसे धरती पर उतारने के प्रयास किए जाएँ।

पिछले पचास सालों में धीरे-धीरे राष्ट्र की एकल परिभाषा का विघटन हुआ है। लेकिन, भारतीय यथार्थ के इस पहलू को पहचानने और व्याख्यायित करने में कुछ कमी रह गई है। जनता की प्राथमिकताओं की लोकतांत्रिक अभिव्यक्ति ने राष्ट्र की एकल परिभाषा का अतिक्रमण कर दिया है। हालाँकि भारतीय विविधता और विभेदों पर एक इकतरफा और संकीर्ण किस्म की डिजाइन थोपने की कोशिशें की गईं, पर इस विघटन को रोका नहीं जा सका। मेरी मान्यता है कि इसके पीछे राष्ट्रीय आंदोलन में चलने वाली एक अंतर्धारा की भूमिका है जिसे अभी तक मान्यता नहीं दी गई है। अगर हम भारतीय राष्ट्रवाद के संघीय आवेग को पूरी तरह खिलने का मौका देना चाहते हैं, तो इस अंतर्धारा को मान्यता देनी पड़ेगी।

१९९६ के संसदीय चुनावों के बाद हुए घटनाक्रम ने भारतीय राष्ट्र और विभिन्न भाषाई-सांस्कृतिक समुदायों के बीच के संबंधों को बहुत बड़े पैमाने पर बदल दिया

है। इन्हीं समुदायों से भारत के कई राज्य बनते हैं। इससे पहले स्थिति यह थी कि क्षेत्रीय दावेदारियाँ क्षेत्रों को भारतीय संघ के मुकाबले खड़ा कर देती थीं। साठ के दशक के बाद से ही राष्ट्रीय एकता पर मँडरा रहे क्षेत्रीयतावाद के खतरे पर काफी बहस होती रही है। जनता की स्मृति में यह भी दर्ज है कि क्षेत्रीय पार्टियों द्वारा बनायी गई सरकारें किस तरह अक्सर केंद्र द्वारा भंग कर दी जाती थीं। उस समय क्षेत्रीय दावेदारी का मतलब राष्ट्रत्व की परिभाषा और अखंडता पर प्रश्न चिह्न लगाना ही समझा जाता था।

तब से अब तक हालात में तेजी से तब्दीलियाँ हुई हैं। सामान्य तौर पर देखें तो राष्ट्रीय और क्षेत्रीय पार्टियों के बीच वोटों के बँटवारे में ये परिवर्तन सबसे ज्यादा दिखाई देते हैं। १९७१ में राष्ट्रीय दलों को मिलने वाले वोटों का प्रतिशत ७१ था। १९६७ के चुनाव को क्षेत्रीय दावेदारी का पहला बड़ा मुकाम माना जाता है, पर उस चुनाव में भी राष्ट्रीय दलों को खासे ज्यादा यानी ७६ फीसदी वोट मिले थे। १९८० तक यह आँकड़ा बढ़ते-बढ़ते ८५ फीसदी तक पहुँच गया। १९८४ और १९९१ के बीच यह आँकड़ा ७८ और ८१ फीसदी के बीच इधर-उधर होता रहा। दिलचस्पी की बात यह है कि १९९६ में यह आँकड़ा १२ फीसदी गिर कर ६९ पर आ गया। ज्यादातर राजनीतिक प्रेक्षकों और कार्यकर्ताओं का ख्याल है कि राष्ट्रीय पार्टियों के वोटों में आने वाली इस गिरावट का रुझान अब पलटेगा नहीं। फिलहाल स्थिति यह है कि इसके पलटने की भविष्यवाणी नहीं की जा सकती। तब और अब में सबसे महत्त्वपूर्ण फर्क यह है कि न केवल क्षेत्रीय अस्मिताओं की दावेदारियाँ कई गुना बढ़ गई हैं, बल्कि उन्हें अब 'राष्ट्रीय' के खिलाफ न समझ कर उसका अंग माना जाता है। लगता है कि जैसे एक ही झटके में राष्ट्रीय और क्षेत्रीय का शत्रुतापूर्ण संबंध हवा हो गया हो। यह परिवर्तन राजनीति के स्तर पर भी देखा जा सकता है, और भारतीय राष्ट्र को परिभाषित करने के स्तर पर भी इसका प्रभाव साफ है। हालाँकि इन दो आयामों की अभिव्यक्ति व्यावहारिक राजनीति में एक-दूसरे से गुँथी हुई है, पर विश्लेषण के स्तर पर उन्हें अलग-अलग देखना कठिन नहीं है।

आइए, अब देखें कि शासन के संचालन और उसके रूप के संदर्भ में राष्ट्रीय और क्षेत्रीय की संरचना कैसे होती है। १९९६ के चुनाव के बाद केंद्र में बनने वाली सरकार को राष्ट्र और विभिन्न क्षेत्रों के *सह-शासन* की संज्ञा दी जा सकती है। इसे परंपरागत राजनीतिक गठजोड़ के खाँचे में नहीं फिट किया जा सकता। इसमें क्षेत्रीय ताकतें केंद्र की रचना में सीधे-सीधे घटक की भूमिका निभा रही हैं, न कि विरोधी की। संघ की शक्ति भी उन राजनीतिक संरचनाओं के आधार पर बन रही है जो

केवल क्षेत्रों की नुमाइंदगी करती हैं। राजनीतिक दल 'सहकारी संघवाद' के बारे में चर्चा करते रहे हैं, पर यहाँ जो हो रहा है वह तो 'सह-संघीय शासन' है। सवाल यह है कि केंद्र राज्य आधारित पार्टियों से क्या चाहता है? दरअसल, वह 'राष्ट्र' के मुकाबले अपनी शक्ति को प्रभावी बनाने के लिए उनकी तरफ देखता है। क्षेत्रीय ताकतों का एक गठजोड़ मिल कर उसी तरह केंद्र की रचना कर देता है जिस तरह राष्ट्रीय पार्टियाँ कर सकती हैं। १९९६ के बाद से हुए गठबंधन इसी परिघटना की अभिव्यक्तियाँ हैं। राजनीतिक दलों के जरिए इस प्रकार राष्ट्र और क्षेत्रों का यह समेकन व्यक्त होता है।

१९९६ में जब सर्वेक्षण के दौरान लोगों से पूछा गया कि वे केंद्र सरकार के कामकाज को ले कर चिंतित हैं, या राज्य सरकारों के प्रति, तो २१ फीसदी लोगों ने जवाब दिया कि वे दोनों के प्रति चिंतित हैं। १९७१ में केवल १४ फीसदी लोग ही दोनों की चिंता करते पाए गए थे। इसी तरह १९९६ में राज्य सरकारों के कामकाज से १९७१ के १९ फीसदी के मुकाबले २३ फीसदी लोग सरोकार रखते पाए गए। इसके उलट जहाँ तक केवल केंद्र सरकार के कामकाज से सरोकार रखने वालों के प्रतिशत का सवाल है, १९७१ के २१ फीसदी के मुकाबले ऐसे लोगों की संख्या गिर कर सिर्फ ११ फीसदी रह गई। १९९६ में सरकार के कामकाज के प्रति विश्वास में दिखी कमी के मुताबिक ही करीब ४० फीसदी लोगों को न तो केंद्र सरकार में दिलचस्पी थी, न ही राज्य सरकारों में। १९७१ में सरकार के प्रति लोगों की उदासीनता दिखाने वाला यह आँकड़ा काफी कम यानी केवल २५ फीसदी था। दिलचस्पी की बात यह है कि १९९६ में केवल ५ फीसदी लोग ऐसे थे जिन्होंने कोई भी राय देने से इनकार किया था, जबकि १९७१ में ऐसे लोगों की संख्या २१ फीसदी थी। इससे पता लगता है कि २५ साल पहले के मुकाबले अब लोग आकलन करने और उसके आधार पर कोई न कोई पक्ष लेने में अधिक सक्षम हो गए हैं। राष्ट्र की रचना के दायरे में सत्ता के संबंधों को समझने के मामले में यहाँ एक बुनियादी परिवर्तन दिखाई पड़ता है। लोकतांत्रिक संघर्षों और विवादों के दौरान चली सीखने की धीमी प्रक्रिया और उसी के मुताबिक लोगों की बनती हुई समझ ने *राष्ट्र को उसकी अपनी विशिष्टताओं का भान करा दिया है*। राष्ट्र की समझ में आ गया है कि वह तरह-तरह की आवाजों, दायरों और पतिनिधित्वों से मिल कर बना है। यह एक जटिल समझ है जो पश्चिमी अनुभव से आँख बंद करके उधार ली गई राष्ट्र की अभिजनवादी समझ के महत्त्व को घटा देती है।

आजादी के बाद के हालात में स्वाधीनता संघर्ष में विकसित हुए राष्ट्रवाद का

तर्क धीरे-धीरे उलट गया। अगर १९४७ से पहले किसी भी बाह्य सत्ता द्वारा भारत पर प्रभुत्व कायम करने, उसे परिभाषित करने और उसका प्रतिनिधित्व करने पर सवालिया निशान लगाना एक न्यायोचित राष्ट्रवादी आग्रह माना जाता था, तो १९४७ के बाद क्षेत्रों ने यही तर्क प्रतिलोम करके केंद्र के खिलाफ इस्तेमाल करना शुरू कर दिया। तमिलनाडु और असम जैसे क्षेत्रों का दावा था कि केंद्र को उन पर प्रभुत्व स्थापित करने और उन्हें परिभाषित करने का कोई हक नहीं है। उनके ख्याल से केंद्र की सत्ता क्षेत्रों के लिए विजातीय थी। कई क्षेत्रों का दावा तो यह था कि वे खुद राष्ट्र जैसी संरचनाएँ हैं। यह एक प्रतिलोम राष्ट्रवादी तर्क था जिसका क्षय १९८९ से शुरू हुआ और १९९६ के संसदीय चुनावों के बाद इसके प्रभाव में गिरावट साफ दिखने लगी। कम से कम फिलहाल स्थिति यह है कि प्रभुत्व के सभी रूप प्रश्नांकित किए जा रहे हैं, पर केंद्र द्वारा प्रभुत्व थोपने से जुड़ी आपत्तियाँ पृष्ठभूमि में चली गई हैं। राष्ट्रीय संबंधों के नए रूपों का महत्त्व हमें इसी घटनाक्रम की रोशनी में ग्रहण करना चाहिए।

दो राजनीतिक पार्टियाँ, कांग्रेस और भाजपा भारतीय राष्ट्रत्व की एकाश्म पर अंतर्विरोधी परिभाषाओं की पैरोकार हैं। वे भारत को एकल नजरिए से ही देखती हैं। उनका यह भी दावा है कि एक राष्ट्र के रूप में भारत का अस्तित्व अत्यंत प्राचीन काल से ही बना हुआ है। कांग्रेस के लिए भारत पश्चिम यूरोपीय मॉडल का राष्ट्र है जिसमें राष्ट्रीयता और राज्य की संस्था एक-दूसरे के पर्याय हैं। अगर प्राचीनता का दावा छोड़ दिया जाए तो कांग्रेस का रवैया फ्रांसीसी क्रांति के बाद उभरे राष्ट्र के सेकुलर संस्करण जैसा है। इसमें अगर कोई रियायत दी गई है तो नेहरू के नाम पर केवल 'विविधता' को लेकर कुछ छूट है, जबकि यूरोप में सभी तरह की विविधताएँ बिना किसी रियायत के समरूपता की बलि चढ़ा दी गई थीं। जहाँ तक भाजपा का सवाल है, भारत हमेशा से ही हिंदू था। उसके लिए राष्ट्र का मतलब है मूल संस्कृति की निरंतरता, और भारत के मामले में यह मूल संस्कृति हिंदू धर्म है। भाजपा के प्रयास को सावरकर के शब्दों में इस प्रकार परिभाषित किया जा सकता है : 'राजनीति का हिंदूकरण करो, और हिंदुओं का फौजीकरण करो।' भाजपा के लिए इसीलिए सेकुलर अपने आप में विजातीय और छद्म है। उसके विचार से विदेशी तत्त्वों, यानी मुसलमानों और ईसाइयों की मौजूदगी और असर के सामने झुकने का नाम ही सेकुलर है।

दरअसल, राष्ट्रवाद के प्रतिलोम तर्क की जड़ में एक जायज शिकायत थी। कई क्षेत्रीयताओं को, भले ही वे राष्ट्र के रूप में हों या न हों, लगता था कि उनके

ऊपर एक संकीर्ण परिभाषा थोप दी गई है। किसी उत्तर-पूर्व में रहने वाले अथवा दक्षिण भारत के निवासी के लिए भारतीय होने का अनुभव उत्तर भारत या हिंदी पट्टी के निवासी के अनुभव की तरह वैध नहीं था। आज यह शिकायत राष्ट्र की दो एकाश्म पर अंतर्विरोधी परिभाषाओं को खामोशी से प्रश्नांकित करने की तरफ चली गई है। इस बहस की प्रकृति अभी भंगुर किस्म की ही है, क्योंकि न तो इसका संस्थानीकरण हुआ है और न ही अवधारणा के स्तर पर इसे सूत्रबद्ध किया गया है। इस प्रक्रिया की एक सचेत सैद्धांतिक व्याख्या करने में देर नहीं की जानी चाहिए। राष्ट्र को मौजूदा रूप में निरूपित करने का तात्पर्य सैद्धांतिक रूप से ग्रहण करने का प्रयास अभी तक किया ही नहीं गया है।

राष्ट्र को फिर से परिभाषित करने की ताकत स्थानीय आंदोलनों को क्षेत्रीय स्तर की वर्ग शक्तियों से मिलती है। होता यह है कि कभी न कभी अखिल भारतीय इजारेदार पूँजीपति वर्ग क्षेत्रीय वर्ग शक्तियों, जैसे पंजाब के धनी किसान या तमिलनाडु का स्थानीय पूँजीपति वर्ग, के अंतर्विरोध में चला जाता है। साठ से लेकर अस्सी के दशक के बीच हुए क्षेत्रीय आंदोलन राज्य सरकार की ताकत का इस्तेमाल इसी अखिल भारतीय पूँजीपति वर्ग से बेहतर सौदेबाजी के लिए करना चाहते थे। केंद्र और क्षेत्रों के बीच शत्रुभाव की जड़ यहीं थी। चूँकि अब इसी अंतर्विरोध का क्षय हो गया है, इसलिए केंद्र और क्षेत्रों के बीच एक नए तरह के सहयोग-समझौते की भावना मजबूत हुई है। उदारीकरण की नीतियों और ढाँचागत समायोजन कार्यक्रम के परिणामस्वरूप आंध्र प्रदेश और तमिलनाडु की सरकारों का रुझान विदेशी सहयोग-समझौतों की तरफ ज्यादा दिखता है। राज्य सरकारों को अपने लिए राष्ट्रीय बाजार में बड़ा हिस्सा चाहिए और उन्हें निवेशयोग्य संसाधन आसानी से मुहैया होने चाहिए। ऐसे राज्यों का ख्याल है कि ये दोनों जरूरतें विदेशी प्रत्यक्ष निवेश (एफडीआई) के जरिए अपने-आप पूरी हो जाएँगी। क्षेत्रीय आधार वाले पूँजीपति वर्ग का ख्याल है कि वह विदेशी पूँजी के साथ गठजोड़ करके बड़े पूँजीपति वर्ग में विकसित हो सकता है। स्थानाभाव और विषयानुकूलता के लिहाज से हम यहाँ अधिक वर्ग विश्लेषण नहीं कर सकते। इतना कहना ही पर्याप्त होगा कि भारतीय वामपंथियों द्वारा प्रवर्तित 'लोकतांत्रिक' की अवधारणा के दायरे में साम्राज्यवाद विरोधी संघर्ष की ही भाँति इजारेदार पूँजीपति वर्ग के खिलाफ संघर्ष का यह एक महत्त्वपूर्ण आयाम है, लेकिन यह आयाम विदेशी पूँजी के साथ गठजोड़ बनाने की होड़ के कारण कमजोर होता जा रहा है।

साठ और सत्तर के दशक में हुए राज्यों की स्वायत्तता के आंदोलनों में जिन

क्षेत्रीय संरचनाओं ने अगाऊ भूमिका निभाई थी, उनका आधार उन इलाकों में था जिनमें भाजपा की मौजूदगी मामूली थी। भाजपा इन क्षेत्रों में बहुत बड़ी जमीन नहीं तोड़ पाई थी। यही थे वे क्षेत्र जो सर्वभारतीय राष्ट्रवाद के तर्क को इस आधार पर उलटे दे रहे थे कि केंद्र को अपना प्रभुत्व थोपने का अधिकार नहीं है। क्षेत्रीयता का यह बोध और यह दावा कि उसे कुछ विशेष सुविधाएँ और रियायतें मिलनी ही चाहिए, भाजपा की राष्ट्रत्व संबंधी समझ में फिट नहीं बैठ सकता था।

इस बात पर भी विचार करने की जरूरत है कि भाजपा का राष्ट्रवाद या राष्ट्र की उसकी अवधारणा कुछ खास क्षेत्रों की जनता को ही क्यों पसंद आती है। भारत को अनिवार्यतः एक हिंदू राष्ट्र मानने के अलावा बीस के दशक में सावरकर के जमाने से ही यह विचार राष्ट्रीय जीवन में मुसलमानों की उपस्थिति संदिग्ध मानता रहा है। उग्रवादी हिंदू दक्षिणपंथ के सभी सांगठनिक संस्करणों में यह पहलू समान रूप से मौजूद है, फिर वह चाहे हिंदू महासभा रही हो, जनसंघ रहा हो, राष्ट्रीय स्वयंसेवक संघ रहा हो या फिर आज की भाजपा हो। यहाँ दलील दी जा सकती है कि मुसलमानों के प्रति अविश्वास और नफरत की भावना केवल उन क्षेत्रों में ही पाई जाती है जहाँ मुसलमान हुकूमत के खिलाफ प्रतिरोध राजनीतिक जीवन की प्रमुख विशेषता रहा हो और उस प्रतिरोध की स्मृति जनमानस में अभी भी दर्ज हो। विभाजन की स्मृतियों समेत ये स्मृतियाँ इन इलाकों के लोगों की सामूहिक चेतना का अंग बन गई होंगी, इसलिए हिंदुत्व की अपील को यहाँ की जनता आसानी के साथ ग्रहण कर लेती होगी।

खास बात यह है कि शिवाजी और राणा प्रताप जैसे हिंदू नायक भी इन्हीं इलाकों की देन हैं। इनकी शख्सियत को बढ़ा-चढ़ा कर हिंदू मानस में दर्ज करने की कारिस्तानी उन्नीसवीं सदी के उत्तरार्ध की देन है जिसमें इतिहास लेखन की बहुत बड़ी भूमिका रही है। इन क्षेत्रों के लोगों के लिए ये नायक ऐतिहासिक किंवदंती बन चुके हैं। ऐसी बात नहीं कि दक्षिणी और पूर्वी भारत में मुसलमानों की हुकूमतें न रही हों। बंगाल में मुसलमानों का शासन था, मैसूर में टीपू सुल्तान की सल्तनत थी, हैदराबाद में निजाम का राज था। देश के इन हिस्सों में भी समय-समय पर मुसलमान हुकूमतों का विरोध होता रहा है। लेकिन, इतिहास में प्रतिरोध की ये घटनाएँ 'मुसलमानों के दमन' के खिलाफ 'हिंदू पराक्रम' की उदाहरणयोग्य घटनाओं के रूप में दर्ज नहीं हैं। इसलिए प्रतिरोध के इन प्रकरणों से कोई किंवदंती नहीं बनती और इनमें से 'आदर्श हिंदू नायक' की कोई छवि नहीं निकलती। इसके उलट पूर्वी और दक्षिणी भारत के सिराजुद्दौला और टीपू सुल्तान जैसे कुछ राजा तो राष्ट्रीय पुनरुत्थान और

उपनिवेशवाद विरोधी पराक्रम के प्रतीक बन गए थे। हिंदू सांप्रदायिकतावादियों की कोशिशों के बावजूद आज भी उनकी छवि वही है। इतिहास के हथियार से 'राष्ट्र के शत्रु' को पराजित करने की यह तरकीब भारत के पश्चिमी और उत्तरी क्षेत्रों में अधिक प्रचलित हुई जिसके आधार पर वहाँ हिंदुत्व का संदेश फैल सका। इन क्षेत्रों में अपनी ताकत बढ़ाते हुए और तरह-तरह की कार्यनीतियाँ अपनाते हुए भाजपा अब देश के अन्य भागों में अपनी चेतना के प्रसार में लगी हुई है। उसने क्षेत्रीय पार्टियों की कांग्रेस विरोधी भावनाओं का लाभ उठा कर उनके साथ गठजोड़ बनाने की नीति अपनाने में भी सफलता दर्ज की है।

भारत को एक खास तरह के सांस्कृतिक आधार वाले राष्ट्र की तरह देखने की समझ देश के विभिन्न क्षेत्रों में एक सी नहीं है। अगर इसके विस्तार का एक चित्र उकेरने की कोशिश की जाए तो हम पाएँगे कि हिंदू भारत का विचार कथित हिंदी प्रदेश से पश्चिम की तरफ यानी गुजरात, महाराष्ट्र और संबंधित सांस्कृतिक पट्टी की तरफ फैलता चला जाता है, और इसके इस प्रसार में कोई गंभीर राजनीतिक रुकावट भी नहीं पड़ती। मसलन, जब १९९६ में सर्वेक्षण के दौरान पूछा गया कि बुनियादी वफादारी किसके साथ होनी चाहिए, क्षेत्र के साथ या राष्ट्र के साथ, तो महाराष्ट्र में केवल ३९ फीसदी और गुजरात में केवल ५६ फीसदी लोगों ने अपनी वफादारी के लिए क्षेत्र का चुनाव किया। लेकिन, दक्षिण की तरफ जाते ही इस उत्तर की प्रकृति बदलते हुए दिखी। वहाँ एक 'अलग राष्ट्रीय पहचान' के लिए ज्यादा आग्रह दिखा। इस मामले में दक्षिण के विभिन्न भाषाई-सांस्कृतिक इलाकों में अलग-अलग प्रतिशत प्राप्त हुआ : केरल में ७९ फीसदी, तमिलनाडु में करीब ७४ फीसदी, कर्नाटक में केवल ५४ फीसदी और आंध्र प्रदेश में ६५ फीसदी। पूर्वी भारत की तरफ जाने पर भारतीय राष्ट्र के प्रति बुनियादी वफादारी पश्चिमी हिस्सों की तरह एकसार नहीं दिखी। वहाँ स्वायत्तता की माँगें मौजूद दिखीं और विभिन्न राष्ट्रीयताओं को मान्यता देने की दबी-दबी सी आवाज सुनाई दी। झारखंड की आदिवासी पट्टी में यह माँग काफी तीखी थी, हालाँकि बंगाल और ओडीशा के आदिवासी इलाकों में इसकी तीव्रता में फर्क था। उत्तर-पूर्व ने एकदम अलग चित्र ही पेश किया। असम में से जनजातीय-सांस्कृतिक संरचनाओं के अलग प्रदेशों के रूप में अलग हो जाने के बाद वहाँ ७८ फीसदी लोग क्षेत्र के साथ ही अपनी बुनियादी वफादारी जोड़ते हुए दिखे। मेघालय जैसी बेहद आदिवासी संरचना के मामले में तो क्षेत्र के साथ निष्ठा ९८ फीसदी तक निकली।

कहने का मतलब यह नहीं है कि विभिन्न पट्टियों के बीच की सीमाएँ साफ तौर

पर अलग-अलग छिकी हुई हैं। क्षेत्र को प्राथमिकता देने के ५३ फीसदी अखिल भारतीय औसत के साथ आँकड़ों का यह उतार-चढ़ाव बड़ा दिलचस्प है। अगर अखिल भारतीय स्तर पर देखें तो पूरे भारत में राष्ट्र को ही अपनी वफादारी का एकमात्र स्रोत मानने की प्राथमिकता केवल २१ फीसदी लोगों ने ही व्यक्त की। असम और तमिलनाडु जैसे बड़े भाषाई-सांस्कृतिक समुदायों में तो यह प्रतिशत केवल ४ फीसदी ही निकला। हालाँकि विभिन्न क्षेत्रीय सीमाओं के बीच आपस में संवाद होता है, पर राष्ट्र से संबंधित समझ हर जगह अलग-अलग है। अगर हम जनता के स्वैच्छिक संघ की स्थायी निर्मिति चाहते हैं तो इस हकीकत को न्यूनतम रूप से स्वीकार करना ही होगा और देश के सभी क्षेत्रों के ऊपर भारत की एकल समझ को थोपने से बाज आना होगा। यह देश इतना विशाल और विविध है कि उसमें भारत की कई अवधारणाएँ रह सकती हैं।

भारत की एकता राष्ट्र की किसी एकाश्म अवधारणा पर निर्भर नहीं है, फिर चाहे वह सेकुलर किस्म की हो या हिंदुत्ववादी। देश के विभिन्न भागों में बहुत बड़े बहुमत ने ऐसी किसी भी एकाश्म अवधारणा को खारिज कर दिया है। १९९६ में बाल ठाकरे ने धमकी दी थी कि अगर भाजपा वोट की लड़ाई में हार गई तो गृह युद्ध छिड़ जाएगा। दरअसल, ऐसा गृह युद्ध केवल तभी छिड़ सकता है जब देश का एक हिस्सा अपना प्रभुत्व कायम करने के लिए दूसरे हिस्से के खिलाफ युद्ध घोषित कर दे।

ये सभी हालात राजनीतिक स्तर पर लोकतंत्र के मसले से जुड़ते हैं। जनता दल के गर्भ से निकली समाजवादी पार्टी और राष्ट्रीय जनता दल जैसी विभिन्न गैर-क्षेत्रीय पार्टियाँ पिछड़ी जातियों को जोड़ने में लगी हुई हैं और इस समय आंतरिक रूप से उतार-चढ़ाव के दौर में हैं। हालाँकि उत्तर भारत में पिछड़े वर्गों की राजनीतिक संरचनाओं ने संघ परिवार के सांस्कृतिक राष्ट्रवाद के खिलाफ जम कर प्रतिरोध किया है, पर वे संसदीय लोकतंत्र के आधार पर चलने वाले शासन को एक स्थिर बुनियाद देने में नाकाम हैं। ये लोग सत्ता प्राप्त करने की जल्दी में हैं। उन्हें लगता है कि खेल के नियमों का उल्लंघन करने और लाइन तोड़ कर आगे बढ़ने से उन्हें अपना मकसद हासिल हो सकता है। उनके बहुत से नेताओं और समर्थकों का सामाजिक व्यक्तित्व 'स्वागतयोग्य नहीं' है। उनकी राजनीतिक व्यवहार-शैली स्थापित मध्यवर्गों को अरुचिकर लगती है। इसीलिए वे इन राजनीतिक संरचनाओं को सरसरी तौर पर खारिज कर देते हैं।

इन राजनीतिक संरचनाओं की अहमियत समझने के लिए जरूरी है कि हम

ऐसे समूहों की व्यष्टिगत राजनीति और उनके समष्टिगत नतीजों के बीच फर्क करना शुरू करें। अर्थात उनके इरादों और शैली को उनके इरादों और नतीजों से अलग करके देखें। लाक्षणिक रूप से ये समूह अरुचिकर लगेंगे, पर उनकी राजनीति ने अंततः लोकतंत्र और सांप्रदायिक भाईचारे की परंपराओं को ही मजबूत किया है। भाईचारे की इन परंपराओं को खिलने का मौका मिलने से ही मुसलमान और ईसाई जैसे अल्पसंख्यक खुद को राष्ट्र का अंग समझ पाते हैं। हिंदुत्ववादियों के फासिस्ट सरीखे हमलों का इन समूहों द्वारा प्रतिरोध करने से भी अल्पसंख्यकों के विश्वास में बढ़ोतरी हुई है।

जरा सोचिए कि उस समय क्या होगा जब भाजपा किसी गठजोड़ या किसी सहयोगी दल की मदद के बिना केवल अपनी ताकत के दम पर ही सत्ता में आ जाएगी और भारतीय राजनीतिक-सामाजिक जीवन पर उसका वर्चस्व जम जाएगा? उस समय किसी के भारतीय होने या न होने का फैसला उसकी धार्मिक आस्था के आधार पर किया जाएगा, जबकि इनसान की कीमत का फैसला गरिमा, आदर और सरोकार जैसे अमूर्त पहलुओं के आधार पर किया जाना चाहिए। लेकिन, धर्म, संस्कृति और निर्धारित इतिहास जैसी कसौटियों का इस्तेमाल करने से विषमता और गंभीर समस्याएँ पैदा होंगी। भाजपा के लिए किसी का हिंदू होना बेहतर मनुष्य होने का दर्जा दिला देगा। मानवीयता का मानक धार्मिक जुड़ाव हो जाएगा। जाहिर है कि भाजपा की बुनियादी परियोजना लोकतंत्र विरोधी है। वह गैर-हिंदू समुदायों को चुप कराना चाहती है। वह एक तर्कहीन, असुरक्षा की भावना से ग्रस्त पगलाई हुई भीड़ की तरह आचरण करने वाले हिंदू समुदाय की रचना करना चाहती है।

इसी जगह भारतीय राष्ट्र की प्रकृति को सिद्धांतबद्ध करने की जरूरत उभरती है। सवाल यह है कि भारत स्वीडन, पुर्तगाल, बांग्लादेश या नेपाल से किन मायनों में अलग है? अगर सतही तौर पर देखें तो भारत सोवियत संघ जैसा लगेगा। लेकिन, जाहिर है कि भारत का विकास-क्रम अलग तरीके से चला है। विभिन्न समूहों को आत्मसात करने की प्रक्रिया और राज्य की रचना प्रक्रिया भिन्न रही है। अगर विभिन्न राष्ट्रीयताओं से मिल कर बने राष्ट्र को गहरे तात्पर्यों से संपन्न करना है तो इन भेदों को स्वीकार करके आपस में जोड़ते हुए इतिहास बोध से युक्त करना होगा। अगर सुविधाजनक शब्दावली में चर्चा करें तो भारत में राष्ट्रीय संबंधों के लोकतांत्रिकीकरण के लिए भी संघर्ष चलाना पड़ेगा। इस संघर्ष का मतलब होगा सभी तरह की राष्ट्रीयताओं को समान समझना, फिर चाहे वे तमिलों और बंगालियों की तरह सुरचित राष्ट्रीय अस्मिताएँ हों या फिर झारखंडियों और नगाओं की तरह

निर्माणाधीन अस्मिताएँ हों। उन्हें समान मानने में उनका आकार, शक्ति या प्रभाव आड़े नहीं आना चाहिए। यह पहले से तय नहीं किया जा सकता कि इस लोकतंत्र का संस्थानीकरण कैसे होगा। इसका जन्म विभिन्न क्षेत्रों में जनता की नुमाइंदगी करने वाले संघर्षों और विवादों से होना चाहिए।

जहाँ तक भारत की विशेष स्थिति का सवाल है, राष्ट्रीय संबंधों के लोकतांत्रिकीकरण की आवश्यकता को इस निगाह से देखने के मामले में अपने अलग-अलग परिप्रेक्ष्यों के बावजूद गाँधी या लेनिन का नजरिया भिन्न नहीं हो सकता।

७

अभिजनों की उलट-प्रतिक्रिया और दक्षिणपंथी रुझान

कमजोर वर्गों के लोकतांत्रिक उभार का सीधा असर राजनीतिक दलों पर पड़ रहा है। कांग्रेस पार्टी के प्रभाव में चौंका देने वाली गिरावट आई है, हालाँकि यह रुझान पलट भी सकता है। बहरहाल, इसके कारण और फलितार्थ इस प्रकार हैं : पहला, उत्तर भारत में समाजवादी पार्टी, राष्ट्रीय जनता दल और बहुजन समाज पार्टी जैसे राज्य आधारित दलों द्वारा पिछड़ों और दलितों के गठजोड़ों की नुमाइंदगी; दूसरा, द्रविड़ मुनेत्र कषगम, तेलुगू देशम पार्टी और अकाली दल जैसी क्षेत्रीय पार्टियों का उभार और उन्हें मिलने वाला कमजोर वर्गों का समर्थन; तीसरा, भाजपा और उससे जुड़े हुए हिंदू संगठनों के प्रभाव में खासी बढ़ोतरी। यद्यपि भाजपा का विकास इतना नहीं हो सका है कि वह अपने दम पर सरकार बना सके, पर उसने समझौते करके, अपने एजेंडे में अवसरवादी फेरबदल करके और क्षेत्रीय दलों के कांग्रेस विरोधी जज्बात का इस्तेमाल करके बड़ी कामयाबी से अपने लिए रास्ता बना लिया है। इसके पीछे नब्बे के दशक में अंग्रेजीदाँ अभिजनों, शासक वर्गों, ऊँची जातियों और वर्गों के बीच बने एक गठजोड़ की भूमिका रही है। इस नए गठजोड़ की पृष्ठभूमि में

जातियों या उनके अभिजनों के बीच बदलते हुए समीकरण देखे जा सकते हैं।

सामाजिक समीकरणों में हुए भीतरी हेरफेर का समकालीन राजनीति पर निर्णायक असर पड़ा है। मंडल सिफारिशें लागू करने की घोषणा और उसके खिलाफ ऊँची जातियों की उग्र प्रतिक्रिया के जमीनी असर की अहमियत से इनकार नहीं किया जा सकता। सामाजिक संतुलन में हुई यह हेरफेर ऊँची जातियों, पिछड़ों और दलितों के बीच संबंधों में हुए स्पष्ट परिवर्तनों का ही द्योतक नहीं था। इस बात का ध्यान रखना भी जरूरी है कि सत्ता और प्रभुत्व के जिन समीकरणों ने जनसाधारण को मातहत स्थिति में डाल रखा था, उनमें पूरे उत्तर भारत में जबरदस्त उथल-पुथल मच गई। देश के उन हिस्सों में भी कहीं भारी और कहीं हलके असर दिखाई पड़े जहाँ इसी तरह के परिवर्तन पहले घटित हो चुके थे। हम पहले ही चर्चा कर चुके हैं कि किस तरह इन परिवर्तनों के कारण अभिजनों अथवा स्थापित मध्यवर्गों की सामाजिक चेतना में एक खास का तरह के विघटन होने लगा।

अन्य समाजों की तरह भारतीय समाजों में भी अभिजनों को बहुत बड़ी प्रतिष्ठा से नवाजा गया है। उपनिवेशवाद विरोधी आंदोलन के दौर से गुजरे अन्य समाजों की भाँति भारत में भी जनसाधारण ने राममोहन राय से लेकर जवाहरलाल नेहरू तक अपने अभिजनों को आगे बढ़ कर हाथों-हाथ लिया। इन अभिजनों की प्रतिष्ठा उनकी क्षमताओं, योग्यताओं और गुणों पर निर्भर थी जिन्हें समाज के लिए हितकारी समझा जाता था। ये अभिजन जनता के साथ राजनीतिक रास्तों की खोज करते हुए राष्ट्रीय विषयवस्तुओं और सामाजिक आवश्यकताओं के संधान में सहभागी थे, और उनकी यह सहभागिता ही उनके रुतबे का आधार थी। जाहिर है कि यह प्रतिष्ठा उन परस्पर हितों और आग्रहों के जरिये हासिल की गई थी जिनमें सभी सामाजिक तबकों का व्यापक साझा था। ये अभिजन एक ऐसी दृष्टि के वाहक थे जो बुनियादी रूप से पूँजावादी होने के बावजूद लोगों की सामाजिक चेतना के रूपांतरण का स्रोत भी थी। ये अभिजन समाज के आमूलचूल रूपांतरण के एजेंडे पर आम सहमति कायम करने में कामयाब रहे थे।

आजाद भारत में यह सहमति सामाजिक-आर्थिक परिवर्तनों के कुछ दशकों के बाद धीरे-धीरे अनदेखे ढंग से टूटती गई। जनसाधारण की उम्मीदें दरकती हुई दिखने लगीं। इसके बाद अभिजनों और जनसाधारण के बीच सूत्र टूटने लगा। भारतीय राज्य को लोग एक नाकाम राज्य की निगाह से देखने लगे। उसकी छवि एक हितकारी राज्य की नहीं रह गई। विश्वास की इस कमी को साठ की दहाई के आखिरी वर्षों में कमजोर और अस्थिर किस्म के चुनावी जनादेशों एवं सत्तर के

दशक में हुए संक्रमण ने भी उभारा। बहरहाल, जनता और अभिजनों के बीच का यह संबंध भंग अस्सी की दहाई के आखिरी वर्षों तक आते-आते पूरी तरह विकसित हो कर राजनीतिक टकराव का मुख्य स्रोत बन गया। यह टकराव पहले की तरह अभिजनों के बीच का भीतरी टकराव नहीं था। यह केवल सत्ता के इस्तेमाल और विकास की कार्यनीति से संबंधित नहीं था। न ही इसका जोर प्रतिनिधित्व के प्रश्न और विकास-नीति पर था। यह टकराव तो प्रतिक्रियावादी अभिजन के उन दाँव-पेचों के कारण था जो कमजोर वर्गों का जन-उभार रोकने के मकसद से आजमाए जा रहे थे। इस समय तक आजादी के बाद प्रचलित रहा राजनीति का सहमतिमूलक मॉडल निष्प्रभावी हो चुका था।

मंडल सिफारिशों के खिलाफ हुए आंदोलन और उनके कार्यान्वयन को रोकने के लिए मचाए गए उत्पात के कारण अभिजनों की बची-खुची प्रतिष्ठा भी जनता की निगाहों में गिर गई। जनसाधारण अब अभिजनों का रुतबा मानने के लिए तैयार नहीं थे। जनता ने अभिजनों को अपना नुमाइंदा मानने से इनकार कर दिया था। जनता जैसे-जैसे अपने सबलीकरण और आत्म-प्रतिनिधित्व के प्रयास कर रही थी, वैसे-वैसे स्थापित मध्यवर्ग मैरिट के हथियार का इस्तेमाल करके उसके ऊपर प्रहार कर रहे थे। ऊपर से देखने में लगता था कि वे अपने लिए न लड़ कर समाज व्यवस्था के मूल्यों, राजनीतिक शिष्टता और स्थिरता के लिए संघर्ष कर रहे हों।

इस प्रक्रिया के गर्भ से दोहरी विच्छिन्नता निकली। मैरिट सामाजिक आवश्यकता से कट कर अलग हो गई, और न्यूनतम समान हित *आत्म-विशेषण* में बदल गया जिसके तहत अभिजन स्वयं अपनी क्षमताओं का खुद ही अनुमोदन करने लगे।[१] होना यह चाहिए था कि इनसान की कीमत और योग्यता परस्पर अपेक्षाओं के सामाजिक विनिमय पर आधारित होती, पर मैरिट की परिभाषा कुछ खास हितों के लिए हड़प ली गई। पूँजीवादी सरोकारों की दुनिया में भी जब मैरिट का दावा किसी बृहत्तर सामाजिक सरोकार से अपना ताल्लुक तोड़ लेता है, तो फिर वह समाज में अपनी हैसियत और विशेष स्थिति की हिफाजत करने के अलावा कुछ नहीं रहता। वह लोकप्रिय माँगों के खिलाफ प्रतिक्रिया में बदल जाता है। अस्सी के दशक के आखिरी सालों से भारत में यही स्थिति चल रही है। स्थापित मध्यवर्गों और अभिजनों ने विशेष सुविधा सम्पन्न वर्ग यानी सामाजिक निरंकुशता का रूप ग्रहण कर लिया है। मंडल के कारण पैदा हुई दरार भूमंडलीकरण से और गहरा गई है। यह विशेष सुविधा सम्पन्न वर्ग नौकरशाही, कारपोरेट दुनिया और मीडिया जैसे अपने गढ़ों में बैठ कर अपनी कार्रवाइयाँ चलाता है। अभिजन अपने इन गढ़ों में कुछ इस

कदर सुरक्षित है कि इसकी मिसाल दुनिया के कई दूसरे समाजों में नहीं मिल सकती।

मंडल सिफारिशों के आंशिक कार्यान्वयन के बाद से ही अभिजन तबके अन्य पार्टियों से दूर हटते हुए भाजपा की तरफ खिसक रहे हैं। अगर यह मान लिया जाए कि उनका यह रुझान बहुत ज्यादा नहीं टिकेगा, तो भी उन्होंने जिस तत्परता के साथ यह समझौता किया है उससे पता लगता है कि विशेष सुविधा सम्पन्न तबके स्वहित रक्षा के लिए किस हद तक दाँव-पेच कर सकते हैं। अपनी वर्ग-रचना से भिन्न भाजपा की सामाजिक संरचना इसीलिए बहुत तेजी से बदली है। दूकानदारों और टुटपुँजियों की पार्टी से आगे बढ़ कर भाजपा शासक वर्गों समेत भारतीय समाज के प्रभुत्वशाली तबकों का प्रतिनिधित्व करने वाली पार्टी बन गई है।

उग्र हिंदुत्व के उभार और भाजपा की अगुआई वाले गठजोड़ के सत्तारूढ़ होने का एक उल्लेखनीय पहलू यह है कि शासक वर्गों और राजसत्ता के सामाजिक आधार के बीच एक नया तालमेल उभर आया है। अगर चुनावी संदर्भ में संसदीय शक्ति को समर्थन का सामाजिक आधार माना जाए और शासक वर्गों की ताकत को उत्पादक शक्तियों (उत्पादन संबंधों से उत्पन्न) के नियंत्रण का पर्याय समझा जाए, तो शासक वर्ग और सत्ता का सामाजिक आधार कभी एक नहीं होगा। पर, नब्बे के दशक से ही एक नए तरह का एकीकरण दिखाई दे रहा है जिसके तहत पूँजीपतियों के वर्ग हितों और समाज की पूँजीवादी आकांक्षाओं के बीच एकता हो गई है और उसे एकल राजनीतिक नेतृत्व के तहत आगे बढ़ाया जा रहा है। इस एकीकरण का देश की राजनीतिक प्रक्रिया पर दीर्घकालीन असर पड़ने वाला है।

पूँजीवाद का विकास होने के कारण समाज में पूँजीवादी आकांक्षाओं का और अधिक प्रसार होता जा रहा है। खास तौर से शहरों और ग्रामों के प्रगतिकांक्षी तबके, आधुनिक पेशों में लगे लोग, वेतनभोगी और अन्य संबंधित समूह इन आकांक्षाओं के वाहक हैं। जहाँ तक नजरिए और सामाजिक प्राथमिकताओं का सवाल है, भारतीय सामाजिक संरचना का एक अहम पहलू मध्यवर्गों और पूँजीपति वर्ग के बीच एक घनिष्ठ संबंध देखा जा सकता है। (इसका केवल एक ही अपवाद दिखता है, और वह है आलोचनात्मक दृष्टि से संपन्न बुद्धिजीवी वर्ग)। वैसे तो यह संबंध शुरू से ही था, पर आजादी के आंदोलन ने इसे और उभार दिया। आजादी के तुरंत बाद लोकतंत्र के लिए अनुकूल हालात बनाने के लिए यह रिश्ता महत्त्वपूर्ण था। समाज में एक स्थायी किस्म के शासक वर्ग की रचना करने के लिए न केवल आर्थिक हितों अथवा हैसियत के संदर्भ में वर्गीय स्थिति का महत्त्व होता है, बल्कि

आकांक्षाओं की अहमियत भी होती है। आकांक्षाओं के घोड़े पर सवार हो कर लोग शासक वर्ग के विश्व-दृष्टिकोण में आत्मसात होते जाते हैं। हालाँकि यह आत्मसातीकरण चौतरफा हुआ है, फिर भी तीन कारणों से यह पूँजीपति वर्ग का वर्चस्व स्थापित नहीं कर पाया। पहली वजह थी भारतीय पूँजीवाद की अर्धविकसित प्रकृति और असंतुलित आर्थिक विकास जिसके कारण आत्मसातीकरण के कारण मिलने वाली सफलता की दर ऊँची नहीं हो पायी। दूसरा कारण यह था कि प्राक्-आधुनिक किस्म की विचारधाराओं के बचे-खुचे रूप अपने विस्तार के कारण समाज के बड़े-बड़े हिस्सों को अपनी ओर खींचते रहे। इन विचारधाराओं को भौतिक खुराक व्यापक पैमाने पर मौजूद जमींदारी प्रथा और तिजारती पूँजी से मिलती रही। तीसरा कारण था पिछड़ों और दलितों के बीच से उभरा नया मध्यवर्ग जिसका आरक्षण के प्रति रवैया स्थापित मध्यवर्गों के विरोध में खड़ा था। इसी वजह से मध्यवर्ग के इन दो हिस्सों के बीच हितों का टकराव खासकर मंडल सिफारिशों के कार्यान्वयन के बाद मुकामी तौर पर बढ़ता चला गया। बहरहाल, इन तीन समस्याओं के बावजूद यह कहा जा सकता है कि *आकांक्षाओं के जरिए आत्मसातीकरण* भारतीय मध्यवर्ग का जानामाना लक्षण है। नव-उदारीकरण की शैली में हो रहे भूमंडलीकरण ने इस पहलू को और उभार दिया है। मंडल के बाद के दौर में समाज के ये तबके भाजपा की तरफ बहुत बड़ी संख्या में गए हैं जिसके कारण उसे अपना प्रसार करने का मौका मिला है।

यह एक जानामाना तथ्य है कि भाजपा का पिछला संस्करण जनसंघ हमेशा से ही ऊँची जातियों का राजनीतिक दल था। जिन तबकों के समर्थन के आधार पर वह खड़ा था, वे द्विजों के थे। खास तौर से बनियों के बीच वह खास तौर से मजबूत था, इसलिए उसे दूकानदारों की पार्टी भी कहा जाता था। प्राक्-पूँजीवादी और दकियानूसी नजरिए की नुमाइंदगी करने वाले छुटभैये पूँजीवादी हित उसकी सांगठनिक रीढ़ का निर्माण करते थे। उसका सामाजिक समर्थन आधार मुख्यतः पिछड़े किस्म के टुटपुँजियों यानी शहरों के कम पढ़े-लिखे और कम आमदनी वाले समूहों से मिल कर बना था। १९७७ में आपात्काल के बाद केंद्र में सत्तारूढ़ हुई पहली गैर-कांग्रेसी सरकार के दौर ने इस बनावट को बदला। समाज के विभिन्न तबकों में जनसंघ को एक हद तक आदर की निगाह से देखा जाने लगा, क्योंकि वह लोकतंत्र की पुनःस्थापना के लिए संघर्ष करने वाले मंच के अंग की तरह काम कर रहा था। मंडल विरोधी आंदोलन के बाद उसके समर्थन आधार में नाटकीय परिवर्तन हुआ जिसमें राम मंदिर के लिए चलाई गई आक्रामक मुहिम का भी बहुत

बड़ी हद तक योगदान था।

मंडल विरोधी आंदोलन के पहले जिन इलाकों में भाजपा की मजबूत उपस्थिति थी, वहाँ उसे द्विजों का जबरदस्त समर्थन मिला और वह ऊँची जातियों की पार्टी बनी रही। लेकिन, अन्य जातियों में भी उसका समर्थन धीरे-धीरे बढ़ा। यह बढ़ोतरी जाति समूहों के भीतर विभिन्न तबकों की आमदनी के स्तर से जुड़ी हुई थी। १९९६ के संसदीय चुनावों के आँकड़े देखने से यह स्पष्ट हो जाता है। १९९८ और १९९९ के चुनावों के आँकड़े कुछ अलग जरूर हैं, पर उनसे इस तस्वीर में कोई खास परिवर्तन नहीं होता। १९९६ में भाजपा ने अकेले चुनाव लड़ा था, और शिव सेना के अलावा उसका कोई और सहयोगी नहीं था। १९९८ और १९९९ के चुनावों में भाजपा ने कई सहयोगी दलों के साथ चुनाव लड़ा। उसके सहयोगियों की संख्या १३ से बढ़ कर २४ हो गई जिनमें से कई पहले सेकुलर मोर्चों के साथ थे। इन चुनावों के आँकड़ों में से भाजपा के आँकड़े अलग करके विश्लेषित किए जा सकते हैं। सांख्यकीय तौर पर यह एक बेहतर कवायद हो सकती है, पर हमारे विश्लेषण के लिए इससे बेहतर तरीका नहीं माना जा सकता। इसका कारण यह है कि सहयोगी दलों का प्रभाव भी वोटरों पर कुल मिला कर असर डालता है, खास तौर से ऐसे वोटरों पर जिनकी सीमाएँ अन्य दलों से मिली-जुली होती हैं। इसलिए हम केवल १९९६ के आँकड़ों की ही जाँच करेंगे, क्योंकि उनसे भाजपा के अन्यत्र कारणों से अप्रभावित समर्थन आधार का पता लगता है।

सबसे पहले दलितों पर नजर डालने से एक खास बात पता लगती है। सबसे ज्यादा गरीब और सर्वाधिक उत्पीड़ित तबके के रूप में दलितों का समर्थन भाजपा को सबसे कम मिलता दिखाई देता है। बेहद गरीब दलितों में से केवल १०.७ फीसदी ने ही भाजपा को वोट दिया, लेकिन गरीब दलितों में भाजपा का हिस्सा बढ़ कर १९ फीसदी पहुँच गया। दलितों के मँझोले तबकों में यह प्रतिशत बढ़ कर २५.३ प्रतिशत हो गया और पैसे वाले मुट्ठी भर दलितों में भाजपा का समर्थन आधार ४०.८ हो गया। (यहाँ पर अंदाजा लगाया जा सकता है कि दलितों में धनी समझे जा सकने वाले लोग वेतनभोगी ही होंगे, क्योंकि उनके बीच देहाती अमीर या पूँजीपति शायद ही कोई हो।) एक दूसरा अत्यंत उत्पीड़ित समूह आदिवासियों का है जिसके बेहद गरीब हिस्सों के १९ फीसदी, गरीब हिस्सों के २५.२ फीसदी, मँझोले तबकों के २४.७ फीसदी और मुट्ठीभर अपेक्षाकृत धनी हिस्सों के ४३.५ फीसदी वोट भाजपा के हिस्से में जाते दिखाई देते हैं। आमदनी का स्तर न केवल सामाजिक स्थिति का सूचक होता है, बल्कि उन आकांक्षाओं की तरफ भी इशारा करता है जो आमदनी

के कारण पैदा होती हैं। नोट करने काबिल बात यह है कि कमजोर और वंचित समूहों के बीच भी खुशहाली का स्तर लोगों की राजनीतिक प्राथमिकताएँ निर्धारित करता है।

अन्य जाति समूहों पर नजर डालने पर भी ऐसा ही नजारा न केवल सामने आता है, बल्कि और साफ हो जाता है : बेहद गरीब पिछड़ों के २३.७ फीसदी वोट और गरीब पिछड़ों के २६.७ फीसदी वोट भाजपा को जाते हुए दिखते हैं। मँझोले स्तर पर पहुँचते-पहुँचते यह प्रतिशत बढ़ कर ३०.६ और अमीर पिछड़ों के बीच ३४.९ तक हो जाता है। ऊँची जातियों के मामले में तो यही नजारा छाया हुआ है। गरीब सवर्णों में केवल २९.२ फीसदी लोग ही भाजपा को वोट देते हुए दिखते हैं। यहाँ यह उल्लेख करना जरूरी है कि भाजपा ऊँची जातियों की पार्टी जरूर है, पर जाति मतदान की प्राथमिकता उस हद तक तय नहीं करती जितनी आम तौर से मानी जाती है। भाजपा को गरीब सवर्ण ४५ फीसदी, मँझोली आमदनी वाले सवर्ण ४९ फीसदी और धनी सवर्ण ५७.२ फीसदी वोट करते हुए दिखते हैं।

ये आँकड़े सारे भारत के मतदान को जोड़ कर निकाले गए हैं। अलग-अलग राज्यों के हिसाब से इन आँकड़ों में बहुत ऊँच-नीच दिखाई पड़ेगा। जिन क्षेत्रों में भाजपा पारंपरिक रूप से मजबूत रही है और जहाँ मंडल विरोधी आंदोलन बहुत तीव्र था, वहाँ ऊँची जातियाँ भाजपा के पक्ष में बहुत ज्यादा झुकी हुई दिखती हैं। ये इलाके वे हैं जहाँ स्थापित मध्यवर्ग अपनी विशेष सुविधाएँ कायम रखने की जबरदस्त जद्दोजहद में लगे हुए हैं। अगर विभिन्न जातियों में भाजपा को मिलने वाले वोटों की तुलना हम शिक्षा के स्तर के लिहाज से करें तो यही तस्वीर उभरेगी, क्योंकि भारतीय समाज में अच्छी आर्थिक हालत और शिक्षा के बेहतर स्तर के बीच सीधा ताल्लुक है।

लेकिन, अगर इस मामले में अगर कोई अपवाद है तो वे हैं मुसलमान। वे भाजपा को किसी भी स्तर पर ज्यादा वोट देते नहीं दिखाई देते। बहुत गरीब मुसलमानों में भाजपा के लिए केवल दो फीसदी, गरीबों में २.९ फीसदी, मँझोले स्तर के मुसलमानों में ३.८ फीसदी और अमीर मुसलमानों में केवल २.१ फीसदी वोट पड़े। जाहिर है कि इस पार्टी का मुसलमान विरोधी उग्र राष्ट्रवाद इन वोटरों को उसकी तरफ जाने से रोकता है।

नब्बे के दशक में भाजपा का जबरदस्त विकास हुआ। मुसलमानों और ईसाइयों को छोड़ कर यह पार्टी सभी जातियों और समुदायों में बढ़ी। अगर समग्र आँकड़ों पर गौर किया जाए तो साफ हो जाता है कि भाजपा का विकास कहाँ और

कैसे हुआ। आँकड़े दिखाते हैं कि भाजपा को मिलने वाली प्राथमिकता केवल ऊँची जातियों तक ही सीमित नहीं है। उत्पीड़ित जातियों के अपेक्षाकृत खुशहाल तबके भी भाजपा को पसंद करते हैं। ये वे लोग हैं जो प्रगतिकांक्षी हैं और सफलता व सुविधाओं की आकांक्षाओं से लैस हैं। ये अंग्रेजीदाँ अभिजनों की तरह बनना चाहते हैं। वे भाजपा को एक ऐसी राजनीतिक ताकत के रूप में देखते हैं जो उनके हितों की सबसे अच्छी तरह से पूर्ति कर सकेगी। यही कारण है कि वे भाजपा की तरफ आकर्षित हो रहे हैं। अभी यह नहीं कहा जा सकता कि भाजपा के बारे में उनका यह ख्याल व्यावहारिक रूप से उन्हें कोई आत्मगत संतोष प्रदान कर सकेगा। लेकिन, फौरी तौर पर वे एक शक्ति-समूह के रूप में ऐसी पार्टी के आसपास गोलबंद हो गए हैं जो साफ तौर से शासक वर्गों के हितों की नुमाइंदगी करती है और जिसका नेतृत्व और पैरोकारी पूँजीपति वर्ग के हाथों में है। ऐसा शक्ति-समूह पहली बार उभरा है।

लंबे अरसे से शासक वर्गों की झंडाबरदार रही कांग्रेस पार्टी पहले नाना प्रकार के सामाजिक जनाधारों का प्रतिनिधित्व करती थी। उसमें दलित भी शामिल थे, और विभिन्न समुदायों के गरीब और उत्पीड़ित लोग भी थे। साथ ही समाज के संपन्न तबके तो थे ही। अब कांग्रेस समाज के ऐसे तबकों की पार्टी ज्यादा हो गई है जिनकी सुविधाएँ छिन चुकी हैं, क्योंकि विशेष सुविधा सम्पन्न तबके भाजपा की तरफ मुड़ गए हैं। भाजपा की आधार समझी जाने वाली ऊँची जातियों में भी देखें तो पता लगता है कि बेहद गरीब सवर्णों के वोट उसके (२९.२ फीसदी) मुकाबले कांग्रेस को (३४.५ फीसदी) ज्यादा मिले हैं। किसी भी जाति-समुदाय पर नजर डालिए, यही नजारा मिलेगा। ऊँची जातियों के संपन्न तबके में कांग्रेस के वोट भाजपा के ५७.२ फीसदी के मुकाबले काफी कम यानी २६.३ फीसदी ही हैं। ताज्जुब की बात तो यह है कि दलितों के संपन्न तबके कांग्रेस को कम (२६.५ फीसदी) और भाजपा को ज्यादा (४०.८ फीदसी) वोट देते दिखते हैं। पिछले कुछ सालों में बेहद गरीबों का वोट प्रतिशत कांग्रेस के पक्ष में बढ़ा है। १९९६ में यह ३०.१ फीसदी था जो १९९९ में बढ़ कर ३६.४ फीसदी हो गया। इस वोटिंग रुझान की पुष्टि के लिए इसका मिलान निरक्षरों के वोटिंग रुझान से किया जा सकता है। १९९६ में कांग्रेस को निरक्षरों के २९.१ फीसदी वोट मिले थे जो १९९९ में बढ़ कर ३६.६ फीसदी हो गए। (कहने का तात्पर्य यह नहीं है कि कांग्रेस के प्रभाव में आई गिरावट की व्याख्या केवल संपन्न तबकों के भाजपा की तरफ जाने के आधार पर की जा सकती है। गंगा-जमुनी पट्टी में कांग्रेस का प्रभाव दलितों और मुसलमानों के सभी तबकों में गिरा है। दरअसल, कांग्रेस के असर में गिरावट के कई और कारण हैं जिनकी चर्चा यहाँ नहीं की जा

सकती।) देखने की बात यह है कि कांग्रेस ने शासक वर्गों के हितों की नुमाइंदगी करते हुए भी अपने आसपास भाजपा जैसा कोई शक्ति-समूह गोलबंद नहीं किया था। थोड़ा विषयांतर जरूर होगा पर इतना तो कहा ही जा सकता है कि कांग्रेस अगर अपनी वापसी चाहती है तो उसे मजूबत और करिश्माई नेतृत्व (जैसे सोनिया गाँधी) पर भरोसा छोड़ कर अलग किस्म की नीतियाँ अपनानी होंगी जो उस समर्थन आधार को सीधे-सीधे पसंद आएँ जिसके कारण पार्टी का विकास हो सकता है। कम से कम कांग्रेस के सामाजिक आधार और उसमें होने वाले परिवर्तनों से तो यही संदेश निकलता है। साथ ही कांग्रेस को साफ तौर पर एक सुविचारित सेकुलर मुद्रा भी अपनानी होगी ताकि अल्पसंख्यकों के वोट उसकी झोली में फिर से वापस आ सकें। भूमंडलीकरण की विशुद्ध नव-उदारतावादी नीतियाँ तो उन गरीबों को भी कांग्रेस से दूर कर देंगी जो आज तक उसके समर्थक बने हुए हैं।

दूसरी तरफ, भाजपा का समर्थन आधार ऐसा है कि वह कितनी भी भूमंडलीकरण समर्थक नीतियाँ अपनाए, कम से कम फौरी तौर पर तो उसके ऊपर कोई असर नहीं पड़ने वाला। भाजपा के समर्थक तबके गलतफहमी में ही सही, पर मान कर चलते हैं कि भूमंडलीकरण अनिवार्य है और उनके सीधे हित में है। भाजपा की अगुआई वाला गठजोड़ जब सरकार बनाता है तो वह एक सत्तारूढ़ शक्ति-समूह की नुमाइंदगी कर रहा होता है। एक ऐसा शक्ति-समूह जिसमें शासक वर्ग के हित पूँजीवादी नेतृत्व और समाज के विभिन्न तबकों की पूँजीवादी आकांक्षाओं के तहत एकजुट हो गए हैं। इसके तात्पर्य काफी दूरगामी निकलेंगे।

अगर भाजपा और कांग्रेस के वर्ग चरित्रों के बीच कोई खास फर्क नहीं भी है, तो भी उनके संसदीय शासन के वर्गीय परिणाम काफी अलग-अलग होने लाजमी हैं। दलीय होड़ पर आधारित संसदीय शासन के लिए समर्थन के सामाजिक आधार का विन्यास अहम होता है। आंशिक रूप से सरकार वैसी ही राजनीतिक अनुक्रिया करती है जैसा उसका सामाजिक आधार होता है। लोकतांत्रिक आंदोलन जब रियायतों और जायज हकों के लिए संघर्ष करते हुए समर्थन वापसी की धमकी के साथ सरकार पर दबाव डालते हैं तो सरकार आंशिक रूप से जनता की माँगों के सामने हथियार डालती है। चूँकि भाजपा का समर्थन आधार एक बहुत बड़ी हद तक लोकतांत्रिक जन-समूहों से मिल कर बना ही नहीं है, इसलिए यह नतीजा निकालना सही होगा कि कांग्रेस के मुकाबले यह पार्टी सरकार चलाने के मामले में लोकतांत्रिक जन दबाव से अधिक बेपरवाह होगी। अगर लोकतांत्रिक आंदोलनों के प्रति भाजपा की अनुक्रिया का रिकॉर्ड जमा किया जाए, तो इस नतीजे की पुष्टि हो सकती है।

इस धारणा पर ज्यादा बारीकी से सोचने की जरूरत है कि एक ही वर्ग चरित्र होने के कारण भाजपा और कांग्रेस के संसदीय शासनों का रवैया मजदूर वर्ग और किसानों के लिए एक सा ही होगा। चूँकि लोकतांत्रिक उपलब्धियाँ भारतीय संदर्भ में पहले से ही कम हैं और धीमी गति से प्राप्त होती हैं, इसलिए अगर हमारे तथ्य यह दिखा सकते हैं कि जनता के लोकतांत्रिक हितों को धक्का लगा है तो फिर भाजपा को प्रति-क्रांतिकारी रुझान का प्रतिनिधि माना जा सकता है। भाजपा शासन की इस प्रति-क्रांतिकारी संभावना के कारण हमारे सामने संसदीय राजनीति के बदले हुए नजारे की अहमियत भी साफ हो जाना चाहिए।

भाजपा की हुकूमत में आजादी के आंदोलन के दौरान बनी और संविधान-रचना के दौरान पुख्ता हुई आम सहमति लगातार जोखिमग्रस्त और उपेक्षित हुई है। संविधान में, खासकर निर्देशक सिद्धांतों में यह विचार मूर्तिमान है कि राजनीतिक नेतृत्व और निर्वाचित प्रतिनिधि सामाजिक कमजोरियों और आर्थिक दरिद्रता पर काबू पाने के लिए काम करेंगे, और सत्ता में भागीदारी के रास्ते खोजे जाएँगे। वे जनता का सबलीकरण करते हुए उसे खुद-ब-खुद मुक्तिकारी रास्ते पर चलाने में मदद करेंगे। अभिजनों और जनसाधारण के बीच हुए संबंध भंग और टकराव की शुरुआत ने इन सभी उम्मीदों को पृष्ठभूमि में धकेल दिया है। ये सारी बातें अवांछित और ठुकराए हुए आदर्शों की तरह रह गई हैं। यह इरादा हिंदुत्व की राजनीति में ही निहित है कि किस तरह कमजोर वर्गों के उभार को सीमित किया जाए। इसीलिए इसे भी अभिजनों की उलट-प्रतिक्रिया की संज्ञा दी जानी चाहिए। हम देख चुके हैं कि किस तरह भाजपा ने विशेष सुविधा सम्पन्न वर्ग के हितार्थ इस इरादे को आंशिक रूप से तो लागू किया ही है।

इसके लिए रास्ता साफ करने में एक तरफ तो भाजपा के राजनीतिक चरित्र की भूमिका रही, दूसरी तरफ उस चौगुटे की सामाजिक संरचना ने भी हाथ बँटाया जो शासक वर्ग के साथ घनिष्ठता से जुड़ा हुआ था। चूँकि यही चौगुटा राज्य की गैर-प्रतिनिधित्वमूलक संस्थाओं का कामकाज देखता था, इसलिए विशेष सुविधा सम्पन्न वर्ग को अपना लक्ष्य पूरा करने में काफी मदद मिली। आइए, पहले भाजपा के राजनीतिक चरित्र पर गौर करें। भाजपा कार्यकर्ता आधारित पार्टी होने का दावा करती है जिसकी कुछ विस्तार से जाँच करना जरूरी है। आखिर भाजपा किस तरह की कार्यकर्ता आधारित पार्टी है? उसके कार्यकर्ता बनते कैसे हैं? संगठन में उनकी क्या हैसियत होती है? इन सवालों का जवाब भाजपा के इस दावे का पर्दाफाश कर देता है कि संघ परिवार का सदस्य होते हुए भी वह राष्ट्रीय स्वयंसेवक संघ के

नियंत्रण से स्वतंत्र है। उसके संगठन पर एक नजदीकी निगाह डालने से साफ हो जाता है कि भाजपा एक असामान्य किस्म की कार्यकर्ता आधारित पार्टी है। कम्युनिस्ट पार्टियाँ भी कार्यकर्ता आधारित होती हैं, लेकिन उनके कार्यकर्ता पार्टी और उसके विभिन्न मंचों के भीतर ही तैयार और विकसित होते हैं। उनकी गतिविधियाँ पार्टी को उनके योगदान के आधार पर तय होती हैं।

इसके विपरीत भाजपा का कार्यकर्ता अलग तरह का होता है। पहली बात तो यह है कि उसे पार्टी तैयार नहीं करती। वह संघ द्वारा तैयार करके पार्टी को थमा दिया जाता है। पितृ संगठन द्वारा उसे भाजपा से वापस बुला लेना कोई असामान्य बात नहीं है। संघ और भाजपा के बीच यह आदान-प्रदान चलता रहता है। यानी भाजपा कार्यकर्ता का इस्तेमाल तो कर सकती है, पर उसके ऊपर नियंत्रण नहीं रख सकती। दूसरी बात यह है कि कार्यकर्ता लाजमी तौर पर पार्टी के निचले स्तरों पर प्रशिक्षित होकर अपने काम के आकलन के मुताबिक संगठन में प्रगति नहीं करता। भाजपा में तो कार्यकर्ता पार्श्वीय प्रवेश करता है और उसकी हैसियत संघ द्वारा तय की जाती है। पितृ संगठन में उसका अनुभव और योग्यता उसे भाजपा में जगह दिलाने का कारक बनता है।

संघ परिवार के सभी संगठन, खासकर विश्व हिंदू परिषद् (विहिप), अखिल भारतीय विद्यार्थी परिषद् और बजरंग दल संघ से स्वतंत्र नहीं हैं। भाजपा की ही तरह ये सब एक सूत्र से जुड़े हुए हैं, और यह सूत्र वहीं निहित है जहाँ से कार्यकर्ता निकलते हैं और फिर इन संगठनों में एक खास तरह का नजरिया स्थापित करने की भूमिका निभाते हैं। भाजपा के कार्यकर्ता आधारित पार्टी होने के दावे को स्वीकारते ही यह साफ हो जाता है कि कार्यकर्ताओं के जरिए ही उसका संघ से सीधा सूत्र जुड़ता है। लेकिन, यहाँ समझने की बात यह है कि संघ परिवार अपने सभी संगठनों के लिए कार्यकर्ताओं का स्रोत अवश्य है पर इसका मतलब यह नहीं निकाल लेना चाहिए कि ये सभी संगठन एक जैसे ही हैं। इनके बीच में कार्य आधारित बँटवारा है। इन मंचों को भाजपा ने नहीं, बल्कि संघ ने खड़ा किया है और वही उनके काम का दायरा और आपसी संबंध तय करता है। तरह-तरह के काम करने से पैदा हुई मजबूरियों के कारण ये संगठन फौरी नीतियों के बारे में अलग-अलग धारणाएँ बना लेते हैं जिसके कारण भाजपा के साथ उनके कुछ मतभेद भी हो जाते हैं। इस प्रकार के आपसी संबंध के कारण इन संगठनों को एक तरह की स्वायत्तता भी मिल जाती है। महत्त्वपूर्ण बात यह है कि इसी कारण से इन संगठनों को समाज के विभिन्न हिस्सों में सक्रिय रहने और अपने लिए रास्ता बनाने के लिए जरूरी लचीलापन प्राप्त होता

है। इस तरह तितर-बितर हो कर एक-दूसरे की राजनीति को पुष्ट करने का नमूना सामने आता है।

यह लचीलापन संघ परिवार को छल और चालबाजी के लिए गुंजाइशें देता हुआ जवाबदेही से बच निकलने का मौका देता है। (इसका उदाहरण भाजपा के एजेंडे पर होने वाली बचकानी बहस के रूप में देखा जा सकता है। धर्मांतरण के सवाल पर भी देखा जा सकता है कि संघ परिवार किस तरह से ईसाइयों और मुसलमानों के खिलाफ हिंसा के प्रकरणों से हाथ झाड़ लेता है।) राष्ट्रीय जनतांत्रिक गठजोड़ (राजग) की सरकार के नेता के रूप में भाजपा का पार्टीगत चरित्र बेहद महत्त्वपूर्ण है। राजग का नेतृत्व करते हुए भाजपा को एक साथ कई एजेंडों पर काम करने का मौका मिलता है : पहला एजेंडा राजग का होता है, दूसरा वह स्थगित एजेंडा होता है जो भाजपा अकेले दम पर बहुमत प्राप्त करने पर फौरन ग्रहण कर लेगी, और तीसरा एजेंडा वह होता है जो प्रच्छन्न है यानी जिसके मुताबिक भगवाकरण की मुहिम चलाई जाती है और रोज-ब-रोज सहयोगी दलों को दिखाने के लिए उससे इनकार किया जाता रहता है। इस तरह सहयोगी दलों को भी संघ परिवार के कामों से नाराज होते हुए भी सरकार में बने रहने के बहाने मिलते रहते हैं। यही है वह तरीका जिसके जरिए संघ सरकार का प्रच्छन्न इस्तेमाल करते हुए समाज के भगवाकरण की मुहिम आगे बढ़ाता रहा। साथ ही कई तरह की राजनीतिक ताकतें भाजपा से अवसरवादी गठजोड़ बनाए रखती हैं। वस्तुगत रूप से उन्होंने भाजपा का साथ दिया और बार-बार इनकार के बावजूद प्रतिक्रिया के एजेंट की भूमिका निभाई, लेकिन साथ में अपनी सेकुलर छवि भी नहीं खोई।

भारतीय इतिहास अनुसंधान परिषद् और भारतीय समाज विज्ञान अनुसंधान परिषद् की मिसाल बताती है कि राजग शासन के दौरान शैक्षिक और सांस्कृतिक संस्थाओं में किस तरह से संघ की विचारधारा का पालन करने वाले लोग भर दिए गए थे। अगर भाजपा के सहयोगी दल भी इन संस्थाओं में अपनी नुमाइंदगी के लिए सौदेबाजी करते तो भगवाकरण के प्रयासों में कुछ रुकावट डाल सकते थे। लेकिन, ये पार्टियाँ कुछ नरम किस्म का विरोध करके ही रह गईं और आम तौर से उन्हें मंत्रिपद दे कर संतुष्ट कर दिया गया। उन्होंने न तो ईसाइयों के दैनंदिन जीवन पर हिंसक आक्रमणों को रोकने की कोशिश की, और न ही मुसलमानों से देशभक्ति की सनद माँगने का विरोध किया। यदाकदा विरोध पत्र लिख देना, या किसी प्रेस कान्फ्रेंस में आलोचना कर देना या सांप्रदायिकता के विरोध में कुचिपुडी नृत्य का कार्यक्रम आयोजित कर देना अपने आप में किसी सेकुलर कार्यक्रम का द्योतक नहीं

हो सकता। इससे भी ज्यादा आपत्तिजनक बात तो सहयोगी दलों द्वारा प्रधानमंत्री के इस बयान से संतुष्ट हो जाना था कि सरकार संघ परिवार की गतिविधियों का अनुमोदन नहीं करती। यह तर्क कैसे हजम किया जा सकता था कि सरकार केवल भाजपा की गतिविधियों के लिए ही जवाबदेह है, बजरंग दल और विहिप की गतिविधियों के लिए नहीं। आखिरकार इन सभी संगठनों को कार्यकर्ता तो एक ही जगह से मिलते हैं। यह मानना मुश्किल है कि भाजपा के सहयोगी दल इस हकीकत से नावाकिफ होने की हद तक मासूम थे, और वे अनजाने में ही संघ के फासिस्ट एजेंडे के कार्यान्वयन में मदद कर रहे थे।

आइए, देखें कि कैसे कुछ सरकारी संस्थाओं ने कमजोर वर्गों का उभार सीमित करने में हाथ बँटाया। भाजपा इस मामले में नौकरशाही, न्यायपालिका और पुलिस जैसी दमनकारी संस्थाओं की सामाजिक बनावट का इस्तेमाल करने में कामयाब रही। अखबार, पत्रिकाएँ और टेलीविजन जैसे नागरिक समाज के माध्यम अपनी सामाजिक प्राथमिकताओं और सामाजिक नजरिए में सरकारी संस्थाओं जैसे ही होते हैं। मुद्रित और दृश्य समाचार माध्यमों में कमजोर वर्गों के सदस्य तकरीबन गैरहाजिर ही हैं। हमारी कारपोरेट दुनिया में भी तकरीबन सारे ही कारकुन ऊँची जातियों के उच्च शिक्षा प्राप्त तबकों से आए हैं। ये लोग उच्च वर्गीय समाज के पूँजीवादी सामाजिक मूल्यों में रचे-पगे हैं। ये लोग शिष्टता कायम रखने, नियमानुसार चलने और सार्वजनिक मुद्राओं और वक्तव्यों में गरिमापूर्ण आचरण करने में यकीन करते हैं। उनके लिए ये सामाजिक गुण अपने-आप में मूल्य की तरह हैं, लेकिन कमजोर वर्ग न तो इनसे परिचित हैं और न ही उन्हें इनका भान है। कमजोर वर्गों के सामाजिक और आर्थिक कार्य-व्यापार की प्रकृति ही ऐसी है कि वे उच्चवर्गीय समाज के मूल्यों से वाकिफ हो नहीं सकते थे। दलितों, पिछड़ों और गरीब मुसलमानों का शैक्षिक और सामाजिक जीवन उन्हें 'प्रवीण' बनने का मौका देता ही नहीं। नागरिक संस्कृति की खूबियों से अपरिचित उनकी राजनीति तरह-तरह के लतीफों का स्रोत बन गई है। इसलिए जब हम इन वर्गों और तबकों के राजनीतिक उभार की चर्चा करते हैं, जब समता के लिए उनके संघर्ष को लोकतांत्रिक संघर्ष की संज्ञा देते हैं, तो इसका मतलब इन मूल्यों और खूबियों के क्षय की अनदेखी करना नहीं होता। अंततः यह सार्वजनिक जीवन की एक हानि ही है। इसी तरह कमजोर वर्गों के कुछ संगठनों द्वारा किए जाने वाले अवसरवादी गठजोड़ों की अनदेखी भी नहीं की जा सकती। इसलिए यह स्वीकार करना ही होगा कि लोकतांत्रिक दावेदारियों और चुनावी संघर्षों का मौजूदा सिलसिला अब साफ-

सुथरा नहीं रह गया है।

बहरहाल, इस साफ-सुथरी न लगने वाली प्रक्रिया के तहत विकसित हुई राजनीतिक संस्कृति कुछ तात्त्विक मूल्यों को तो जमीन पर उतारने में कामयाब रही ही है, जैसे सभी की समान कीमत समझना, सभी का हित साधन करना, इनसान की जिंदगी पर असर डालने वाले फैसलों में प्रभावी सहभागिता सुनिश्चित करना। आज यह निश्चित रूप से नहीं कहा जा सकता कि भारत में लोकतंत्र आगे जा कर क्या रूप लेने वाला है। लेकिन, एक बात तो देखी ही जा सकती है कि अभिजनों में वेस्टमिंस्टर मॉडल का लोकतंत्र स्थापित करने की इच्छा बड़ी तीव्र है। वे इतिहास दोहराते हुए उसी तरह से जनता को सत्ता में उसकी हिस्सेदारी छोटी-छोटी खुराकों में देना चाहते हैं। इसीलिए जन-उभार पर लगाम कसने के लिए अभिजनों की तरफ से प्रतिक्रियावादी दाँव-पेच खेले जा रहे हैं। आज और निकट भविष्य में भारतीय लोकतंत्र के भीतर मुख्य होड़ यही रहने वाली है।

यही है वह मुकाम जहाँ पर विशेष सुविधा सम्पन्न वर्ग ने भाजपा और संघ परिवार को उनकी हिंदुत्व विचारधारा के साथ अपनी उम्मीदों का केंद्र बना लिया है। राजनीतिक रणनीति के सवाल पर भाजपा के साथ उसकी अनकही सहमति है और इसीलिए अभिजन हिंदुत्व के आगोश में जा रहे हैं। इसके कारण एक विरोधाभासी नजारा उभर रहा है जिसमें आधुनिकता की अभिव्यक्तियाँ सर्वाधिक प्रतिक्रियावादी और दकियानूसी विचारधारा से गले मिलते दिखाई पड़ती हैं। आगे की चर्चा में हम यह अलग से दिखाने की कोशिश करेंगे कि किस तरह अभिजनों की इस उलट-प्रतिक्रिया में कुछ सरकारी संस्थाओं ने भी भागीदारी की।

जहाँ तक राजसत्ता के गैर-चुनावी पहलू का सवाल है, भारतीय राज्य की बनावट बहुत कुछ नौकरशाही और दमनकारी संस्थाओं (पुलिस और अर्धसैनिक बलों जैसी) पर निर्भर है। अपने इस मौजूदा रूप में सरकार आजादी के बाद से ही बनी हुई है। शुरुआत के सालों ने ऐसा रूप ग्रहण करने में उसके लिए निर्णायक भूमिका निभाई। आजाद भारत के राज्य ने जब अपना सुदृढ़ीकरण शुरू किया तो उसे बड़े-बड़े जन-उभारों का सामना करना पड़ा, ऐसे जन-उभारों का जो भारत की धरती पर दोबारा नहीं देखे गए। इस संबंध में राज्य के पास दो विकल्प थे। पहला विकल्प तो यह था कि लोकप्रिय जन-उभारों का फायदा उठाते हुए राज्य अपनी संस्थाओं की बनावट बदल सकता था। यानी वह वर्गीय और सामाजिक ताकतों के आधार पर नौकरशाही जैसी संस्था की संरचना में तब्दीली ला सकता था जिसकी रचना औपनिवेशिक नियंत्रण के मकसद से हुई थी। दूसरा विकल्प यही था कि वह

विरासत में मिली औपनिवेशिक नौकरशाही पर निर्भर बना रहता और कई तरह की अन्य दमनकारी संस्थाओं और कानूनों के दम पर लोकप्रिय आंदोलनों का दमन करता।

राजनीतिक व्यवस्था में शक्तियों के समग्र तालमेल पर निगाह डालने से लगता है कि पहला विकल्प अपनाने से थोड़े समय के लिए कुछ अस्थिरता पैदा होती। लेकिन, दीर्घकालीन तौर पर लाभकारी परिणाम होते। जन-आकांक्षाओं की अधिक परवाह की जाती। नौकरशाहाना नियंत्रण से मुक्त जमीनी स्तर की सहभागी संस्थाएँ सामंतवाद विरोधी और रूपांतरणकारी उपायों के रूप में सामने आतीं। गरीबी, जन-स्वास्थ्य और साक्षरता जैसी समस्याओं से निबटने और नियोजन के लिए स्थानीय गोलबंदी और स्वयं प्रेरित पहलकदमी का सहारा लिया जाता। इससे जनता का सबलीकरण होता और जोतने वाले को जमीन दिलवाने वाले भूमि सुधारों पर अमल में मदद मिलती। इस विकल्प के दोनों सिरे खुले हुए थे जिससे संकीर्णमना अभिजनों की ताकत टूट सकती थी।

लेकिन, जन-संघर्षों से डर कर और कानून-व्यवस्था की घिसीपिटी औपनिवेशिक समझ के आधीन हो कर सत्तारूढ़ नेतृत्व ने दूसरा विकल्प चुना जो ऐतिहासिक रूप से दूरंदेशी की कमी का परिचायक था। इस विकल्प के दूरगामी परिणाम होने थे। इसके कारण राज्य की संस्थाओं पर जनता के दबाव का असर पड़ना बंद हो गया, न ही उनके लिए किसी जवाबदेही की जरूरत रही। राज्य द्वारा सत्ता के उपभोग के मामले में इन संस्थाओं को स्थायी बिचौलिये की हैसियत मिल गई। शुरुआती दौर के तरल हालात का लाभ राज्य की संस्थाओं को सच्ची लोकतांत्रिक संरचनाओं की तरह खड़ा करने में उठाया जा सकता था। अब राज्य का स्वरूप स्थिर हो कर अपनी जगह जाम हो गया है, जिसे बदलना मुश्किल है। इस स्वरूप की संगीन छाया शिनाख्त ऊँचे तबके के औपनिवेशिक-सामंती नजरिए में देखी जा सकती है। चाहे काम के प्रति हो, या आराम के प्रति हो, शारीरिक श्रम को नीची निगाह से देखने वाले ब्राह्मणवादी रवैये में इसकी मौजूदगी देखी जा सकती है। यहाँ तक कि सर्वाधिक पश्चिमीकृत लोगों में भी मौजूदा पतित आधुनिकता के निकृष्ट पहलुओं में यह स्वरूप झलकता दिखाई पड़ता है।

भारत का राज्य उपनिवेशवाद विरोधी राष्ट्रीय आंदोलन से विरासत में मिले मूल्यों, प्रेरणाओं और आकांक्षाओं की कसौटी पर नाकाम साबित हुआ है। राज्य बदलते हुए सामाजिक संबंधों की संरचनागत संभावनाओं के दायरे की तरह उभरने में नाकाम रहा है। वह ऐसी संस्थागत पहलकदमियाँ नहीं ले पाया है जिनमें लोगों

की भागीदारी भी हो सकती। वह न्याय और समता के सिद्धांतपरक आवेगों को जमीन पर उतारने का माध्यम नहीं बन सका है। बजाय इसके भारतीय राज्य ने पश्चिमी पूँजीवादी प्रेरणाओं के आधार पर एक संकीर्णमना आधुनिकीकरण का रास्ता अपनाना पसंद किया। उसने इस रणनीति को लागू करने की जिम्मेदारी भी उस नौकरशाही को दी जिसने लोकप्रिय आवेगों पर आधारित मुक्तिकारी रूपांतरण का रास्ता पहले ही बंद कर दिया था। अपने गैर-चुनावी पहलुओं में भारतीय राज्य आज उपनिवेशवादियों द्वारा छोड़े गए संस्थागत बंदोबस्त का जुड़वाँ भाई ही रह गया है।

इसी हालत के कारण भारतीय राज्य व्यवस्था के पारंपरिक आधारों ने भी अपना सिर उठा लिया है। इसकी जिम्मेदारी अनुदार प्रवृत्तियों का आगार रहे उन जमींदाराना आवेगों पर जाती है जिन्हें अपनी बात कहने और समाज में अपना प्रभाव फैलाने की खासी गुंजाइशें हैं। पारंपरिक राज्य व्यवस्था की खास बात यह थी कि उसके तहत अनुपालन कराने की मशीनरी और न करने पर प्रतिहिंसा का तंत्र राज्य के नियंत्रण में नहीं रहता था। सिद्धांत में भले ठीक-ठीक ऐसा न हो, पर व्यवहार में ऐसा ही था। दरअसल, ये तंत्र सामाजिक रंग-रुतबे वाली ताकतों यानी जमीन की मालिक ऊँची जातियों के हाथों में रहते थे। आज यह तंत्र इतनी बुरी हालत में पड़ा हुआ है कि उसकी मरम्मत भी संभव नहीं रह गई है, पर उसके अवशेष आज भी हैं जिसकी मिसाल हमें रणवीर सेना जैसे संगठनों के रूप में दिखाई पड़ती है। लोकतांत्रिक लहरों को दबा देने के मकसद से तोड़-फोड़ और आतंक का लोकतंत्र विरोधी व्याकरण इन्हीं अवशेषों की देन है। ये अवशेष लोकतांत्रिक आंदोलनों का प्रतिकार करने वाली निजी ताकतों की भूमिका अदा कर रहे हैं जिससे लोकतंत्र की आधारभूत सामाजिक प्रक्रिया में विकृति आ रही है।

भाजपा के राजनीतिक प्रतिनिधित्व वाले हिंदुत्व और ऊँची जातियों व वर्गों के बीच एक खामोश इकरारनामा लिखा जा चुका है। इन दोनों का रिश्ता एक-दूसरे के लिए वस्तुगत रूप से पूरक किस्म का है। हिंदुत्व जातिगत प्रभुत्व के पुराने तौर-तरीके पुनर्जीवित नहीं कर सकता। वह जातिगत विशेष सुविधाएँ कायम रखने के लिए नीची जातियों को एक जटिल प्रक्रिया के जरिए ऐसे राजनीतिक विन्यास का अंग बनाना चाहता है जिसके कारण सत्ता के सामाजिक बँटवारे में कोई बुनियादी गड़बड़ी न हो सके। इस मामले में हिंदुत्व का तरीका कांग्रेस के तरीके से कहीं जटिल है, क्योंकि कांग्रेस नीची जातियों का समर्थन सीधे-सीधे बदले में संरक्षण देने के जरिए हासिल करती थी और उसके पीछे कोई किसी तरह के विचारधारात्मक

और सांस्कृतिक आयाम नहीं होते थे। पर, भाजपा नीची जातियों और अल्पसंख्यकों को राष्ट्रवाद के हिंदू संस्करण के साथ गहराई से जुड़ने के लिए विवश करती है। राष्ट्रवाद की इस संस्कृति को परिभाषित करने वाली आवाज एक ही है, और वह है राष्ट्रीय स्वयंसेवक संघ की। राष्ट्रवाद की इस समझ का हामी हुए बिना भारतीय होने की कसौटी पर खरा नहीं उतरा जा सकता। यही है वह अप्रत्यक्ष रास्ता जिसके जरिए नव-ब्राह्मणवाद का वर्चस्व स्थापित किया जा रहा है।

समाज के ऊँचे तबकों को सहजता से लगता है कि प्रभुत्व की ऐसी संरचनाओं से उनकी विशेष सुविधाओं की हिफाजत भी होती जाएगी। ऊँचे तबके जान गए हैं कि अगर सत्ता में भागीदारी की माँग कर रहे निचले तबकों के उभार को रोकना है तो विस्तृत विचारधारात्मक सूत्रीकरणों का इस्तेमाल करना होगा। पुराने ब्राह्मणवादी मूल्यों को थोपने, या फिर दक्षता, मैरिट और नियमानुसार शासन के पूँजीवादी गुणों का रोना रोने से यह काम नहीं होने वाला। इन सब बातों को तो मूल्य आधारित राजनीति के अस्पष्ट रूप से परिभाषित विचार के नाम पर निबटाया जा सकता है। अप्रत्यक्ष प्रभुत्व की इस व्यवस्था को टिकाए रखने के ही लिए विभिन्न ताकतों का एक शक्ति-समूह बनाने की जरूरत पड़ती है। इसी शक्ति-समूह के आस-पास बन रहा सत्ता का विन्यास भारत में राजग के संसदीय शासन के रूप में व्यक्त होता है। शासक वर्गों यानी पूँजीवादी वर्गों और भू-स्वामी कुलीनों के गठजोड़ की राजसत्ता इसी शक्ति-समूह के माध्यम से व्यक्त होती है। भूमंडलीकरण और नव-उदारतावादी मुहिम ने नौकरशाही और उससे जुड़ी हुई संस्थाओं की प्रासंगिकता का क्षय जरूर कर दिया है, लेकिन जहाँ तक कमजोर वर्गों का उभार रोकने और लोकतांत्रिक प्रक्रिया की स्वायत्तता सीमित करने का सवाल है, इन संस्थाओं की उपयोगिता शासक वर्गों के लिए बढ़ गई है। चूँकि भूमंडलीकरण के कारण आयगत विषमता में बहुत बढ़ोतरी हो गई है, रोजगार के अवसर घट गए हैं, क्षेत्रीय और अंतर-सामुदायिक विषमताओं में भी वृद्धि हुई है, इसलिए बढ़ते हुए जनअसंतोष के कारण कानून और व्यवस्था कायम रखने का सवाल और अहमियत पा गया है। भारत के मौजूदा हालात में पूँजीपति वर्ग का काम एक नौकरशाहाना राज्य के बिना नहीं चल सकता, भले ही राज्य भूमंडलीय पूँजी के हितों को साधने के लिए सरकारी नियंत्रणों को खत्म करने में कुछ बाधाएँ क्यों न डाल रहा हो।

सैद्धांतिक दृष्टि से पूँजीपति वर्ग को राजनीतिक नेताओं की जातिगत पृष्ठभूमि या सांस्कृतिक गुणों से कोई फर्क नहीं पड़ना चाहिए, बशर्ते राजनीतिक नेतृत्व उसके लिए वांछित आर्थिक नीतियाँ बनाता रहे और उन पर अमल के लिए जरूरी तंत्र की

रचना करने में कामयाब होता रहे। कारपोरेट दुनिया और उससे संबंधित पूँजीवादी शासन के संस्थानों में भरे हुए सभी कारकुन ऊँची जातियों से ही आते हैं। वे सब एक ही नजरिए से बँधे हुए हैं। वर्गीय शासन को बिना किसी गड़बड़ी के चलाते रहने के लिए जरूरी है कि उत्तर-मंडल अवधि में पैदा हुए गहरे असंतोष को खदबदाने न दिया जाए। इसी मकसद से पूँजीपति वर्ग, अभिजनों और हिंदुत्व के बीच मौजूदा मोड़ पर नया गठजोड़ हुआ है। लेकिन, यह क्षण अपनी प्रकृति में भंगुर किस्म का और लाजमी तौर से अनिर्धारित किस्म का है। लोकतांत्रिक लहरें उसे लगातार चुनौती देती रहेंगी। आज इसकी भविष्यवाणी ठीक-ठीक नहीं की जा सकती कि शासक वर्ग लोकतंत्र को धता बताएगा या नहीं। लेकिन, इतना जरूर कहा जा सकता है कि वह सामाजिक रूप से निचले तबकों के लोकतांत्रिक उभार को सीमित करने का प्रयास जरूर करेगा। अभिजन राजनीति की यह लोकतंत्र विरोधी मुद्रा कायम रहने वाली है। एक स्थिर और सेकुलर लोकतंत्र के फिर से उभरने की उम्मीद उत्पीड़ितों के साथ गठजोड़ बना कर की गई वर्ग आधारित राजनीति में ही निहित है।

संदर्भ और टिप्पणियाँ

१. इसी दिशा में अभिजनों पर दिलचस्प चर्चा के लिए देखें : ज्याँ बेचलर, *डेमोक्रेसी : एन एनालैटिकल सर्वे*, नेशनल बुक ट्रस्ट ऑव इंडिया, नयी दिल्ली, १९९८

८

नागरिक समाज और लोकतंत्र

भारत में नागरिक समाज और लोकतंत्र के बीच का संबंध पश्चिमी लोकतंत्रों जैसा न हो कर कुछ जटिल किस्म का है। पिछले दिनों लोकतंत्र के कामकाज में हुए परिवर्तनों ने इस संबंध को और भी पेचीदा बना दिया है। इस अध्याय में हम इसी संबंध की व्याख्या करेंगे। नागरिकता के मुद्दे पर चर्चा करते हुए हम देख चुके हैं कि किसी संस्थागत बंदोबस्त और किसी राजनीतिक संरचना के विकास के रास्तों और मुकामों में समानता नहीं होती। ऊपर से अगर लोकतंत्र और नागरिक समाज की शक्ल गढ़ने वाला ऐतिहासिक दौर और स्थितियाँ अलग तरह की हों तो दोनों के बीच का यह फर्क और भी मुखर हो जाता है। भिन्न सामाजिक-आर्थिक हालात और सांस्कृतिक माहौल में दो एक से संस्थानों का विकास एकदम अलग-अलग तरीकों से हो सकता है।

इनसान के सामाजिक जीवन से जुड़े किसी सार्वभौम मूल्य की अनगिनत किस्में हो सकती हैं, क्योंकि उसे रचने वाले ऐहितहासिक हालात तरह-तरह के होते हैं और उस मूल्य के आधार पर होने वाला आचरण भी अलग-अलग तरह का हो सकता है। मसलन, दोस्ती या आवभगत की प्रथाएँ एस्किमो लोगों में कुछ और होती हैं, और आंध्रवासियों के बीच कुछ और। इसी तरह व्यक्तिगत स्वायत्तता जैसे

मूल्य का सांस्कृतिक तात्पर्य विभिन्न समाजों के लिए अलग-अलग हो सकता है। सभी कालावधियों और सभी तरह के समाजों के लिए इस प्रश्न का सैद्धांतिक उत्तर नहीं दिया जा सकता कि अरस्तू के लिहाज से स्वायत्तता किस बिंदु पर 'संयम' से 'अतिचार' में बदल कर 'अराजकता' अथवा मनमर्जी बन जाती है। इस प्रश्न का उत्तर खूब सोच-समझ कर परिस्थितिजन्य और संदर्भगत सीमाओं का ध्यान रख कर तय करना पड़ेगा। हर समाज के कुछ अपने लाजमी हालात होते हैं जिन्हें कार्रवाई के समय कर्त्ता द्वारा नहीं बदला जा सकता। उदाहरण के लिए, अगर स्वायत्तता प्रदर्शित करने के लिए कोई देह का सार्वजनिक प्रदर्शन करना चाहे तो हर समाज के लिए उसकी प्राथमिकता अलग-अलग होगी। एक सार्वभौम मूल्य के रूप में लोकतंत्र के साथ भी ऐसा ही है। जाहिर है कि इसीलिए लोकतंत्र कोई एक ही नहीं है, बल्कि तरह-तरह के लोकतंत्र हैं जिनमें समानता होते हुए भी भिन्नता है। लोकतंत्र के रूप में मूल्यों का एक ही ढाँचा किन्हीं दो समाजों में एक सा नहीं हो सकता।

लोकतंत्र के कामकाज और विकास को सुगम बनाने वाले पहलू या हालात भी इसी तरह किस्म-किस्म के होते हैं। इसी में से एक आवश्यक पहलू है नागरिक समाज का उदय। नागरिक समाज का अर्थ है बाजार और सार्वजनिक दायरा। पश्चिमी यूरोप के समाजों में नागरिक समाज और राष्ट्रीय समुदाय के बीच बिरादराना संबंध हैं। ये दोनों एक साथ लोकतांत्रिक जागरूकता का परिणाम थे। उदीयमान पूँजीवाद एक स्तर पर लोगों का स्थानीय अलगाव तोड़ कर उन्हें जिंसों, सेवाओं और अनुबंधों के बाजार-विनिमय में धकेल रहा था। इसी प्रक्रिया में लोगों के बीच रिश्ते बने, एक-दूसरे से मिलती-जुलती समझ बनी। इस हद तक कि लोगों के बीच परस्पर संवाद होने लगा और इसीलिए देशी भाषाओं का महत्त्व भी बढ़ गया। यूरोप में यह राष्ट्रीय समुदायों के बनने की शुरुआत थी। पूँजीवाद के बढ़ते कदम लोगों को सीधे-सीधे एक-दूसरे के साथ अन्योन्यक्रिया में ले आए जिससे उन सामंती समुदायों की पकड़ कमजोर हुई जिन्होंने जनता को ऊँच-नीच के संबंधों में जकड़ रखा था। इस प्रकार अधीनस्थता की अनुभूति धीरे-धीरे टूटने लगी। इसी प्रक्रिया में हम वैयक्तीयन से संपन्न व्यक्ति का उभार देखते हैं, एक ऐसे इनसान का उभार जिसे अपने होने का एक अलग तरह का एहसास था। व्यक्ति होने की यह नयी अनुभूति जैसे-जैसे उभरी, जीवन और समाज के बारे में नयी कल्पनाशीलता ने जन्म लिया। यही दौर था जब यूरोपीय समाजों में विचारों का एक दिलचस्प खेल हुआ। विचारों की अन्योन्यक्रिया और द्वंद्व से जिन विवादों का जन्म हुआ उनमें से नागरिक समाज निकला। इस प्रक्रिया ने पूँजीवाद के साथ उभरी सामाजिक

संरचनाओं को उदारमना बनाया। लोकतांत्रिक चेतना नवोदित थी। उसकें लोकतंत्र में विकास की प्रक्रिया में नागरिक समाज का वजूद बनता चला गया। नागरिक समाज और लोकतंत्र ने एक-दूसरे को आगे बढ़ाने और परस्पर समर्थन की गहरी भूमिका निभाई। इसी ऐतिहासिक विकास-क्रम से इस आस्था ने जन्म लिया कि लोकतंत्र को टिके रहने और फलने-फूलने के लिए नागरिक समाज की जरूरत पड़ती है।

यहाँ हम इस व्यापक आस्था की प्रासंगिकता की जाँच करेंगे कि लोकतंत्र के लिए नागरिक समाज आवश्यक और महत्त्वपूर्ण होता है। हम यह भी देखेंगे कि भारत में नागरिक समाज के लोकतंत्र के साथ क्या रिश्ते हैं। भारत में नागरिक समाज का विकास बड़ा जीवंत रहा है। नए 'सामाजिक आंदोलनों' की ताकत लोकतांत्रिक दायरे में अपना स्थान बना चुकी है और समाज में उनका आधार तैयार हो गया है। आज गैर-सरकारी संगठनों (एनजीओ) का जिक्र किए बिना जनांदोलनों की चर्चा करना मुश्किल है। इन संगठनों का काफी प्रसार हो गया है और वे स्थानीय स्तर पर जन-सक्रियता से गहराई के साथ जुड़े हुए हैं। चाहे मुद्रित हो या इलेक्ट्रॉनिक, जन-संचार माध्यमों का जबरदस्त विस्तार हुआ है। चारों तरफ फैली निरक्षरता की समस्या से जूझ रहे किसी भी समाज के लिए इलेक्ट्रॉनिक मीडिया की अहमियत कम करके नहीं आँकी जा सकती। मीडिया के संदेश के साथ सीधे जुड़ने की निरक्षर की अक्षमता इस मीडिया के कारण फौरन क्षमता में बदल जाती है। गरीब आदमी को किसी के जरिए यह जानने की जरूरत नहीं रह जाती कि दुनिया में क्या हो रहा है। बात कहने के पारंपरिक जरियों की पहुँच भी बढ़ी है। सांसारिक मामलों के प्रचार और ज्ञान का काफी विस्तार हुआ है। लगता है कि जैसे समाज का एक बड़ा हिस्सा लगातार संवाद की प्रक्रिया से गुजर रहा हो। लेकिन, इन तमाम बातों के बावजूद नजदीकी निगाह डालने पर यह दलील दी जा सकती है कि सतह के नीचे नागरिक समाज की सीमाओं का क्षय हो रहा है। अगर यह अवलोकन सही है तो फिर सवाल उठता है कि क्या नागरिक समाज लोकतंत्र की सफलता के लिए एक आवश्यक पूर्वशर्त है?

यूरोपीय दार्शनिक लेखन और पश्चिमी इतिहास लेखन में मिलने वाला नागरिक समाज खास तरह का समाज है। उस लिहाज से हर समाज नागरिक समाज नहीं हो सकता। वह तो अंतर्विरोधी आयामों के संयोग से बनता है। हम चर्चा कर चुके हैं कि पूँजीवादी समाज के उदय के साथ ही नागरिक समाज का उदय होता है जब ज्यादा से ज्यादा लोग बाजार के दायरे में धकेले जाने लगते हैं। समुदाय पहले

की तरह इनसान को सहारा देने में नाकाम हो जाते हैं। उसे अपनी जरूरतें बाजार के जरिए ही पूरी करनी होती हैं, क्योंकि उसे समुदायों का सहारा मिलना बंद हो जाता है। बाजार पहली बार एक स्थायी किस्म की 'जनता' की रचना कर डालता है, जिसमें हर व्यक्ति अनाम ढंग से साथ-साथ होता है। पहले यह 'जनता' केवल विशेष अवसरों पर ही बनती थी, जैसे किसी तीर्थयात्रा के मौके पर या किसी मेले के मौके पर। अपने एक सिरे पर नागरिक समाज एक सार्वजनिक दायरा है जिसकी रचना ऐसे अणुवत और अहं युक्त व्यक्तियों से मिल कर होती है जो प्रतियोगितामूलक पूँजीवादी दुनिया में सक्रिय हैं। यही कारण है कि हेगेल नागरिक समाज की परिभाषा इनसान की पारिवेशिकताओं के दायरे के रूप में करते हैं, जैसे अहंकार, मनमानापन, सनक आदि। लेकिन, अगर बाजार ही एक मात्र जगह होती जिसमें इनसान को जिंदगी गुजारनी पड़ती तो हम सभी दम घुटने से मर जाते। उदीयमान पूँजीवाद लोकतांत्रिक चेतना और व्यक्तिवाद के उदय का कारण भी तो था। समाज नए तरीके से कल्पित किया जा रहा था और जीवन के लिए नए मकसद हासिल किए जा रहे थे। समय के साथ पूँजीवादी समाज में व्यक्ति नागरिक और राजनीतिक अधिकारों का वाहक भी बन गया। जहाँ तक नए मूल्यों, सरोकारों और हितों का सवाल था, लोग समान प्रयास और संवाद के लिए साथ-साथ आने लगे। हर कोई हर एक के साथ संवाद करने लगा। इस तरह नागरिक समाज का दूसरा ध्रुव बना जिसे हेबरमास के शब्दों में 'पूँजीवादी सार्वजनिक दायरा' कहा जाता है। यह माना गया कि यह दायरा सत्ता के हस्तक्षेप के बिना सभी के लिए मुहैया है। यह अधिकारों के वाहक व्यक्तियों का दायरा है।

इन्हीं अंतर्विरोधी प्रवृत्तियों के कारण 'नागरिक समाज' के लकब का इस्तेमाल तरह-तरह से होता रहा है। कभी-कभी विचारधारात्मक मंतव्यों के साथ और कभी-कभी एकदम अनावश्यक रूप से भी। समाजवादी दुनिया के ढह जाने के बाद कई पश्चिमी टिप्पणीकारों ने बाजार आधारित सामाजिक जीवन को ही नागरिक समाज करार दे दिया। इस तरह की परिभाषा का कड़ा प्रतिरोध होना चाहिए। भूमंडलीकरण के कारण सारी दुनिया में, खासकर तीसरी दुनिया में बाजार लूट-खसोट का अड्डा बन गया है। कुछ लोग सत्ता के संस्थानों के अलावा बाकी समाज को नागरिक समाज का दर्जा देते हैं। कुछ लोग नागरिक समाज अभिव्यक्ति का इस्तेमाल वहाँ करते हैं जहाँ केवल समाज कहने से काम चल सकता है। मौजूदा संदर्भ में मैं नागरिक समाज की परिभाषा एक ऐसे सार्वजनिक दायरे के रूप में करूँगा जिसमें अधिकार संपन्न व्यक्ति अपने विचारों, आस्थाओं और सामाजिक

प्राथमिकताओं की मान्यता के लिए संघर्ष करते हैं। ध्यान रखने की बात है कि भारत में बहुत बड़ी संख्या में लोग ऐसे हैं जो केवल नाममात्र के लिए ही अधिकार संपन्न हैं। उन्हें न तो किसी विमर्शी दायरे में जाने की इजाजत है, और न ही उनके पास इस तरह की क्षमताएँ हैं। नागरिक समाज में ऐसे वंचित लोगों की हैसियत पर सावधानी से गौर करने की जरूरत है।

अभिजनों की उलट-प्रतिक्रिया और उसके साथ ही हिंदुत्व के प्रभाव में वृद्धि की रोशनी में अगर भारत के नागरिक समाज की लाक्षणिक विशेषताओं पर गौर किया जाए तो पता चलता है कि भारतीय लोकतंत्र का रास्ता कुछ खास तरह से अलग किस्म का है। भारत में नागरिक समाज का केंद्र या तो लोकतंत्र के खिलाफ हो गया है, या फिर वह लोकतंत्र की उन प्रक्रियाओं से विलग हो गया है जो नागरिक समाज को टिकाए रखती हैं। इस निष्कर्ष की सावधानी से व्याख्या की जानी चाहिए। इसका मतलब यह नहीं है कि नागरिक समाज के सदस्यों ने लोकतंत्र की विचारधारा या उतारदावादी लोकतंत्र की आधारभूत सैद्धांतिक अवधारणाओं में यकीन करना बंद कर दिया है। इसके उलट संभावना इसी बात की है कि ये लोग उन तौर-तरीकों के पूरी तरह से हामी होंगे जिनके आधार पर लोकतंत्र का कामकाज चलना चाहिए। यहाँ लोकतंत्र के आदर्श रूप का मतलब है पश्चिमी समाजों में लोकतंत्र के निष्पादन का तरीका। अगर हम नागरिक समाज के भीतर रायशुमारी करके उसकी छानबीन करें तो पाएँगे कि इस समाज के मुखर हिस्से व्यक्ति के तौर पर अपनी स्वायत्तता का बहुत ख्याल रखते हैं। वे मानते हैं कि उनके अधिकार अनुलंघनीय हैं, उनकी प्राइवेट और निजी जिंदगी पर किसी किस्म की सामाजिक निगरानी नहीं होनी चाहिए, सार्वजनिक दायरे में होने वाले मूल्यगत विवादों में सत्ता का कोई हस्तक्षेप नहीं होना चाहिए, और सार्वजनिक कार्य-व्यापार में शिष्टता कायम रखी जानी चाहिए। कुल मिला कर नागरिक समाज के ये सदस्य खुद को किसी भी किस्म के बुद्धिवाद विरोधी रुझानों से, सत्ता के किसी भी प्रलोभन से, और किसी भी तरह के आत्म-तुष्टीकरण से परे मानते हैं।

इस संदर्भ में दो प्रमुख मुद्दों पर प्रकाश डालना जरूरी है। पहला, नागरिक समाज के केंद्र का निर्माण करने वाले अभिजन लोकतांत्रिक प्रक्रिया के प्रति संशयग्रस्त हो गए हैं। उन्हें लगता है कि समाज के कमजोर वर्ग जिस तरह राजनीति कर रहे हैं उससे सार्वजनिक जीवन में अशिष्ट लोगों और शोर मचाने वाली आवाजों की भरमार हो गई है। दरअसल, उत्पीड़ित समूहों की गतिविधियाँ समता की उनकी अपनी अवधारणा पर आधारित हैं। सत्ता में हिस्सेदारी की उनकी अपनी समझ है।

वे अपनी दावेदारियों से साबित करना चाहते हैं कि द्विजों के बराबर ही उनकी भी कीमत है। जब वे खड़े होते हैं तो अभिजनों को उनकी अहमियत स्वीकार करनी पड़ती है। समता, जायज हकों और सबलीकरण के लिए इन साधारण लोगों द्वारा चलाया जाने वाला संघर्ष कुछ इस शैली में है कि उससे राजनीतिक दायरे में कोलाहल मचता हुआ लगता है। राजनीतिक दायरे और चुनावी होड़ में कमजोर तबकों का बहुत बड़े पैमाने पर बहुत भारी संख्या में प्रवेश हुआ है। इससे ऐसा लगता है कि सार्वजनिक दायरे में एक तरह का जाम लग गया हो। संख्याबल के दबाव से मुक्त बुद्धिवादी विनिमय की गुंजाइश बहुत घट गई है। इससे उन लोगों को दिक्कत होने लगी है जो पश्चिम द्वारा थमाए गए मूल्यों और गुणों के आधार पर नागरिक समाज को परिभाषित करते हैं।

दूसरा मुद्दा यह है कि कमजोर वर्ग अपनी समस्त विविधता के साथ लोकतांत्रिक प्रक्रिया में अपने खास नैतिक अर्थशास्त्र और सांस्कृतिक नजरिया भी लाया है। इस नैतिकता और संस्कृति में ऐसे मूल्य भी शामिल हैं जिन्हें नागरिक समाज के लिए मूल्यवान नहीं माना जा सकता। असल में ये मूल्य तो नागरिक समाज के लिए विधेयक समझी जाने वाली आवश्यकताओं के ही खिलाफ जाते हैं। देश के सार्वजनिक जीवन में काफी मुखर बन जाने वाले और प्रमुखता प्राप्त कर लेने वाले इन मूल्यों के कुछ पहलू इस प्रकार हैं : सामुदायिक एकजुटता, अपने जातिभाई की मदद करना, अपने समुदाय की प्रगति के लिए लाइन तोड़ कर आगे बढ़ जाना, अपने समूह से बाहर के लोगों के लिए भद्र या नरम रवैया न अपनाना और सार्वजनिक वक्तव्यों में शिष्टता का ख्याल न करना। समझने की बात यह है कि राजनीतिक जीवन में यह स्थिति इन समुदायों की प्रकृति के कारण बनी है। ये लोग व्यक्तियों के रूप में जनता नहीं बने, बल्कि अपने समुदाय में रचे-बसे लोगों की तरह जनता बने। इसके अलावा इनमें से ज्यादातर समुदाय अपने सदस्यों से उनकी मदद के बदले सामुदायिक जीवन से बिना शर्त जुड़ाव की अपेक्षा करते हैं। इन कमजोर समुदायों के लोगों में एक व्यक्ति के रूप में सार्वजनिक जीवन में सक्रिय रहने की क्षमताएँ नहीं हैं। उनमें विश्वास का अभाव है, उनकी बोलने की क्षमताएँ अपर्याप्त हैं, जबकि इन गुणों की सार्वजनिक बहसों में बड़ी जरूरत होती है। अपनी इन्हीं खामियों की पूर्ति वे अपने संख्याबल से करते हैं। इस तरह व्यक्तियों के बजाय समुदायों की होड़ का नजारा बनता है जो एक ऐसी राजनीतिक संस्कृति की तरफ इशारा करता है जिसका नागरिक समाज से मेल नहीं बैठ सकता। नागरिक समाज की प्रचलित समझ के मुताबिक उसकी संस्कृति प्राक्-आधुनिक रिश्तों से

परे जानी चाहिए और उसे कुछ निश्चित सार्वभौम आयामों से संपन्न होना चाहिए।

लेकिन, कमजोर वर्गों की संस्कृति को *कोलाहल की राजनीति* की संज्ञा देने पर भी उसके अपने तर्कसंगत आदर्श हैं जिनके औचित्य के पक्ष में सार्वजनिक बहस की जा सकती है। लोकतंत्र का परिप्रेक्ष्य कोई भी हो; समता, जायज हकों की प्राप्ति और सबलीकरण जैसे लक्ष्यों की वांछनीयता से इनकार नहीं किया जा सकता। इन्हें प्राप्त करने के साधनों पर सवाल जरूर खड़ा किया जा सकता है। मुश्किल यह है कि कमजोर वर्गों को नागरिक समाज के लिए उपयुक्त समझे जाने वाले शिष्ट और औचित्यपूर्ण साधनों पर कोई महारत हासिल नहीं है। सतही तौर पर तो यही लगता है कि उन्होंने जिन तरीकों का सहारा लिया है वे नागरिक समाज का मुँह चिढ़ाने वाले ही हैं। हाँ, सतह के नीचे वे उन्हीं मूल्यों के लिए संघर्ष कर रहे हैं जिनसे स्थिर नागरिक समाजों की भित्ति बनती है। दिक्कत यह है कि नागरिक समाज के पश्चिम प्रदत्त सिद्धांत यह हकीकत नहीं समझने देते।

भारत में नागरिक समाज की उपस्थिति सीमित ही समझी जाएगी। शिक्षा और संस्कारों से संपन्न एवं अपने अधिकारों के उपभोग में सक्षम लोग ही इस समाज के केंद्रीय सदस्य हैं। दूसरों के लिए भी झंडाबरदारी करते हुए दावा उनका जरूर रहता कि वे भी उन्हीं की तरह नागरिक समाज में सक्रिय रह सकते हैं। अभिजनों के विश्व-दृष्टिकोण की अवधारणाओं के सामाजिक महत्त्व में खासी गिरावट आई है, और राजनीतिक प्रक्रिया में भी उनकी हैसियत साफ तौर पर कम हो गई है। यही कारण है कि नागरिक समाज के आधारभूत मूल्यों के पक्ष में मजबूती से खड़े होने वाले लोग लोकतंत्र को जीवन प्रदान करने वाली प्रक्रियाओं से कट गए हैं। अपने उल्टे-सीधेपन और विकृतियों के साथ भारत में लोकतंत्र नागरिक समाज के बहुत बड़े हिस्से के समर्थन के बिना ही चल रहा है और टिका भी हुआ है।

भारतीय लोकतंत्र एक असामान्य मुकाम पर खड़ा है। ये हालात पश्चिमी देशों से एकदम अलग हैं जिनका अनुभव आज तक हमारे लिए लोकतंत्र का नमूना बना हुआ है। भारतीय स्थिति यह है कि लोकतंत्र का रास्ता सुगम बनाने के माध्यम बतौर नागरिक समाज या तो वास्तविक लोकतांत्रिक प्रक्रिया के प्रति उदासीन हो गया है, या फिर उसका विरोध करता नजर आ रहा है। स्थापित मध्यवर्गों, शिक्षितों और खुशहाल तबकों यानी अभिजनों का अलगाव मैं लोकतांत्रिक प्रक्रिया के संदर्भ में किसी और नजर से देख सकता। इस अलगाव का एक ही संभव अपवाद है, और वह है अकादमिक जगत में सक्रिय आलोचनात्मक समझ रखने वाले बुद्धिजीवीगण, सामाजिक आंदोलन और अन्य रेडिकल गतिविधियों में लगे हुए लोग।

चूँकि तीसरी दुनिया के इस देश में आधुनिक संस्कृति का विस्तार सतह पर ही हुआ है, इसलिए नागरिक समाज की रचना समाज के अभिजन हिस्सों के बीच ही हो पाती है और फिर वह बाहर की तरफ अपना विस्तार करता है। लेकिन, किसी नागरिक समाज के फलने-फूलने के लिए जरूरी नहीं है कि पूरा समाज ही शिक्षित और संस्कारवान बने। जिस समाज में अभिजनों और जनसाधारण के बीच मूल्यों और खुशहाली के मामले में इतनी बड़ी दरार हो, उसमें जरूरत तो इस बात की है कि एक प्रतिज्ञा-पत्र को मान्यता दी जाए, ठीक उसी तरह जैसे आजादी के आंदोलन के समय और संविधान की रचना के समय दी गई थी। अभिजनों ने उस समय जनसाधारण को एक वांछित भविष्य की उपलब्धि का आश्वासन थमाया था। आज मुड़ कर निगाह डालने से लगता है कि शायद वह वायदा प्रामाणिक नहीं था। लेकिन, जिस समय यह वायदा किया गया था, उस समय सच लगता था। उसके तहत जिन लक्ष्यों की प्राप्ति की जानी थी, और जिनका कार्यान्वयन किया जाना था, वे विकसित हो कर सारे समाज में फैले। इसी प्रतिज्ञा-पत्र के कारण अभिजनों और जनसाधारण के विश्व-दृष्टिकोणों के बीच का फर्क उभर कर सामने नहीं आ पाया। अर्थात, समुदायों के भीतर और समुदायों के बीच मौजूद विभेद की संस्कृतियाँ चुपचाप पड़ी रहीं और उन्होंने राजनीतिक प्रक्रिया को प्रभावित नहीं किया। आज सार्वजनिक दायरे में विभेद की उन्हीं संस्कृतियों की बाढ़ आ गई है। उस समय सार्वजनिक दायरा उद्देश्यों की एकता से बँधा हुआ था और बुद्धिजीवियों के बीच होने वाली बहस में जनता की भी खामोश भागीदारी मान ली जाती थी। उस समय भारत में प्रकार और दायरे के लिहाज से सीमित पर कुछ-कुछ नागरिक समाज से मिलती-जुलती संरचना सुचारु रूप से काम कर रही थी।

आज वह स्थिति नहीं रह गई है। हम चर्चा कर चुके हैं कि भारत में लोकतंत्र को विस्तार और गहनता देने की प्रक्रिया बड़े ऊल-जुलूल ढंग से चल रही है। सवाल यह है कि क्या हम इस विकास-क्रम को रेडिकल करार दे सकते हैं? विचारधारात्मक स्थितियों और परिप्रेक्ष्यों के मुताबिक इस पर विवाद हो सकता है। हकीकत यह है कि लोकतंत्र का विस्तार पूँजीवादी समता प्राप्त करने के प्रयासों का नतीजा है और उससे लोकतंत्र को टिकाऊपन और वैधता मिली है। विस्तार के ये पहलू जमीनी स्तर पर कितने भी बेढंगे क्यों न हों, इनके कारण पूरे मुल्क के पैमाने पर राज्य व्यवस्था के सेकुलर चरित्र को बनाए रखने में मदद मिली है। हिंदुत्व के हमले के सामने उत्तरोत्तर कमजोर महसूस कर रहे अल्पसंख्यकों को एक न्यूनतम आश्वासन भी मिला है। हिंदुत्व की बढ़ती हुई ताकत नागरिक समाज के सारतत्त्व पर भी सीधे

हमले के रूप में देखी जानी चाहिए। हिंदुत्व ऊपर से तो लोकतंत्र के रूप का आदर करता हुआ दिखता है, पर भीतर से लोकतंत्र को विकलांग बनाता है।

भारतीय राजनीति का हिंदूकरण करने के अपने अभियान में हिंदुत्व का मुख्य हथकंडा यही है कि वह रूप के स्तर पर लोकतंत्र का सम्मान करते हुए दिखना चाहता है। पिछले अध्याय में हमने चर्चा की थी कि हिंदुत्व किस तरह निचली जातियों को अपने आगोश में लेने की राजनीति कर रहा है। यह एक ऐसी राजनीति है जिससे लोग अपनी अस्मिता से वंचित हो जाते हैं। लोकतंत्र के सार से अलग करके केवल रूप पर जोर देने के कपट से हिंदुत्व को फायदा यह होता है कि उसे बड़ी संख्या में ऐसे लोगों को आकर्षित करने में मदद मिलती है जो किसी अन्य स्थिति में हिंदुत्व के केंद्रीय विचारधारात्मक आग्रहों को किसी भी कीमत पर समर्थन देने के लिए तैयार नहीं होते। शायद इसीलिए उसे ममता बनर्जी की राजनीति में निहित अभद्रता और कलाबाजियों से कोई दिक्कत नहीं होती, पर लालू यादव के ऐसे ही कामों के प्रति वह अरुचि जाहिर करता रहता है।

हिंदुत्व के उभार के साथ एक और महत्त्वपूर्ण घटना हुई है। रूपांतरण के नेहरूयुगीन एजेंडे का प्रभाव क्षीण हो जाने के साथ ही राज्य द्वारा गरीबों की तरफदारी में अपनायी जाने वाली भूमिका का भी क्षय हो गया है। लेकिन, खास बात यह है कि राज्य द्वारा किए जाने वाले हस्तक्षेपों में इसी के मुताबिक गिरावट नहीं आई है। अब राज्य भूमंडलीय पूँजी के पक्ष में गैर-रूपांतरणकारी हस्तक्षेप करता है। उसकी यह प्रवृत्ति न केवल जनता की मुक्तिकारी आकांक्षाओं के खिलाफ जाती है, बल्कि पूँजीवादी समता के जन-दावे के भी खिलाफ है क्योंकि राज्य ज्यादा से ज्यादा क्षेत्रों को विशेष अवसरों और आरक्षण के दायरे से बाहर करता जा रहा है। नागरिक समाज और लोकतंत्र का पारस्परिक संबंध समझने के लिए इस सवाल का जवाब जरूरी नहीं है कि परिवर्तन का नेहरूयुगीन एजेंडा मुक्तिकारी था या नहीं। इस मुद्दे की समझ के लिए यह तय करना भी अहम नहीं है कि पूँजीवादी समता की प्राप्ति से लोगों की जिंदगी खुशहाल होगी या नहीं। समझने की बात यह है कि पूँजीवादी समता की माँग ही आज के जमाने का युद्धक्षेत्र है।

नागरिक समाज को बृहत्तर समाज का पर्याय बनाना केवल अभिजनों के बस की बात नहीं है, हालाँकि पश्चिमी लोकतंत्रों में ऐसा हो चुका है। भारत में अभिजन नागरिक समाज का ऐसा माहौल नहीं बनने देते जिससे जमीनी स्तर पर लोकतंत्र को प्रोत्साहन प्राप्त हो सके। अभिजनों और साधारण जनता के बीच सूत्र भंग होना आज की राजनीति का मुख्य द्वंद्व बन गया है। समाज के दैनंदिन जीवन से जुड़े

समान लक्ष्यों में भागीदारी करने के लिए अभिजनों और साधारण जनता के एक मंच पर आने की परिस्थितियाँ नहीं रह गई हैं। सार्वजनिक बहसों में दोनों एक-दूसरे के खिलाफ बोलते रहते हैं। यही कारण है कि भारत में नागरिक समाज का एक बहुत महत्त्वपूर्ण आयाम कमजोर हो जाता है।

आपसी संवाद की जगह के रूप में सार्वजनिक दायरा खंडित पड़ा हुआ है क्योंकि समुदाय अभिजनों से कट कर संगठित राजनीति के हलके में आपसी होड़ में लगे हुए हैं। अब संदेश अबाध प्रवाह के रूप में नहीं जाते, बल्कि सामुदायिक सीमाओं को पार करते ही या तो उनमें बाधा पड़ जाती है या फिर उनका मतलब बदल जाता है। जब से मंडल विरोधी आंदोलन के तहत मैरिट या दक्षता या योग्यता जैसे प्रश्नों पर खास तरह की सार्वजनिक बहस हुई है, तभी से यह प्रक्रिया देखी जा सकती है। जिन मुख्य अवधारणाओं पर बहस हो रही है, उनके तात्पर्य अलग-अलग सामुदायिक हितों के पर्याय बन गए हैं। उनके कारण संवाद आगे नहीं बढ़ता, बल्कि उनसे संवाद को नुकसान पहुँचता है। ऐसा ही रुझान तब दिखाई पड़ता है जब हिंदुत्व लोकतंत्र जैसी प्रमुख धारणाओं को भ्रम फैलाने के लिए अपने पक्ष में इस्तेमाल करने का प्रयास करता है। हालाँकि लोकतंत्र में बहुमत अस्थायी होता है, और उसके बनाने या बिगाड़ने के लिए लगातार प्रतियोगिता होती रहती है, पर इसके बावजूद हिंदुत्व उसे हिंदू बहुसंख्या के साथ जोड़ कर स्थायी रूप देने का कुप्रयास करता है। वह चाहता है कि हिंदुओं को एक धार्मिक किस्म के संप्रदायगत बहुमत के रूप में स्वीकार कर लिया जाए। इसी तरह के बहुमत के नाम पर वह भीड़ की कार्रवाई को वैध ठहराता है और इस बिना पर बाबरी मस्जिद के ध्वंस जैसे कुकृत्यों के पक्ष में बोलते हुए वह लोकतंत्र के क्रियाविधि संबंधी पहलुओं को खुले तौर पर अंगूठा दिखाता है। हिंदुत्व की ये हरकतें लोकतंत्र पर अवांछित तात्पर्य थोप देती हैं।

अभिजनों और जनसाधारण के बीच हुआ संबंध-भंग तात्पर्यों और संवाद के भी परे चला गया है। अभिजनों की प्राथमिकता केवल यह रह गई है कि संकीर्ण स्व-हितों पर आधारित उनकी आर्थिक बहबूदी किस तरह ज्यादा से ज्यादा हो सकती है। भूमंडलीकरण के जमाने में उन्होंने ऐसे हालात पैदा कर दिए हैं कि राज्य को उसके लोकोपकारी दायित्व छोड़ने पड़ रहे हैं जिससे जनता अपनी लड़ाई में अकेली पड़ती जा रही है। चौतरफा गरीबी से पीड़ित समाज में लोगों की रोजमर्रा की जरूरतें भी पूरी नहीं हो पा रही हैं, न ही नागरिक संस्थाएँ उनकी मदद करने के लिए हैं। ऐसे हालात में उन्हें परोपकारी सामाजिक संस्थाएँ भी नहीं दिख रही हैं। इस परिस्थिति में उन्हें अपने बिरादराना समूहों का सहारा लेने पर मजबूर होना पड़ रहा है। अब केवल

समुदायों की सुरक्षित दुनिया ही वह जगह रह गई है जहाँ लोग अपने जीवन की फिर से सार-सँभाल कर सकते हैं। दिक्कत यह है कि भारत में समुदाय अक्सर व्यक्तियों के जीवन में बड़ी अंतर्विरोधी भूमिका अदा करते हैं। पिछले अध्यायों में हम देख चुके हैं कि किस प्रकार समता के लिए और उसके परिणामस्वरूप मान्यता के लिए किया जाने वाला संघर्ष व्यक्तियों की सक्रियता पर मुक्तिकारी असर डालता है। वे बलपूर्वक अपनी बात कहते हैं और चाहते हैं कि उनका भी मूल्य समझा जाए। एक ऐसे समाज में इस तरह की दावेदारी का महत्त्व कम करके नहीं आँका जा सकता जहाँ पूरे के पूरे तबके यथास्थिति के खामोश अनुमोदन तक ही सीमित करके रख दिए गए हों। लेकिन, दूसरी तरफ जो समस्याएँ अर्थात रोजमर्रा की जो जरूरतें लोगों द्वारा खुद निबटाई जानी चाहिए, उनके लिए भी समुदायों पर निर्भरता की मजबूरी निजी स्वायत्तता और आत्म-सम्मान के आयामों पर हानिकारक प्रभाव डाल सकती है। समुदायों पर निर्भता से उनकी अहमियत बेवजह बढ़ जाती है। ट्रेड यूनियनों, व्यापारिक एसोसिएशनों और पश्चिम में प्रचलित शौकिया समूहों के विपरीत भारत के गैर-आधुनिक समुदाय अपने सदस्यों से बिना शर्त वफादारी की माँग करते हैं। समुदाय चाहते हैं कि उनके मानकों और मूल्यों को उनके सदस्यों द्वारा हर कीमत पर पूरी तरह जज्ब करना चाहिए, और उनका अनुपालन न करने पर अड़े व्यक्ति को सजा मिलनी चाहिए।

आइए, समुदायों की आंतरिक संरचना पर विचार करें। उनका जोर अपनी 'जीवन-शैली' पर होता है। लेकिन, वे व्यक्तियों को अपनी जीवन-शैली चुनने का अधिकार नहीं देते, जबकि यह नागरिक समाज का महत्त्वपूर्ण पहलू है। समुदायों के बीच आपस में उत्तम जीवन की साझी अवधारणा के विकास के लिए कोई सतत संवाद नहीं होता, और उनके व्यक्तिगत सदस्यों पर दबाव रहता है कि वे समुदाय के सच को अपना सच मान लें। सामुदायिक जीवन के ये कुछ दोषपूर्ण पहलू हैं। हालाँकि नागरिक समाज का विकास हुआ है, और उसमें भारी तब्दीलियाँ भी हुई हैं, लेकिन वह उदीयमान पूँजीवाद और उदारतावादी चिंतन के अपने उद्गम से परे नहीं जा पाया है। नागरिक समाज के संदर्भ में इस पहलू पर विचार करके लोकतंत्र की समझ समृद्ध की जा सकती है।

हमारी जिंदगी पूँजीवादी हालात से घिरी हुई है। जैसे ही उनकी गहनता बढ़ती है, आकांक्षाएँ एक नया रंग लेने लगती हैं। सामूहिक शख्सियतों के रूप में समुदाय भी अपनी सामूहिकता की आर्थिक बहबूदी की कामना करते हैं। वे केवल अपने जरूरतमंद सदस्यों के नाम पर ही अपने अधिकारों के लिए संघर्ष नहीं करते हैं,

बल्कि सामुदायिक लाभों की आवश्यकता के लिए उनका संघर्ष ज्यादा होता है। समुदाय की खुशहाली नापने के लिए दूसरे समुदाय की कुल जमा खुशहाली से उसकी तुलना की जाती है। मसलन, अगर थेवर समुदाय में अमीर और ताकतवर लोगों की संख्या मुदालियार समुदाय के अमीर और ताकतवर लोगों की संख्या से तुलनीय है तो फिर थेवरों के बीच मौजूद जरूरतमंदों की बड़ी संख्या समुदाय को बेचैन नहीं करेगी। कहने का मतलब यह है कि समुदायों के भीतर जो भी परिवर्तन चल रहा हो, वे पूँजीवादी स्वत्वबोध के तहत प्रतियोगितारत व्यक्तियों की भाँति ही आचरण करते रहते हैं। अगर मेकफर्सन द्वारा इस्तेमाल की गई अवधारणा का प्रयोग करें तो 'स्वत्वबोधक' किस्म का सामुदायिक रुझान सार्वजनिक प्रतियोगिता और हितों के अधिकतम हल का विनियमन करता हुआ दिखता है। इस तरह हमारे सामने एक अस्वस्थ नजारा आता है, जिसमें नागरिक समाज अपने स्व-हितों की ज्यादा से ज्यादा उपलब्धि के लिए संघर्ष करता दिखता है। लेकिन, समुदायों के बीच साझे हित के लिए कोई प्रयास नजर नहीं आता।

चूँकि यह राजनीतिक संदर्भ नागरिक समाजों के लिए न्यूनतम रूप से आवश्यक आधारभूत अंतर-सामुदायिक एकीकरण से वंचित है, इसलिए इससे लोकतंत्र पर एक तरह की बुनियादी अनिश्चितता हावी हो जाती है। मसलन, दो समूहों को जहाँ एक-दूसरे के प्रति सहयोगात्मक होना चाहिए, वहाँ वे 'जीत-हार' की होड़ में नजर आते हैं जिसके कारण अंततः दोनों में से कोई नहीं जीतता। जाहिर है कि भारत एक असाधारण स्थिति में फँसा हुआ है। नागरिक समाज का केंद्र उस प्रक्रिया से लड़ता हुआ दिखता है जिसकी वजह से लोकतंत्र जमीन से जुड़ रहा है यानी लोकतंत्र की सार्वभौम अवधारणा पर भारतीय समाज की विशेषताओं की मुहर लग रही है। इस सार्वभौम अवधारणा का अनुमोदन करने वाले ज्यादातर लोग यह देख कर खासे भौचक्के हैं कि भारतीय समाज की ये परिवेशिकताएँ किस कदर शोर मचाते हुए अपने सरोकार व्यक्त कर रही हैं। कोई यह प्रक्रिया पसंद करे या न करे, अगर कोई इस या उस पक्ष में खड़ा होना चाहता है तो उसे लोकतंत्र के जमीन से जुड़ने के इस सिलसिले को समझने से अपनी शुरुआत करनी होगी।

९

निष्कर्ष

अगर लोकतंत्र पर कोई ऐसा सॉफ्टवेयर प्रोग्राम बनाया जाए जिसमें उसकी सभी मान्य अवधारणाएँ भरी हों, और फिर उसकी तुलना भारत में लोकतंत्र के हालात से की जाए तो दोनों के बीच असंगति ही निकलेगी। लोकतंत्र के पश्चिमी अनुभव से तुलना करने पर भारतीय लोकतंत्र में विरोधाभास नजर आते हैं, पर भारत के अपने इतिहास के संदर्भ में वह विसंगतियों का शिकार नहीं दिखता। वह एक ऐसे लोकतंत्र के रूप में सामने आता है जो कामयाबी से अपने रास्ते चल रहा है। भारतीय लोकतंत्र के कारण लोकप्रिय आकांक्षाओं में ज्वार आया है, पर विचित्र बात यह है कि पुराने संरचनागत ढाँचे वैसे के वैसे ही बन हुए हैं।

असली विरोधाभास यह है कि गरीबों के बीच लोकतांत्रिक प्रतिबद्धताओं के साथ-साथ चौतरफा गरीबी और बड़े पैमाने पर निरक्षरता भी जारी है। दूसरा विरोधाभास यह है कि इस लोकतंत्र का कामकाज नागरिक समाज के पर्याप्त विकास के बिना ही चल रहा है। नागरिक संस्थाओं के बजाय धर्मगत और जातिगत ताकतों की सक्रियता है। खास बात यह है कि भारतीय लोकतंत्र पूर्व-स्थापित लोकतांत्रिक अनुभवों के बिना ही अपना काम चला लेता है।

जाहिर है कि इसमें कोई न कोई तत्त्व की बात जरूर है। जहाँ तक लोकतांत्रिक

सिद्धांतों का सवाल है, भारतीय अनुभव उसमें एक नया आयाम जोड़ता है। जॉन स्टुअर्ट मिल के जमाने से ही यह सार्वभौम मान्यता है कि निरक्षर और गरीब लोग लोकतांत्रिक कार्य-व्यापार का अंग बनने लायक योग्यता नहीं रखते। मिल ने अपनी रचना *रिप्रजेंटेटिव गवर्नमेंट* में साफ कहा है कि 'सार्विक मताधिकार देने से पहले सार्विक शिक्षा का प्रबंध होना ही चाहिए।' दरअसल, इस तरह के पश्चिम प्रदत्त सिद्धांतों की रोशनी में ही भारतीय लोकतंत्र विरोधाभासी प्रतीत होता है।

भारतीय लोकतंत्र की विशेषता यह है कि वह आमतौर से लोकतंत्र के लिए नुकसानदायक समझी जाने वाली अधिकतम संभव पारिवेशिकताओं को अपने आगोश में समेट लेता है। इस समाज में तरह-तरह के लोग हैं जिनकी जाति-धर्म संबंधी पृष्ठभूमियाँ भी अलग-अलग हैं। पारिवेशिकताओं को समेटते हुए भारतीय लोकतंत्र समता, स्वाधीनता और गरिमा से संबंधित उनकी सार्वभौम दावेदारियाँ पूरा करने का प्रयास भी करता है। यह अनुभव पश्चिम से एकदम भिन्न है। वहाँ के लोकतंत्रों में व्यक्तिवाद की विचारधारा के तहत समरूपीकरण के साँचे में ढल चुके व्यक्ति ही नागरिक के तौर पर राज्य व्यवस्था में कुछ निश्चित संख्याओं में प्रवेश करने दिए गए थे।

भारत में लोकतंत्र *मुक्त व्यक्ति* की अवधारणा पर निर्भर नहीं करता। यहाँ लोकतंत्र से आधुनिकता का संबंध 'अन्य' को मान कर नहीं चलता, बल्कि लोकतंत्र के व्यवहार में आने वाले अंतर्विरोधों को एकीकृत करने की कोशिश करता है और इसके लिए 'विभेदों' को बिना आत्मसात किए जज्ब करने की तरकीब अपनायी जाती है। यही है वह दायरा जिसमें लोकतंत्र और आधुनिकता साथ-साथ निवास करते हैं। पारिवेशिकताओं द्वारा उठाई जाने वाली आवाज ने भारत में लोकतंत्र को धरती पर उतारा है, और लोकतंत्र ने उन्हें अपनी माँगें करने का मौका दिया है। इन पारिवेशिकताओं की नुमाइंदगी करने वाली राजनीतिक ताकतें आधुनिकता के सार्वभौम उसूलों से भिन्न नहीं हैं। प्रत्येक पहलू को दूसरे के मुकाबले रख कर लोकतंत्र ने आधुनिकता के दावों का एकरूपीकरण कर दिया है। जबकि यूरोप में हुआ यह था कि बुद्धिवाद के एकमात्र झंडाबरदार के रूप में आधुनिकता ने अन्य सभी राजनीतिक रूपों को व्यर्थ घोषित कर दिया था। भारत में अगर आधुनिकता कोई मोर्चा जीतना चाहती है तो उसे वह लड़ाई खुली लोकतांत्रिक प्रतियोगिता में अपनी पैरोकारी के दम पर जीतनी होगी। फूको के कुछ अनुयायी जिसे आर-पार के युद्ध की संज्ञा देते हैं, वैसा माहौल भारत में नहीं है, बल्कि भारतीय माहौल में तो लगातार एक ऐसा तनाव बना रहता है जिसमें लोकतंत्र को समृद्ध करने

वाले तत्त्व हैं।

लोग जब आधुनिकता स्वीकार करते हैं तो उसके मर्म में स्वाधीनता, मान्यता और मुक्ति के माध्यम खोजने की ललक होती है। मैंने अपनी एक अन्य रचना में चर्चा की है[1] कि आधुनिकता की संस्थाएँ और उसकी न्याय प्रणाली व्यक्ति को उसकी तथ्यगत आवश्यकताओं और यथार्थगत विवशताओं के संदर्भ में संबोधित करती है, और इसीलिए आधुनिकता सामाजिक कर्मकांडीय श्रेणीक्रम और उसके द्वारा आरोपित अनगिनत पाबंदियों से मुक्ति की संभावना की प्रतिनिधि बन जाती है। गरीब, पिछड़े, उत्पीड़ित और अल्पसंख्यक स्थानीय प्रथाओं की अधीनता से निकलना चाहते हैं। इसलिए जब उन्हें व्यक्ति के रूप में संबोधित किया जाता है तो उन्हें एक ऐसे समाज में बड़ा नैतिक भरोसा महसूस होता है जहाँ उनकी आवाज और उपस्थिति को अवांछित माना जाता रहा हो। चूँकि स्वाधीनता की पेशकश आधुनिकता में निहित है, इसलिए उसकी वैधता जनता की निगाहों में कायम रहती है। भारतीय समाज में व्यक्ति के लिए निचले सामाजिक समूहों की बंदिशों से निकल पाना बहुत मुश्किल है, इसलिए लोकतंत्र इन समूहों का वह दरवाजा खोलने की भूमिका अदा करता है जिसे लगातार बंद रखा गया है। लोग हर मुमकिन तरीके से एकजुट हो रहे हैं, ताकि अपने विकल्पों का विस्तार करके और अपनी निजी स्वायत्तता और बेहतर बना सकें। कितना भी वंचित क्यों न हो, यह संभावना तो हर व्यक्ति के लिए खुली ही है। यही है वह दायरा जिसमें आधुनिकता निवास करती है और जो व्यक्ति और उसकी दुनियावी जरूरतों को सीधे संबोधित कर रही है। चूँकि लोकतंत्र आधुनिकता के अंतर्विरोध में खड़े मूल्यों को भी प्रोत्साहित कर देता है, इसलिए दोनों एक तरह के तनावपूर्ण सहअस्तित्व में रहते हैं।

ऐसे ही अंतर्विरोधी और सम्मिलनकारी पहलुओं से वह संदर्भ बन रहा है जिसमें धीमे लेकिन स्थिर रूप से जारी वैयक्तीयन के जरिए व्यक्तिवाद की शक्ल-सूरत तैयार हो रही है। इसके साथ स्वाधीनता और अधिकारों के दावे चौतरफा फैल रहे हैं। वैयक्तीयन समुदायों के विभेदीकरण और आधुनिकीकरण की प्रक्रिया के माध्यम से जन्म लेता है। इसलिए यह याद रखना महत्त्वपूर्ण है कि भारत में व्यक्तिवाद के विकास पर 'उद्यमशीलता' के विकास की मुहर नहीं है। बजाय इसके भारत में व्यक्तिवाद का विकास एक प्रभावशाली मध्यवर्ग के उदय के साथ जुड़ा हुआ है। औपनिवेशिक परिस्थितियों में इससे बड़ा और सुयोग्य मध्यवर्ग कोई और नहीं हुआ होगा। इस मध्यवर्ग के पास बड़ी भारी प्रतिभा थी, पर उस ऐतिहासिक लक्ष्य की कोई दृष्टि नहीं थी जिसके तहत उत्पादन की विधियों में क्रांतिकारी

परिवर्तन करने थे, सामंतवाद खत्म किया जाना था और जातिगत भेदभाव समाप्त किया जाना था। अपनी प्रतिभा के कारण और समाज के अन्य तबकों के मुकाबले विरासत के रूप में अधिक संपत्तिवान होने के कारण मध्यवर्ग को बहुत बड़े पैमाने पर सत्ता का उपभोग करने का मौका मिला और उसे बड़ी अस्वाभाविक किस्म की प्रतिष्ठा प्राप्त हो गई।

यही कारण है कि शुरू से ही आधुनिक भारतीय राजनीति का ज्यादातर मतलब यही रहा है कि कैसे और कितनी जल्दी कोई मध्यवर्ग में कदम रख सकता है। मध्यवर्ग के स्थापित हिस्सों को लगा कि इस चक्कर में उसकी कतारों पर एक तरह की तरलता थोपी जा रही है और ऐसे लोग उनमें घुसने की कोशिश कर रहे हैं जो उसकी कसौटियों के लिहाज से कम प्रतिभावान हैं। इसलिए उन्होंने इस प्रक्रिया का प्रतिरोध करते हुए विशेषाधिकार संपन्न वर्ग के रूप में सिकुड़ना शुरू कर दिया। जब भी किसी अन्य समूह ने खुद को मध्यवर्ग में शुमार कराने की माँग की, मध्यवर्ग की यही प्रतिक्रिया हुई जिसे अस्सी के दशक से उनके रवैये के रूप में साफ देखा जा सकता है।

भारतीय राजनीतिक माहौल का यह विशेष लक्षण है जो संभवत: मध्यवर्ग के विशेष सुविधा संपन्न वर्ग में सिकुड़ने को प्रोत्साहित करता है। हालाँकि राष्ट्रीय आंदोलन, भारतीय संविधान और राजनीतिक व्यवस्था ने व्यक्ति को स्वाधीन बनाने का वायदा किया है, पर देश में चलने वाली राजनीतिक बहस में इस सवाल पर न के बराबर ध्यान ही दिया गया है कि व्यक्ति को क्यों स्वाधीन होना चाहिए और वह स्वाधीन कैसे हो सकता है। यह कमी उस समय और गंभीर लगने लगती है जब स्वाधीनता की कामना तो सभी करते हैं, पर स्वाधीनता को नकारने वाले या पराधीनता बढ़ाने वाले हालात के कारण कोई बेचैन नहीं दिखता।

भारत में नागरिक समाज की विशेषताओं पर लिखते हुए मेरे एक दलित छात्र ने अपनी उत्तर पुस्तिका में लिखा था : 'भारत शायद ऐसा अकेला समाज है जहाँ कुछ संगठनों का वजूद अपने सदस्यों के हितों की पूर्ति के बजाय इसलिए है कि दूसरी जाति के लोग अपनी आजादी का उपभोग न कर सकें। तुम मुझे मंदिर में पूजा नहीं करने देते, पर अगर मैं कहीं और पूजा करना चाहता हूँ तो तुम मुझ पर कानून के जरिए प्रतिबंध थोप देते हो।'[२] मेरे उस छात्र का निष्कर्ष था कि राज्य संविधान का अभिभावक होने के बजाय स्वाधीनता नकारने वालों के साथ साज-बाज करता है।

भारत में लोकतंत्र पर होने वाली बहसों में अभी तक स्वाधीनता नकारे जाने

के मुद्दे पर सुव्यवस्थित विमर्श की शुरुआत नहीं हुई है। यह भी स्वाधीनता के प्रश्न पर भारत में ठीक से बहस न चलने का एक आयाम है। अभिजन बुद्धिजीवी अक्सर इस मुद्दे पर ध्यान नहीं देते, पर उत्पीड़ितों के बीच से उभरता हुआ बुद्धिजीवी वर्ग, खासकर दलित बुद्धिजीवी इससे चिंतित रहते हैं। इस तरह के विमर्श की गैरमौजूदगी ज्ञान के अन्य क्षेत्रों पर भी असर डालती है और अन्य बहसों को भी दरिद्र करती है।

शायद यही कारण है कि सेकुलरवाद पर होने वाली बहस धर्म और राजनीति के संबंधों तक ही सिमट कर रह गई है। इस बहस में वह दार्शनिक मानक शामिल नहीं किया गया है जिसके मुताबिक व्यक्ति का अधिकार किसी भी धर्म या आस्था के प्रति उसकी निष्ठा से स्वतंत्र होना चाहिए; और यह कि उत्तम जीवन सामुदायिक कर्तव्यों के दायरे अथवा ईश्वर के सामने अपने अपराध कबूलने के अलावा भी संभव है। सेकुलरवाद किसी भी नैतिक संहिता से स्वतंत्र हो कर सर्वहित परिभाषित करता है जिससे राजनीति को स्वायत्त होने की सुविधा मिलती है। सेकुलरवाद उस स्वाधीनता का आधार है जिसके तहत हम अपनी क्षमताओं के मुताबिक बनने के लिए आजाद होते हैं। पराधीन लोगों द्वारा अपनी संभावनाओं को जमीन पर उतारने की बात तो छोड़ ही दीजिए, उनके लिए तो यह जानना भी मुश्किल होता है कि आखिर उनकी क्षमताएँ क्या हैं। लोगों को पराधीन बनाए रखने वाले हालात सेकुलरवाद को नकारते हैं और यह काम नैतिक संहिताएँ थोपने के जरिए होता है। भारत में ये नैतिक संहिताएँ जाति आधारित कर्मकांडीय संहिताओं के रूप में आरोपित की जाती हैं।

इन्हीं सब वजहों से हुआ यह है कि मौजूदा राजनीतिक मुकाम पर लोकतांत्रिक होड़ और बहसों से ऐसी कोई सहमति नहीं निकल पा रही है जिसके आधार पर कहा जा सके कि सर्वहित क्या है और उसकी संरचना कैसे होगी। मंडल विरोधी आंदोलन के बाद से अभिजनों और शासक वर्गों ने अपनी पैंतरेबाजी से एक ऐसी राजनीतिक स्थिति बना दी है जिसमें जीत-हार तो होती रहती है पर कुल मिला कर कुछ नहीं बदलता। कोई भी समाज जब सर्वहित के प्रश्न पर व्यापक सहमति कायम कर लेता है तो फिर उसके आधार पर लोकतंत्र का कामकाज सुचारु ढंग से चलाया जा सकता है। दूसरी तरफ, उदारतावादी किस्म का कोई भी लोकतंत्र उस समय तक भी ठीक से कामकाज नहीं कर सकता जब तक उसमें लोगों को अपने विशेष हितों की पूर्ति के लिए प्रयास करने की गुंजाइश नहीं मिलती। मसलन, ऐसा लोकतंत्र ट्रेड यूनियनों को, सामुदायिक संगठनों को, पर्यावरण के लिए चिंतित समूहों को, लैंगिक

भेदभाव के खिलाफ लड़ रहे समूहों को भी अपनी गतिविधियाँ चलाने और अपने लक्ष्यों की प्राप्ति की इजाजत देता है जिससे पूरे समाज की शांति और स्वास्थ्य में वृद्धि होती है। अगर समाज आम तौर पर समझता है कि विशेष हितों के लिए किए जा रहे प्रयास सर्वहितों के लिए किए जा रहे प्रयासों के विपरीत नहीं हैं तो फिर उन्हें समग्र समाज के लिए लाभकारी की दृष्टि से देखने में आसानी होती है। अगर कोई खास विशेष हित सर्वहित से जुड़ कर और उसके साथ सहयोजित हो कर चलेगा तो लोकतंत्र के हर सदस्य के लिए बेहतर से बेहतर की गारंटी हो सकेगी।

भारत में स्थिति इस समय कुछ जटिल है। विचार-विमर्श और बहस चलाने का मकसद भ्रम पैदा करना और गलत तथ्य पेश करना ज्यादा हो गया है। सामाजिक सरोकारों से जुड़े कुछ आम बयानों पर गौर करने से यह साफ हो जाएगा। दलितों और स्त्रियों जैसे कमजोर तबकों को समान अवसर देने की माँग ही ले लीजिए। सामान्य वक्तव्य के तौर पर इस माँग पर आपत्ति नहीं होगी। लेकिन, जब इन्हीं समान अवसरों को जमीन पर उतारने के लिए जरूरी नीतियों और प्रणालियों का सवाल आता है, तो सहमति कायम नहीं रह पाती। पिछड़ी जातियों को आरक्षण के सवाल पर तीखे मतभेद पैदा हो चुके हैं। महिला आरक्षण विधेयक बार-बार रोका जा चुका है, पर दूसरी तरफ लोग स्त्रियों को विधायिकाओं में बेहतर प्रतिनिधित्व देने की बात करते हुए भी नहीं थकते। भारत में रंग-रुतबे वाले समूहों का हथकंडा यह है कि लोक-कल्याण के सिद्धांत को विशेष अवसरों के सिद्धांत के मुकाबले खड़ा कर दिया जाए, यानी आमदनी को आरक्षण की मुख्य कसौटी बनाने पर जोर दिया जाए, न कि उत्पीड़ितों के लिए शिक्षा और रोजगार में स्थान आरक्षित किए जाएँ। इस बहस में यह कभी साफ नहीं करने दिया जाता कि लोक-कल्याण का सिद्धांत हमेशा व्यक्तियों को संबोधित होता है, जबकि विशेष अवसरों का सिद्धांत समुदायों के लिए होता है। इस तरह का भ्रम जानबूझ कर फैलाए जाने से बहसों का माहौल दूषित हो जाता है और सिद्धांतों और नीतियों के बीच का फर्क मिट जाता है। जैसे ही ये विवाद स्थानिक रूप ग्रहण करते हैं, परस्पर विपरीत मुद्राएँ अपना ली जाती हैं और नतीजे के तौर पर किसी की भी जीत या किसी की भी हार होने पर मतलब सिफर में ही निकलता है। भारतीय परिस्थितियों में ऐसा अक्सर होता रहता है।

यहाँ विवादग्रस्त पक्षों के बीच परस्पर सहिष्णुता के संभावित स्तरों का प्रश्न भी विचारणीय है। आम तौर पर भारत में सहिष्णुता की मात्रा कुछ कम ही रही है। १९८९ में मंडल के सवाल पर आए सामाजिक उफान के बाद से ऊँची जातियों ने,

खासकर उनके बीच पनपे अभिजनों ने आजादी के बाद बनी सहमति से पल्ला झाड़ लेना उचित समझा। भारतीय संविधान में निहित समतामूलक समाज बनाने का समझौता उन्होंने तोड़ दिया। अभिजनों द्वारा कमजोर तबकों को थमाया गया वायदा एकतरफा वापस ले लिया गया।

भारतीय अभिजन न केवल लाभकारी स्थितियों में रहते हैं, वरन् हर क्षेत्र में उनका वर्चस्व है। सिर्फ लोकतंत्र की प्रक्रियाओं पर उनका बस नहीं है। लोकतंत्र की भावना तो यह कहती है कि इन्हीं प्रक्रियाओं से ही नतीजे तय होने चाहिए। पर, अभिजन अपनी हैसियत का फायदा उठा कर नतीजों को अपने फायदे में मोड़ लेते हैं। सामाजिक हैसियत के कारण अभिजनों को चुपचाप और ज्यादा ताकत मिल जाती है। इस बेशी ताकत का इस्तेमाल सामाजिक हैसियत को राजनीतिक सत्ता में बदलने के लिए किया जाता है। ताकत की यह बेशी मात्रा लोगों को मजबूर करती है कि वे अपनी प्राथमिकताओं के खिलाफ जा कर काम करें, साथ ही इससे लोकतांत्रिक राज्य व्यवस्था भ्रष्ट होती है और उसका लक्ष्य भंग हो जाता है।[३] लोकतांत्रिक प्रक्रिया अपनी तरफ से कमजोर जनता के विशेष हितों की पूर्ति करती है, उन हितों की जो किसी भी तरह से सर्वहित के खिलाफ नहीं जाते। पर, उसके नतीजों का दोहन विशेष सुविधा संपन्न वर्ग के खास हितों की सुरक्षा के लिए कर लिया जाता है, उन हितों की सुरक्षा के लिए जो समता और स्वाधीनता के सर्वहितकारी मूल्यों से मेल नहीं खाते। इस प्रकार समता और स्वाधीनता जैसे मूल्य केवल जुबानी जमा-खर्च बन कर रह जाते हैं।

लोकतांत्रिक प्रक्रिया के तहत होने वाली राजनीति के सिरे सामाजिक दुर्बलताएँ दुरुस्त करने के लिए खुल रहे हैं। सामाजिक समीकरणों की संरचना लगातार परिवर्तन के दौर में है। जनता स्वाभाविक रूप से संघर्षशील है। वह आंदोलन, विरोध प्रदर्शन, सविनय अवज्ञा या केवल अवज्ञा के जरिए अपने दावे पेश करती है। लेकिन संस्थागत राजनीति के दायरे में जब परिणामों को संरचनागत रूप देने की बात आती है तो ताकत और पाने-गँवाने के आधार पर काफी जटिल समझौतों के दौर से गुजरना पड़ता है। पहली बात तो यह है कि इस मुकाम पर अभिजनों में जनता के मुकाबले मोल-तोल करने की क्षमता अधिक साबित होती है, दूसरी बात यह है कि यह मोल-तोल सिर्फ संस्थागत दायरों में ही होता है जिसके लिए विरासत में प्राप्त क्षमताओं का सहारा लेना पड़ता है। लेकिन, जनता के पास तो ऐसी कोई विरासत होती ही नहीं। इसलिए संस्थागत अखाड़े में जनता का पक्ष बहुत कमजोर हो जाता है। अपने खिलाफ झुके हुए इस पलड़े को जनसाधारण

राजनीतिक प्रक्रिया और यहाँ तक कि राजनीतिक कोलाहल के जरिए कुछ-कुछ अपने पक्ष में कर लेते हैं, हालाँकि उनकी इस स्थिति में न तो स्थिरता होती है और न ही मजबूती। शक्ति-संतुलन में यह तब्दीली हालात के मुताबिक ही टिक पाती है। मसलन, १९९६ और १९९८ में बनी संयुक्त मोर्चा सरकार के जमाने में दुर्बल जनता की नुमाइंदगी करने वाली पार्टियों के लिए हालात अपने पक्ष में झुकाने का मौका ज्यादा था। लेकिन, जब इन्हीं पार्टियों और क्षेत्रीय दलों के साथ गठजोड़ के आधार पर (इन दलों के पास भी पिछड़ों का समर्थन था) भाजपा सत्ता में आई तो इस तरह के संशोधन की संभावना अपेक्षाकृत कम हो गई। इसलिए परिकल्पनात्मक रूप से यह माना जा सकता है कि अगर भाजपा अकेले दम पर सत्ता में आई तो पलड़ा निर्णायक रूप से कमजोर जनता के खिलाफ ही झुक जाएगा।

इन अवलोकनों की रोशनी में बिना किसी जोखिम के यह कहा जा सकता है कि रजनी कोठारी[४] और अन्य विद्वानों द्वारा विकसित किया गया भारतीय राजनीति का मॉडल अब काम का नहीं रह गया है। अब वह स्थिर और अभिज्ञेय केंद्र नहीं रह गया है, जिसे कोठारी ने बड़ी आश्वस्ति के साथ व्याख्यायित किया था। केंद्र के उस रूप का क्षय हो गया है। परिधियों का विस्तार हो रहा है और वे विभिन्न शक्तियों के गठजोड़ के रूप में, विचारों के एक झुंड के रूप में और विनिमय के एक समीकरण के रूप में केंद्र की विधेयक बन गई हैं।

इस क्षय का मुकाबला करने के लिए हिंदुत्व की ताकत और विचारधारा पर आधारित एक वैकल्पिक केंद्र बनाने का प्रयास हो रहा है। पहले वाला केंद्र सेकुलर और आधुनिकीकरण की तरफदारी करने वाले विचारों पर आधारित था। वह जाति, संस्कृति, धर्म और राष्ट्र की विविधताओं के खुले सहयोजन का पक्षधर था। अगर हिंदुत्व की ताकत और विचारधारा के आधार पर कोई वैकल्पिक केंद्र उभरता है तो वह सांस्कृतिक रूप से बहिर्वेशन करने वाला, धार्मिक रूप से असहिष्णु और हिंदुत्व की छाप से इनकार करने वाली क्षेत्रीय विविधताओं के ऊपर शक करने वाला होगा। उसकी प्रकृति अलोकतांत्रिक होगी। अगर ऐसा कोई केंद्र उभरा तो लोकतांत्रिक गतिविधियों को कड़ी पाबंदियों का शिकार होना पड़ सकता है, भले ही लोकतंत्र को रूप के तौर पर धता न भी बताई जाए। तब भारत में लोकतंत्र के बारे में बातचीत करने की गुंजाइश बहुत कम रह जाएगी।

भारत में जिस तरह लोकतंत्र चल रहा है, उस लिहाज से लोकतंत्र के किसी भारतीय मॉडल के उदय की चर्चा करना संभव नहीं रह गया है। इतना जरूर कहा जा सकता है, और जैसा कि मेरी यह किताब भी बताने की कोशिश करती है कि

लोकतंत्र का सार्वभौम विचार भारतीय पारिवेशिकता से प्रभावित हो कर एक नयी लिपि ग्रहण कर रहा है। कोई नहीं कह सकता कि भारतीय लोकतंत्र दस साल बाद क्या रूप लेगा। पता नहीं कि नयी-नयी पारिवेशिकताएँ लोकतंत्र के सार्वभौम विचार को किस तरह प्रभावित करेंगी। हो सकता है कि लोकतंत्र के विचार का ऐसी पारिवेशिकताओं से कभी सामना ही न पड़ा हो। यही वजह लोकतंत्र का भविष्य पूरी तरह से अनिश्चित कर देती है। चूँकि संयोगों के समीकरण निरंतर परिवर्तन के दौर से गुजर रहे हैं, इसलिए हो सकता है कि आने वाला समय एक सीमा तक ऐसे हालात का शिकार रहे जिसमें कुछ भी तयशुदा न रह जाए।

संदर्भ और टिप्पणियाँ

१. जावीद आलम, *इंडिया : लिविंग विद मॉडर्निटी*, ऑक्सफोर्ड यूनिवर्सिटी प्रेस, नयी दिल्ली, १९९९

२. एमए के तीसरे वर्ष के छात्र के. पाल ने अपनी उत्तर पुस्तिका में नागरिक समाज और सार्वजनिक दायरे के बारे में चर्चा करते हुए यह लिखा था।

३. अभिजनों की बेशी या अतिरिक्त ताकत किस तरह लोकतांत्रिक प्रक्रिया को नुकसान पहुँचाती है, इसकी चर्चा ज्याँ बेचलर ने अपनी पुस्तक *डेमोक्रेसी : एन एनालैटिकल सर्वे*, नेशनल बुक ट्रस्ट, दिल्ली, १९९८ में की है।

४. रजनी कोठारी, 'दि कांग्रेस "सिस्टम" इन इंडिया', *एशियन सर्वे*, ४:१२, १९६४; और 'दि कांग्रेस सिस्टम इन इंडिया रिविजिटेड : ए डेसिनियल रिव्यू', *एशियन सर्वे*, १४:१२, १९७४

... और अंत में

भारतीय लोकतंत्र केवल आकार में ही दुनिया का सबसे बड़ा लोकतंत्र नहीं है। वह दुनिया का सबसे जीवंत लोकतंत्र भी बनता जा रहा है। यह एक ऐसा लोकतंत्र है जहाँ साधारण लोग अपनी ताकत का मुजाहिरा करते हुए दिखते हैं।

२००४ के संसदीय चुनावों के परिणाम को एक वर्ग द्वारा किए गए पलट वार यानी उसके बेकलैश के रूप में देखा जाना चाहिए। इसमें जनसाधारण की मंशा आखिरी मौके तक गोपनीय रही और परिणामों के कारण सभी लोग अचरज में पड़ गए। इससे साबित हुआ कि नब्बे के दशक का लोकप्रिय जन-उभार अभिजनों की उलट-प्रतिक्रिया द्वारा न तो सीमित किया जा सका है, और न ही प्रभावहीन हुआ है। मेरी इस किताब में उन दो परस्पर विपरीत प्रक्रियाओं की चर्चा की गई है जिनका सामना भारतीय लोकतंत्र कर रहा है : वी.पी. सिंह सरकार के मंडल आयोग से संबंधित फैसले के आस-पास विकसित हुए जन-उभार से पैदा हुई प्रक्रिया, और फिर उसकी प्रतिक्रियास्वरूप पैदा हुए रुझान जिनका प्रतिनिधित्व लालकृष्ण आडवाणी की रथयात्रा ने किया। भारतीय राजनीति में यही द्वंद्वात्मकता चली आ रही है।

जब तक लोकतांत्रिक प्रक्रिया कारगर रहेगी, कोई भी लोकप्रिय जन-उभार पूरी तरह सीमित नहीं किया जा सकता। उसे लक्ष्य से भटकाया जा सकता है (जैसा

करने में भारतीय जनता पार्टी कामयाब रही भी), या थोड़ा पीछे धकेला जा सकता है, लेकिन वह खदबदाता रहेगा और अनुकूल वक्त आने पर फिर से अपना दावा पेश करेगा। २००४ का चुनाव इसकी मिसाल है। भाजपा की पराजय न केवल भारतीय लोकतंत्र की जीवंतता की प्रतीक है, बल्कि इसके कारण राजनीति एक बड़े विरोधाभास से भी मुक्त हो गई है। चुनाव परिणामों के कारण नब्बे के दशक के दौरान उभरी सामाजिक शक्तियों और राजसत्ता के बीच अधिक अनुकूलता पैदा हुई है। इसके कारण राजनीति में बेहतर संगति बनी है, और लोकतांत्रिक शक्तियों को मौका मिला है कि वे भारतीय राज्य व्यवस्था की सेकुलर और बहुलतावादी बुनियादों को मजबूत कर सकें।

१९९८ या १९९९ के मुकाबले देहाती और शहरी गरीबों ने, निरक्षरों ने, विरासत में मिली आर्थिक और सामाजिक संपत्ति से वंचित रही जनता और अन्य सुविधाहीन लोगों ने २००४ में अलग तरीके से मतदान किया है। धर्म और जाति पर आधारित, और राष्ट्रवादी आवेश पर आधारित आह्वानों से मतदाता प्रभावित होते रहे हैं, पर इस बार उन्होंने जनता के एक ऐसे वर्ग के रूप में वोट डाले जिसकी हमेशा उपेक्षा की जाती रही है। शासक वर्गों द्वारा कथित आर्थिक सुधारों का जो सिलसिला नब्बे के दशक की शुरुआत में प्रारंभ किया गया था, उससे जमीन के नीचे एक वर्ग-एकजुटता की प्रक्रिया चलने लगी थी जिसे अधिकतर राजनीतिक प्रेक्षक नहीं देख पा रहे थे। गुजरात और आंध्र प्रदेश के चुनाव नतीजे तो साफ तौर से इसका प्रमाण हैं। अगर ऐसा नहीं है तो नरेंद्र मोदी की लोकप्रियता में आई गिरावट को और कैसे समझा जाए, क्योंकि इन्हीं नरेंद्र मोदी के नेतृत्व में भाजपा ने भारतीय गणतंत्र के इतिहास के सबसे भीषण हत्याकांड के बाद गुजरात में जबरदस्त जीत हासिल की थी।

सवाल यह है कि वर्ग-उपेक्षा को आधार बना कर ऐसा अदृश्य सुदृढ़ीकरण कैसे संभव हो सका? यह एक अहम सवाल है क्योंकि कुछ विश्लेषकों ने अखबारों में दलील दी है कि यह जनादेश न तो सुधारों (यानी भूमंडलीकरण और ढाँचागत समायोजन) के खिलाफ है, और न ही अमीरों के विरोध में है। इस दावे को साबित करने के लिए किसी ठोस जाँच का सहारा लेने के बजाय केवल सर्वेक्षणात्मक परिघटना के आधार पर नतीजा निकाल लिया गया है। विकासशील समाज अध्ययन पीठ (सीएसडीएस) द्वारा पहले भी ऐसे सर्वेक्षण किए जाते रहे हैं। राजनीतिक रूप से देखें तो यह साफ है कि लोग किसी सैद्धांतिक विचार के पक्ष या विपक्ष में वोट नहीं देते। इसलिए चुनावी पसंद-नापसंद को समझने में इस तरह के

सवाल मददगार नहीं होते।

लोगों का फैसला इस बात पर निर्भर होता है कि उनकी जिंदगी और रोजी-रोटी की हालत क्या है। वे समष्टिगत आर्थिक सूचकांकों के हिसाब से नहीं चलते। यही कारण है कि भाजपा को भारत उदय मुहिम से कोई फायदा नहीं हुआ। आर्थिक सूचकांक तो केवल योगफल होते हैं जो लाभों के बँटवारे के बारे में कुछ नहीं बताते। विकास दर, विदेशी मुद्रा कोष, प्रत्यक्ष विदेशी निवेश जैसे आँकड़ों से पता नहीं लगता कि रोजगार के अवसर घटे हैं या बढ़े हैं। न ही उनसे यह जाहिर होता है कि जब खेती में सरकारी निवेश खत्म हो जाता है और पूँजी-निर्माण में कमी आ जाती है तो किसानों की क्या दुर्दशा होती है। नौकरियाँ अस्थायी हो जाने की सूरत में वेतन के घटने और बढ़ने की जानकारी भी इनसे नहीं मिलती। चुनाव नतीजे बताते हैं कि इन सभी कसौटियों पर मजदूरों, किसानों, दिहाड़ी कामगारों, बेरोजगारों और अर्धरोजगारशुदाओं एवं इन सभी तबकों की स्त्रियों ने आर्थिक सूचकांकों को अपने लिए व्यर्थ माना। उन्होंने इन सूचकांकों के अपनी जिंदगी पर पड़ने वाले असर पर ध्यान दिया। उनके अपने अनुभवों ने उन्हें बताया कि इन दोनों पहलुओं के बीच एक कभी न भरने वाली खाई है।

अपने इसी अनुभव के कारण सुविधाहीन और कमजोर जनता ने अपने कष्टों और दुखों के प्रति विशेष सुविधा संपन्न वर्ग की संवेदनहीनता के खिलाफ वोट की ताकत का इस्तेमाल करके एक ऐसी क्षमता का परिचय दिया जिसके बारे में पहले से अंदाजा लगाया जाना नामुमकिन था। संसदीय चुनाव के इस परिणाम ने इस सवाल का साफ जवाब दे दिया है कि लोकतंत्र इस देश में किन लोगों की आवश्यकता है। बहुसंख्यक जनता जब खामोशी के साथ इस जीत का समारोह मना रही थी, उस समय संपन्न वर्ग ने पहले घबराहट महसूस की और फिर उन्हें लगा कि उनकी हैसियत खतरे में है। शेयर बाजार का रवैया इसका प्रमाण था। स्टॉक एक्सचेंज के जरिए धनी वर्ग के दो-तीन फीसदी लोगों ने जनसाधारण द्वारा इस तरह मतदान करने की जुर्रत का विरोध किया। कारपोरेट दुनिया के अपने संरक्षकों के साथ इस आर्थिक तबके के लोगों ने पिछले कुछ वर्षों में यह हथकंडा सीख लिया है कि स्वयं को किसी भी किस्म की नैतिक निगरानी और सामाजिक ऑडिट से कैसे मुक्त रखा जा सकता है। अब ये लोग अपनी स्वार्थ-केंद्रीयता की कीमत चुकाते दिख रहे हैं।

विज्ञापनों के जरिए भारत उदय मुहिम के शोरगुल ने जनसाधारण को जितना सताया, उतना ही उनकी नफरत और इससे दूरी बढ़ती चली गई। चूँकि अर्थव्यवस्था

इन्हीं लोगों के दम पर काम करती है, इसलिए उन्हें लग रहा था कि निवेश प्रक्रिया पर उनका भी कुछ न कुछ हक जरूर होना चाहिए, ताकि उन्हें भी कुछ संपत्ति हासिल हो सके, ताकि उनके लिए भी कर्ज मिलने के अवसर बेहतर हो सकें, रोजगार मिल सके और शिक्षा और स्वास्थ्य तक पहुँच हो सके। कुल मिला कर वे कहते लग रहे थे कि मेहरबानी करके हमारी दैनिक जरूरतें पूरी करने के लिए कुछ कीजिए। लोगों की यह माँग मान्यता और समता की उस माँग से जुड़ कर एक जबरदस्त ताकत बन जाती है जिस पर इस पुस्तक में हम पहले ही गौर कर चुके हैं। इस प्रकार यह कहा जा सकता है कि २००४ के चुनाव में लोगों ने अपने वोट का इस्तेमाल 'सकारात्मक स्वाधीनताओं' के लिए किया है।

चुनाव परिणाम ने राज्य व्यवस्था के विवेक के लिए एक अनकहा एजेंडा पेश कर दिया है। यहाँ यह याद रखना जरूरी है कि मतदान में दिखी अदृश्य वर्ग-एकजुटता और उसके परिणामस्वरूप आम जनता का पलट वार किसी गोलबंदी का नतीजा नहीं है। वामपंथियों ने भी सेकुलरवाद के लिए चलाई गई मुहिम के साथ वर्ग गोलबंदी को सुनियोजित रूप से नहीं जोड़ा था। मतदाताओं ने अपने मुहल्लों और क्षेत्रों में स्वयं को गोलबंद किया। दरअसल, १९७७ की आपात्काल विरोधी लहर के बाद से लोग अपने अनुभवों की रोशनी में स्वयं को गोलबंद करना सीख गए हैं। वर्ग-वंचन का चौतरफा और सिलसिलेवार अनुभव ही उन्हें २००४ के बेकलैश की तरफ ले गया।

इसी मुकाम पर आंध्र प्रदेश के चुनाव नतीजे की अहमियत सामने आती है। भारत की जनता को लालू प्रसाद यादव और मुलायम सिंह यादव का 'बुरा शासन' उतना बोझ नहीं लगता, जितनी बुरी चंद्रबाबू नायडू की 'सीईओ' शैली में चलाई गई 'सक्षम सरकार' लगी। आंध्र प्रदेश को आर्थिक सुधारों और भूमंडलीकरण का शोकेस बनाने की कोशिश जनता द्वारा ठुकरा दी गई। मतदाताओं ने नायडू की न केवल पूरे राज्य में धुनाई की, बल्कि नयी अर्थनीति के प्रतीक बन गए हैदराबाद में भी वे बुरी तरह हार गए। हैदराबाद में तो शुरू में प्रगति के कुछ निशान भी दिखाई पड़े थे। मसलन, नब्बे के दशक की शुरुआत में शहर में रिक्शेवाले दिखाई देने बंद हो गए थे, क्योंकि उन्हें या तो ऑटो रिक्शा चलाने का विकल्प मिल गया था, या फिर भवन निर्माण गतिविधियों में आए उछाल में उन्हें जगह मिल गई थी। झोंपड़ियों को न्यूनतम घरेलू सुविधाओं वाले छोटे-छोटे पक्के घरों में बदलते हुए देखा जा सकता था। ये सभी लोग १९९९ में नायडू के साथ थे, पर २००४ के विधानसभा और लोकसभा चुनाव में उन्होंने उनके खिलाफ जम कर मतदान किया। उन्होंने

देखा था कि नब्बे के बाद के सालों में किस तरह उनकी प्रगति जड़ता की शिकार हो गई थी, और उनकी दरिद्रता बढ़ती चली गई थी। जब थोड़ी सी प्रगति का स्वाद लेने वाले लोग जड़ता महसूस करते हैं तो चुनावी पराजय निश्चित होती है।

यह सब केवल भारत में ही नहीं हो रहा है। वेनेजुएला, ब्राजील, इंडोनेशिया और कई अन्य देशों में भी यही हो रहा है। नव-उदारतावादी विश्व व्यापार संगठन के नेतृत्व में चल रहा भूमंडलीकरण उन साधारण लोगों के लिए विनाशकारी है जिनकी मागें और महत्त्वाकांक्षाएँ मामूली किस्म की हैं। उपनिवेशवाद के खात्मे के बाद से इतना बुरा असर उनके ऊपर भूमंडलीकरण के दौर में ही पड़ा है।

संपूर्णता में देखने पर २००४ का चुनावी फैसला असाधारण है। लोगों ने किसी जज्बाती मुद्दे या जाति-धर्म की निष्ठाओं की परवाह नहीं की। उनकी निगाह में उनकी अपनी जिंदगी, उनकी दैनंदिन समस्याओं और नाना प्रकार की छोटी-छोटी समस्याओं का महत्त्व सर्वोपरि रहा। विभिन्न संदर्भों में गुजारी जाने वाली रोजमर्रा की जिंदगी भारतीय समाज की धार्मिक, सांस्कृतिक, सामाजिक और क्षेत्रीय विविधता भी दर्शाती है। अपनी तरह-तरह की विरासतों और जीवनानुभवों से भारत के लोग सेकुलर होने का तात्पर्य भी समृद्ध कर रहे हैं। धर्म और राजनीति का पार्थक्य एक माध्यम है जो राजनीति को तात्त्विक प्रतिबद्धताओं से स्वायत्त कर सकता है। लोकतांत्रिक होड़ के संदर्भ में भारतीय राजनीति इस पार्थक्य का मतलब कारगर बना रही है। चुनावी पसंद के मामले में धार्मिक मुद्दों के ऊपर रोजाना की जिंदगी के मसलों को प्राथमिकता देना इस प्रक्रिया की बहुत बड़ी मिसाल है। २००४ का चुनाव सेकुलरवाद और सांप्रदायिकता के मुद्दे पर भी लड़ा गया था, और नतीजा साफ तौर से सेकुलरवाद के पक्ष में निकला है।

■ ■ ■

जावीद आलम

राजनीतिशास्त्र के वरिष्ठ विद्वान और भारत में आधुनिकीकरण पर अपनी पुस्तक के लिए चर्चित। प्रोफेसर आलम ने लोकतंत्र, राष्ट्र-निर्माण, राष्ट्रीयता के प्रश्न, गाँधीवाद और मार्क्सवाद के संदर्भ में उल्लेखनीय योगदान किया है।

चुनाव-संबंधी अध्ययनों के लिए भी उनका काम महत्त्वपूर्ण माना जाता है। वे छठीं लोकसभा के चुनाव पर भारतीय समाज विज्ञान अनुसंधान परिषद की शोध परियोजना के निदेशक रह चुके हैं।

विकासशील समाज अध्ययन पीठ में सीनियर फैलो के रूप निमंत्रित रह चुके जावीद आलम ने भारतीय परंपरा और धर्मनिरपेक्षता के विरोधाभास पर भी गहरी नजर डाली है। उनकी दो पुस्तकें *डिसेंट एंड डामिनेंस : पीजेंट्स एंड पॉलिटिक्स* और *इंडिया : लिविंग विद माडर्निटी* प्रकाशित हो चुकी है।

२६ वर्ष तक हिमाचल प्रदेश विश्वविद्यालय, शिमला में अध्यापन करने और फिर कई वर्ष तक अध्ययन पीठ में अनुसंधान करने के बाद जावीद आलम हैदराबाद के सेंटर फॉर यूरोपियन स्टडीज़, सेंट्रल इस्टीट्यूट ऑव इंग्लिश एंड फॉरेन लेंग्वेजिज़ (सीआईईएफएल) में प्रोफेसर बन कर चले गए और वहीं से अवकाश ग्रहण किया। विभिन्न पत्रिकाओं और संपादित ग्रंथों में भारतीय राजनीति और राजनीतिक दर्शन पर उनके पचास से ज्यादा लेख प्रकाशित हो चुके हैं। उन्होंने गाँधी विचार के दार्शनिक आयामों पर *सोशल साइंटिस्ट* पत्रिका का एक विशेषांक भी संपादित किया है। लोकतंत्र, सेकुलरवाद और सामाजिक न्याय की तरफदारी में चलाए जाने वाले आंदोलनों में वे आज भी सक्रिय हैं।

अभय कुमार दुबे

लेखक, संपादक, अनुवादक और अनुसंधानकर्ता। **विकासशील समाज अध्ययन पीठ** में **भारतीय भाषा कार्यक्रम** के संपादक। नक्सलवादी आंदोलन, दलित आंदोलन, सांप्रदायिकता, सेकुलरवाद, भूमंडलीकरण, नारी मुक्ति आंदोलन, यौनिकता और संस्कृति संबंधी विषयों पर अध्ययन। सिनेमा और खेल पर भी लेखन।

प्रमुख कृतियाँ : *क्रांति का आत्म संघर्ष : नक्सलवादी आंदोलन के बदलते चेहरे का अध्ययन; सांप्रदायिकता के स्रोत* (संपादित); *आज के नेता : राजनीति के नये उद्यमी* (आठ पुस्तकों की शृंखला का संपादन और उनमें से तीन का लेखन)। **भारतीय भाषा कार्यक्रम** के तहत प्रकाशित **लोक-चिंतक ग्रंथमाला** और **लोक-चिंतन ग्रंथमाला** की सभी कड़ियों (*आधुनिकता के आईने में दलित, लोकतंत्र के साथ अध्याय, भारत का भूमंडलीकरण, राजनीति की किताब / रजनी कोठारी का कृतित्व और बीच बहस में सेकुलरवाद*) का संपादन। 'हंस' के महिला विशेषांक 'स्त्री-भूमंडलीकरण : पितृसत्ता के नये रूप' का प्रभा खेतान के साथ संपादन; राष्ट्रवाद बनाम देशभक्ति (आशिस नंदी की कृति *इल्लेजिटिमेसी ऑव नेशनलिज्म* का अनुवाद); राष्ट्रवाद का अयोध्या कांड (आशिस नंदी, शिखा त्रिवेदी, शैल मायाराम और अच्युत याग्निक की रचना *क्रियेटिंग ए नेशनलिटी का अनुवाद*), भारत में राजनीति / कल और आज (रजनी कोठारी की महान कृति *पॉलिटिक्स इन इंडिया* की हिंदी प्रस्तुति); *भारत के मध्यवर्ग की अजीब दास्तान* (पवन वर्मा की कृति द *ग्रेट इंडियन मिडिल क्लास* का अनुवाद) और *भारतनामा* (सुनील खिलनानी की कृति द *आइडिया ऑव इंडिया* का अनुवाद)। १९९५-९६ में मासिक पत्रिका *समय चेतना* के चौदह अंकों का संपादन।